Was uns erwartet

BEATRICE BRUNNER

Was uns erwartet

12 Erlebnisberichte aus dem Jenseits

ABZ VERLAG ZÜRICH

ISBN 978-3-85516-010-5

Siebte Auflage

Erste Auflage 1962

Umschlagbild:
Matthias Kulka/Corbis
Umwelthinweis:
Dieses Buch wurde auf chlor- und säurefreiem Papier gedruckt.
Printed in Switzerland

Inhalt

Einleitung

Worin besteht der Zweck des Erdenlebens? – Gibt es ein Fortleben nach dem Tode? – Wie sollen wir uns das Leben in der jenseitigen Welt vorstellen? – Was erwartet uns dort?

Diese Fragen nach unserem Sein reichen in eine geistig-jenseitige Wirklichkeit hinein, die unseren physischen Sinnen und den heutigen Methoden naturwissenschaftlichen Forschens nicht zugänglich ist. Deshalb sind wir nicht so ohne Weiteres in der Lage, allein von uns aus zu gesicherten und umfassenden Erkenntnissen zu gelangen.

Es gibt jedoch Wege, Einblick in die jenseitige Welt zu erhalten. Bekannte Beispiele dafür sind Nahtoderlebnisse auf der Schwelle des Hinübertretens oder eindrückliche Traumerlebnisse, etwa mit einem lieben Verstorbenen, der einem innerlich sehr nahestand.

Eine weitere Möglichkeit, über das Woher und Wohin des Menschen unterrichtet zu werden, besteht in der Verbindung zur jenseitigen Welt mithilfe eines menschlichen Mittlers. Seit alters ist dies ein bedeutsamer Weg, um zu geistigen Erkenntnissen zu gelangen – denken wir an die Propheten Altisraels oder die ersten

Christen, die ausdrücklich um den Beistand und die Belehrung aus der Gotteswelt baten.

Dem Menschen unserer Gesellschaft ist der Gedanke an eine Verbindung zwischen dem Diesseits und dem Jenseits nicht mehr vertraut. Ein Verkehr der Geister Gottes mit der Menschenwelt erscheint vielen unvorstellbar oder unmöglich. Ein Grund dafür liegt darin, dass man die biblischen Berichte darüber nicht wirklich kennt.

Zeugnisse der Bibel

Die Bibel gibt vielfältiges Zeugnis davon, dass Gott mit den Menschen sprach, dass er mit Adam und Eva, mit Abraham, Isaak und Jakob und mit Mose redete. Die Verbindung mit der Geisterwelt Gottes erscheint als ein zentrales Element des gesamten Alten Testaments. Es wird berichtet, wie zwischen dem israelitischen Volke und dem jenseitigen Geisterreich eine tägliche Verbindung bestand, wie man mithilfe medial veranlagter, das heisst geistbegabter Menschen die Geisteswelt befragen konnte und Antwort erhielt, wie die Führer des Volkes nichts unternahmen ohne Anweisung aus der guten Geisterwelt.

Und das Neue Testament gibt Zeugnis davon, dass Jesus Christus, die Apostel und die ersten Christen die Verbindung zur göttlichen Welt pflegten. Christus war aufgrund seiner hohen medialen Veranlagung aufs Engste mit Gott und seiner heiligen Geisterwelt verbunden. Immer wieder wies er darauf hin, dass er nur lehre und wirke, was ihn der Vater heisse. Vor seinem Tod versprach Christus den Seinen, er werde sie nicht verwaist zurücklassen, er werde ihnen den Geist der Wahrheit senden, der sie über alles Notwendige aufklären werde (z. B. Joh. 14, 26; 16, 12–13). Die Einlösung dieses Versprechens erlebten die Apostel und ihre engsten Vertrauten wenige Tage nach Christi Himmelfahrt, als sie zum Passahfest in Jerusalem waren; hier erlebten sie auf eindrückliche Weise, wie heilige Geister für Menschen wahrnehmbar sprechen und sie in der Lehre Christi unterweisen können (Apg. 2, 1–13). Seither ist Pfingsten das Fest der Ausgiessung des heiligen Geistes oder genauer: der heiligen Geister. Die Apostelbriefe dokumentieren, dass das Wirken heiliger Geister durch mediale Menschen eine bedeutende Rolle in den frühen Christengemeinden spielte. Paulus legte es den einzelnen Gemeinden ans Herz, sich um den Beistand der heiligen Geister zu bemühen.

Sowohl das Alte wie auch das Neue Testament belegen also eindrücklich: Es ist dem Menschen möglich, eine Verbindung mit der Geisterwelt zu haben. Nun sollten wir heute als forschende Menschen wenigstens versuchen, den Hergang dieser Verbindung zu verstehen. Diejenigen, zu denen die Geister Gottes damals sprachen, waren Menschen wie wir mit allen Schwächen und Fehlern. Und die Naturgesetze ihres irdischen Daseins waren ebenfalls gleich wie bei uns. Auch

Gott und seine Geisterwelt sind heute dieselben wie damals. Und wenn diese enge Verbindung zur Geisterwelt Gottes möglich ist und Jahrtausende hindurch von den Menschen aufrechterhalten worden war, warum soll dann die Menschheit von heute sie nicht mehr haben können?

Wenn heute im Allgemeinen die Möglichkeit einer Verbindung zwischen dem Diesseits und dem Jenseits nur wenig bekannt ist, so liegt dies wesentlich am heutigen Zeitgeist: Der Glanz des Materiellen und die Hektik des Alltags bergen die Gefahr, vom Wesentlichen abgelenkt zu werden. Doch wenn es einem gelingt, die Aufmerksamkeit und das Interesse auf eine höhere Welt zu richten, mit Vernunft und Verstand nach der Wahrheit zu streben und das innere Empfinden zu schulen, so wird es möglich werden, jene geistigen Gaben zu fördern, die für eine Verbindung mit der Gotteswelt Voraussetzung sind.

Medialität und Tieftrance

Um mit der jenseitigen Welt in eine wahrnehmbare Verbindung zu treten, bedarf es eines Menschen mit einer besonderen medialen Fähigkeit. Eine gewisse Medialität haben alle Menschen, doch nur bei wenigen ist die mediale Begabung so ausgeprägt, dass sie als Mittler zwischen dem Diesseits und dem Jenseits wirken können. Um ein Medium zu sein, braucht es diese Geistbegabung, diese besondere Fähigkeit, von der eigenen Lebenskraft (Odkraft) in einem ausreichenden Masse an ein Geistwesen abgeben zu können, sodass dieses sich den Menschen kundtun kann.

Welchen Wert und Gehalt eine Verbindung mit der Jenseitswelt tatsächlich hat, hängt von der Gesinnung und der Gottestreue des sich kundtuenden Geistes ab, aber auch vom Mittler selbst. Um ein hilfreiches Werkzeug für die Gotteswelt zu sein, muss ein Medium charakterstark sein; es muss eine klare Vernunft und ein gesundes Urteilsvermögen haben sowie Tugenden aufweisen wie Bescheidenheit, Aufopferungsfähigkeit und Treue gegenüber der Geisterwelt Gottes.

Die für die Übermittlung der Wahrheit wichtigste Form der Medialität ist die Tieftrance. Sie bezeichnet den Zustand, wenn der eigene Geist des Mediums vollständig aus dem Körper ausgetreten ist. An seiner Stelle tritt ein anderes Geistwesen in den Körper des Sprechmediums ein und macht mithilfe der Sprechwerkzeuge des Mediums seine Mitteilungen. Der eigene Geist eines Tieftrancemediums ist währenddessen nur noch durch das sogenannte "silberne Band", den Lebensfaden, mit dem eigenen Körper verbunden. Am Ende der Kundgabe kehrt der Geist des Mediums wieder in seinen Körper zurück. Es weiss nach dem Erwachen nichts von dem, was das andere Geistwesen durch seinen Körper gesprochen hat.

Ein biblisches Beispiel für eine Kundgabe aus der jenseitigen Welt ist das bereits erwähnte Pfingstgeschehen, als jeder der Apostel von einem heiligen Geist erfüllt wurde, der durch ihren Mund in fremder Sprache Gott und seine Taten lobpries und das Evangelium Christi verkündete (Apg. 2, 1–13).

Tieftrancemedium Beatrice Brunner

Ein Zeugnis dafür, dass auch heute noch Menschen von Geistern Gottes geführt und unterrichtet werden können, sind die 2400 Lehrvorträge aus der geistigen Welt, die im Rahmen der geistchristlichen Gemeinschaft GL Zürich innerhalb von 35 Jahren – zwischen 1948 und 1983 – durch das Tieftrancemedium Beatrice Brunner (1910–1983) vermittelt wurden. Zu dieser umfassenden Unterweisung aus der göttlichen Welt zählen auch 91 Erlebnisberichte verstorbener Menschen, die von ihrem Erdenleben und ihren ersten Erlebnissen in der jenseitigen Welt berichten.

Im vorliegenden Buch ist eine kleine Auswahl solcher Erlebnisberichte wiedergegeben. Sie stammen von Verstorbenen, die vor etwa 50 bis 200 Jahren auf Erden gelebt hatten. Anhand ihrer Schilderungen kann sich der Leser ein eigenes Bild über die Möglichkeit der Verbindung zwischen Diesseits und Jenseits machen und einen Einblick in die Welt gewinnen, die einen jeden von uns erwartet.

Die Erzählungen sind sehr persönlich gehalten. Die Berichtenden schildern auf vielfältige Weise, welche geistigen Auswirkungen ihr menschliches Denken und

Handeln hatte und wie individuell sie nach ihrem Tode beurteilt und behandelt wurden.

Die sechste Auflage beruht auf den Original-Tonbandaufzeichnungen. Redaktionelle Änderungen wurden vorgenommen, wenn sie bei der Übertragung der gesprochenen Sprache in die schriftliche Form angezeigt waren. Die charakteristische Ausdrucksweise der sich hier kundgebenden Geistwesen ist in ihrer Ursprünglichkeit belassen worden.

Thomas

Erste Erlebnisse in der jenseitigen Welt

Erlebnisbericht vom 7. März 1962

Gott zum Gruss. Liebe Freunde, liebe Geschwister, ich versuche euch etwas von meinen ersten Erlebnissen in der geistigen Welt zu erzählen. Mein Name ist Thomas. Ich starb vor... ich glaube, es war vor circa fünfzig Jahren. Ich hatte im Laufe meines Lebens viele Fehler gemacht, doch glaubte ich an Gott. Eine Vorstellung von der andern Welt hatte ich keine; ich wusste nicht: "Ist es fertig, oder gibt es etwas?" Ich machte mir darüber keine besonderen Gedanken, sondern ich lebte so dahin. In erster Linie sorgte ich für mich und für meine Familie und besonders für mich selbst, denn ich fand: "Ich bin mir selbst der Nächste", und so sorgte ich zuerst für mich.

So Besonderes hat sich im Laufe meines Lebens nicht ereignet; es ist mir ergangen wie vielen andern auch. Man musste arbeiten, um Geld zu haben – und ich hatte es auch verstanden, ich war nie ohne Geld. Aber ich musste dann später erfahren, dass ich eben doch nicht richtig gehandelt hatte, denn ich war zu egoistisch, ich hatte zu viel an mich selbst gedacht. Hätte ich natürlich eine Ahnung gehabt von dem, was nach dem Tode kommt, hätte ich bestimmt mein Leben anders gestaltet.

Nun, ich versuche euch meine ersten Erlebnisse zu schildern, möchte aber nicht unterlassen, auch noch etwas von meinem Sterben zu sagen; ich habe es noch in meiner Erinnerung. Ich war einige Zeit hindurch krank, ich glaube, es waren einige Wochen. Als es dann dem Ende zuging, war ich zu schwach, ich ass nicht mehr, konnte nicht mehr sprechen, ich war zu müde. Ich hörte wohl noch meine Angehörigen, die um mich waren, und es war mir auch, als hörte ich sie von Weitem sprechen. Meine Aufmerksamkeit konnte ich ihnen nicht mehr geben; ich vermochte ihnen keine Antwort mehr zu geben, ich fühlte mich zu schwach. Ich sah ja auch ganz andere Dinge. Ich konnte nicht realisieren: "Erlebe ich das im Traume, oder ist es Wirklichkeit?" Denn ich sah von Weitem meine Eltern, Vater und Mutter, wie sie mir entgegenkamen. Auch waren es noch einige Verwandte, die vor mir in die geistige Welt gegangen sind; sie standen aber ziemlich weit weg und winkten mir zu. Ich sah sie sehr deutlich, aber ich war zu schwach, einen Laut von mir zu geben und zu sagen: "Ja, ich komme zu euch", oder: "Kommt zu mir" – sie schienen doch etwas zu weit von mir entfernt zu sein. Und dann vernahm ich anderseits von Zeit zu Zeit wieder deutlich das Geflüster meiner Angehörigen, die um mich waren, und so konnte ich dann meine Aufmerksamkeit weder den einen noch den andern vollständig geben. Aber ich glaube auch, es lag daran, dass mir die Kräfte gefehlt haben.

Was ich im Weiteren verspürt und erlebt habe, war ein Wesen. Es war für mich nicht ein Mensch; es schwebte über meinem Bett und schien immer an mir etwas zu tun; es machte sich an mir zu schaffen, und ich wusste nicht, was da geschehen sollte. Dann strich dieses schwebende Wesen mit seinen Händen auf meinem Kopfe und über der Decke hin und her. Ich wollte ihm so gerne die Hände reichen; ich hatte das Gefühl, dies könnte mir guttun. Aber ich hatte auch nicht die Kraft, ihm die Hand zu geben.

Dann kam wieder eine Leere über mich, ich sah dieses Wesen nicht mehr, ich sah meine Eltern nicht mehr; dann aber hörte ich die Worte meiner Angehörigen wieder deutlicher und vermochte leise etwas zu sagen. Die Kraft war also ganz verschieden. Meine Konzentration konnte ich das eine Mal auf meine Angehörigen richten, dann aber kamen die andern, und mein Auge war einfach auf sie gelenkt, und meine Angehörigen schienen mir weit entfernt.

Nun kamen aber meine Eltern mir immer näher entgegen, und jetzt sah ich sie ganz deutlich vor mir stehen. Über mir, über meinem Bette schwebte noch immer die Gestalt, und bald sah ich, dass sie zu zweit waren, die sich an mir zu schaffen machten. Ich hatte das Gefühl, als würden sie etwas aus mir herausziehen. Und das gelang dann auch: Sie hatten mit ihren Händen so lange über mich gestrichen, bis ich ihnen die Hände reichen konnte und ich mich nach meinen Begriffen geteilt hatte. Ich sah nun, und man machte mich darauf aufmerksam: "Jetzt bist du gestorben, und da liegt jetzt dein Körper – sieh hin." Ich hörte, wie meine Angehörigen sagten: "Jetzt, jetzt ist er verschieden." Ich schwebte mit den beiden Gestalten noch etwas im Zimmer hin und her, und dann zogen sie mich weg. Meine Eltern sah ich nicht mehr, sie waren weg.

Ich hatte das Gefühl von Benommenheit. Ich konnte gar nicht richtig feststellen, wo ich mich befand. Wie mit einem Windstoss wurde ich von der Erde oder von diesem Raum, von diesem Zimmer, weggeführt. Und plötzlich stand ich in einer neuen Welt, einer anderen Welt, und man sagte mir: "Das ist jetzt das Jenseits; jeder kommt dahin." Die beiden Gestalten, die mir geholfen hatten, den Leib zurückzulassen, die die Seele aus dem Leibe gezogen hatten, verabschiedeten sich von mir und sagten: "Wir haben unsere Aufgabe an dir erfüllt." Ich kannte sie nicht, ich nickte ihnen nur zu. Da traten Vater und Mutter vor mich hin, und sie reichten mir die Hände. Dann aber kamen wieder andere Gestalten, und Vater und Mutter waren schnell wieder weggeführt worden.

So stand ich eigentlich ganz allein in dieser neuen Umgebung. Natürlich, einerseits fühlte ich mich müde, anderseits war ich neugierig. “Die neue Welt, das Jenseits – also doch!”, dachte ich mir, “man lebt also doch weiter; es ist so, dass die Seele weiterlebt!” Und blitzschnell gingen so viele Gedanken durch meinen Kopf; ich hatte so viele Fragen und dann und wann auch eine Antwort auf eine Frage. Ich erinnerte mich an den Religionsunterricht und an die Kindheit zurück. Mutter hatte doch erzählt: “Im Himmel wohnen die Engel.” Ich hatte später gedacht: “Dieses erzählt man Kindern.” Jetzt musste ich es tatsächlich erleben: In dieser Welt waren Wesen, die man Engel nennt.

Und jetzt befassten sich diese mit mir, und sie sagten: “Später wirst du deine Eltern wiedersehen und weitere Freunde und weitere Bekannte. Aber wir empfehlen dir, dich jetzt einmal etwas auszuruhen.” Und sie führten mich in ein Haus. Meine Blicke schweiften schnell umher, und da musste ich feststellen, es war ja so viel Ähnliches da wie auf Erden. Ich dachte ständig: “Ja ist das überhaupt möglich? Ich habe mir doch den Himmel oder diese andere Welt einfach ganz anders vorgestellt. Man kann sich hier bewegen, man hat also auch einen Leib, einen Körper; man geht, man spricht, man unterhält sich mit dem andern.” Und so hatte ich eben diese vielen Fragen; aber ich war zu müde. Da führte man mich in das Haus, und man zeigte mir ein Lager. Ich könne mich da hinlegen und ausruhen; solange ich das Gefühl der Müdigkeit hätte, könne ich schlafen und ruhig da bleiben; man werde dann später wieder nach mir sehen und sich meiner etwas annehmen.

Es war mir eigentlich alles gleich. Ich dachte, es sei alles ein Traum. Ich konnte es einfach nicht glauben, dass es so ist, und doch dachte ich: “Ich habe ja Vater und Mutter gesehen; sie waren so lebendig vor mir, und alles ist so lebendig – und nun liege ich hier.” Aber eben, die Müdigkeit überkam mich, und ich schlief – wie lange, weiss ich nicht.

Ich wurde wach, denn ich hörte Stimmen und lautes Geräusch. Da ich mich aber ganz allein in dem Raum befand, kam ich mir verlassen vor. Trotzdem richtete ich mich auf. Plötzlich hatte ich aber das Gefühl der Müdigkeit verloren, und ich dachte: “Der Schlaf hat dir gutgetan.” Nun wurde es mir eigentlich bewusst, was ich erlebt hatte; es kam mir alles wieder in den Sinn. Ich sah noch deutlich, wie meine Eltern zu mir gekommen waren, wie die Gestalt über meinem Bett geschwebt war, wie sie sich an mir zu schaffen gemacht hatte und wie sie mich aus meinem Körper gezogen hatte. Da dachte ich mir: “Nun hat man mich eben befreit von dem irdischen Leibe, und jetzt wirst du wohl dem Gericht Gottes zugeführt werden.” Aber dies schien mir im ersten Moment nicht so beängstigend zu sein.

Trotzdem gefiel mir die Umgebung nicht so sehr. Ich getraute mich auch aus dem Hause heraus, und es nahm sich eigentlich gar niemand meiner an. Ich sah viele Gestalten, sie gingen ein und aus, und man kümmerte sich nicht um mich. Dann dachte ich: "Gut, ich werde meinen Weg schon finden." Aber dieser Raum, der mir zugewiesen wurde, gefiel mir nicht. Ich dachte: "Wenn ich hier für alle Ewigkeit zu verweilen habe, bin ich unglücklich; das kann ich nicht. Hier möchte ich nicht verweilen. So für eine kurze Zeit, ja, das kann gehen, aber nicht für alle Ewigkeit" – wie ich meinte. Vieles, was mir lieb war, hatte ich zurücklassen müssen und besass es nicht mehr. Ich kam mir so armselig vor, ich hatte ja gar nichts mehr – nur einige dünne Fetzen an mir, an meinem Leibe, und sonst besass ich gar nichts.

Im ersten Moment dachte ich: "Hier werde ich hungers sterben. Niemand kümmert sich um mich, so werde ich bestimmt nicht überleben, ich muss ja sterben." Ich hatte das Gefühl, noch einmal sterben zu müssen, denn hier bekommt man kein Essen. Ich wusste ja gar nicht, dass ich das nicht nötig habe und ich mich nur damit quälte, wenn ich immer daran dachte: "Ich muss zu essen haben, und wenn ich nichts zu essen habe, werde ich sterben." Ja, es wurde mir dann schon klar, dass ich gestorben war für die andere Welt, und ich dachte, dass man hier vielleicht eben nichts zu essen brauchte. Und so interessierte ich mich nun eben für die Dinge, die ich erblickte.

Ich trat aus dem Hause heraus ins Freie. Der Begriff "Haus" ist nach meiner Auffassung weniger angebracht – ich hätte gesagt, es sei eine gut eingerichtete Baracke, aber kein Haus. Als ich ins Freie ging, erblickte ich grüne Wiesen, auch einige Bäume und Gärten. Aber die Gärten schienen mir so vernachlässigt, sie waren nicht gepflegt; einzelne Blumen sah man, und sie waren halb verdorrt. Es war eigentlich etwas Armseliges, wo ich hinblickte, und ich war eigentlich enttäuscht. Ich hatte mir doch den Himmel etwas anders vorgestellt als diese Armut und diese bescheidenen Gebäude.

Dann dachte ich mir: "Es hat ja noch so viel Platz." Es war ja so viel freier Raum. Ich schaute mir da diese Gebäude an und dachte: "Ich werde das Zeug sicher zusammenbringen, um für mich selbst ein kleines Häuschen zu erstellen." Es schien mir keine Kunst zu sein, ein solches Haus selbst zu bauen. Aber ich wollte es dann in einem andern Stil bauen, nicht auf diese primitive Art, wie ich es da weit und breit erleben musste.

Ich überlegte mir: "Wo nehme ich wohl das Material her?" Da ging ich auf die Suche, und ich betrachtete auch diese Gebäude näher, wie sie gebaut waren. Ich betastete sie mit meinen Händen, und ich musste feststellen: Ja, all das hat so viel Ähnlichkeit mit dem, was der Mensch auf Erden hat, und doch ist es nicht dasselbe. Das, was die Menschen besitzen, ist irgendwie fest, man braucht damit auch nicht so sanft umzugehen, es ist massiv in seiner Art, während ich das Gefühl hatte, diese Gebäude könnten durch einen Windstoss umgelegt werden; so fein schienen sie mir, obwohl sie so primitiv gebaut waren. Das Material war also ganz anderer Art. So brauchte ich nun solches Material, und ich glaubte, mit der Zeit würde ich mir das bestimmt beschaffen. Wenn ich hier schon bis in alle Ewigkeit zu verweilen hätte, wollte ich mir eine bessere Umgebung schaffen und wenigstens ein Zuhause, wo ich mich doch einigermassen glücklich fühlen kann. Ich dachte: "Wenn ich dann ein ordentliches Haus gebaut habe, werden vielleicht auch meine Eltern zu mir kommen und bei mir wohnen." Und so hatte ich nur ein Verlangen, ein eigenes Haus zu besitzen.

Noch hatte sich eigentlich niemand um mich gekümmert, und so war ich eben hin und her gegangen. Ich habe mich auch mit andern unterhalten. Sie haben kein besonderes Interesse an mir gezeigt, aber sie haben mir wohl Antwort gegeben.

Und da war einer einmal etwas gesprächiger, und ich sagte zu ihm: "Ich finde, diese Gebäude hier sind so primitiv." Da sagte er mir: "Bist wohl noch nicht so lange hier, was?" Und ich antwortete: "Nein, ich bin noch nicht so lange von der Erde weg." – "Ja, sonst würdest du dieses nicht sagen", entgegnete er mir. Und ich sprach: "Ja ich bin ja ein Neuling, und man hat mir versprochen, dass man sich meiner annimmt, und dann wird man mich doch bestimmt unterrichten." Ich sagte, ich könnte doch für mich ein besseres Haus bauen, aber ich müsste das Material haben; ob er mir vielleicht behilflich sein und sagen könnte, wie ich zu diesem Material komme, wie ich ein solches Haus bauen könnte; ich würde mich ihm schon dankbar zeigen. Er lachte nur und entgegnete: “Du kannst lange suchen, bis du das Material findest für dein Haus.” Und ich fragte: “Warum? Diese Häuser sind doch auch einmal erstellt worden; und so gut, wie diese Baracken sind, kann ich mir auch ein Haus bauen.” Und er antwortete: “Weisst du, für jeden Stein, für jedes Körnchen Sand musst du eine geistige Tat vollbringen. Das ist lange Arbeit, bis du ein ganzes Haus beisammen hast.” Ich erwiderte: “Wieso? Wieso kann ich nur ein Haus errichten mit geistigen Taten?” – “Ja, auf der Erde handeln die Menschen, sie haben Geld und tauschen und kaufen; mit dem Gelde bekommen sie alles. Was willst du machen? Hier gibt’s kein Geld, hier handelt man nicht mit Geld. Hier gibt es andere Güter, und die müssen anders bezahlt werden. Auf Erden war es leicht, zu Reichtum zu kommen; hier ist es schwer. Wenn man nämlich nichts mitgebracht hat, dann ist’s ganz schwer.” – “Ja, wie meinst du das?”, fragte ich ihn. “Ja, siehe, wenn man mit so leeren Taschen kommt wie du und ich und wie alle, die da wohnen, dann ist es eben schlimm. Da muss man eben jedes Körnchen selbst erarbeiten, und das ist nicht so einfach. Für die Besserstellung muss man zuerst wirken – von einem Hausbauen ist doch noch keine Rede. Aber es gibt welche, die kommen mit Reichtum ins Jenseits.”

Ich dachte mir schon, was unter diesem Reichtum zu verstehen ist. Und er sagte: “Ja, gerade das ist darunter zu verstehen, was du nicht hast und was auch ich nicht mitgebracht habe.” Und ich sagte: “Ja, wann kommen sie denn und kümmern sich um mich und zeigen mir den Weg?” Er entgegnete mir: “Ja, warte nur zu. Du kannst dir einmal alles anschauen und kannst ja Kontakt aufnehmen mit allen, die hier sind, und kannst mit ihnen sprechen. Dann wird schon einer kommen und sich nach dir erkundigen.” Und ich fragte ihn: “Können wir denn nicht zusammenbleiben?” Da erwiderte er: “Nein, ich habe keine Zeit, ich habe dir jetzt Antwort gegeben. Ich muss dafür sorgen, dass ich zu einer besseren Stellung komme, als ich sie jetzt habe.” Und dann ging er.

Da dachte ich mir: “Gut, ich habe jetzt etwas vernommen von einem; aber ich kann ja mit einem andern wieder ins Gespräch kommen.” Ich gab den Plan noch nicht auf, und so ging ich jenen nach, von denen ich den Eindruck hatte, sie hätten es nicht so eilig. Es schien mir, die einen hätten viel zu tun; sie waren so eilig und eifrig. Sie gingen in ihren Gebäuden ein und aus, irgendwohin, und kamen wieder in aller Eile zurück. Ich hatte das Gefühl, manche kommen müde zurück, und ich wusste nicht warum. Und so ging ich eben jenen nach, von denen ich den Eindruck hatte, sie hätten es nicht so schwer, sie machten es sich etwas bequem, sie hätten genug Zeit.

Nun habe ich mich aufs Neue an einen solchen herangemacht und ihm gesagt: “Na, kannst du mir vielleicht sagen, wie es möglich ist, so ein Gebäude, sagen wir, wie dieses hier zu erstellen?” Er schaute mich gross an. Und diesmal wollte ich vorsichtig sein; ich wollte nicht sagen, das Haus sei primitiv und ich wolle ein schönes Zuhause haben, sondern ich sagte ihm: “Weisst du, ich finde, man wohnt so eng beieinander, und man kann ja nur froh sein, wenn man doch mithilft, ein neues Gebäude zu errichten. Das ist ja schliesslich auch zum Vorteil für die andern. Ich will ja nicht ein Haus für mich allein, es können andere auch noch darin wohnen.” Da entgegnete er mir: “Ja, wenn du glaubst, dass du ein Haus bauen kannst, dann fange doch gleich an.” – “Ja wie?”, sagte ich, “Platz habe ich genug, den finde ich wohl, aber sag mir, wie verschaff ich mir denn das Material? Und ich allein komme ja mit der Arbeit nicht vorwärts, du könntest mir doch helfen, und ich würde dir dann den schönsten Platz im Hause anbieten für deine Hilfe.” Er erwiderte: “Ach, da mache ich nicht mit. Es geht mir gut so, ich bin zufrieden, ich hab’s auf Erden nicht so schön gehabt wie hier. Ich brauche nicht Hunger zu haben, es geht mir ganz gut. Ich kümmere mich nicht um ein neues Haus, ich will mit dir kein Haus bauen.” Und er ging davon. Ja, da sah ich, das war einer, dem war es nicht ums Arbeiten, dem gefielen diese Baracken und dieses primitive Leben. Aber mir gefiel es nicht, und so blieb mir nichts anderes, als den Kontakt mit andern zu suchen.

Da sah ich einmal eine kleine Schar von Brüdern und Schwestern, die da vor dem Hause standen und ein eifriges Gespräch führten. Da fiel mir auf, dass da eine besonders würdige Persönlichkeit zu ihnen sprach, und ich dachte: "Ach, das ist wohl einer von den Höheren, der eben heruntergestiegen ist und sich nun um uns kümmert." Und ich dachte: "Ich kann ja schliesslich auch zu diesen hinstehen, und ich will auch zuhören, was der sagt." Dann hörte ich eben zu und vernahm eigentlich lauter Mahnungen. Er gab seiner Unzufriedenheit Ausdruck: Man hätte mehr leisten können, und man habe dann und wann den Unterricht nicht besucht, und die Arbeit, die man ausgeführt habe, sei mangelhaft gewesen und dergleichen. Dann dachte ich: "Wieso die Arbeit mangelhaft? Ich habe ja gar keine Arbeit, wie kann ich denn eine Arbeit mangelhaft ausführen? Wieso haben denn die eine Arbeit, und wo arbeiten sie denn?" Ich sah ja nichts, ich wusste ja nichts, niemand kümmerte sich ja um mich.

Da schaffte ich mich zu dieser Persönlichkeit heran und sagte: "Erlaube mir, ich bin erst hierhergekommen, und ich finde mich noch nicht so zurecht. Ich bin schon bereit, etwas zu tun, wenn du mir eine Arbeit gibst." Er schaute mich an und sagte: "Warte, ich werde dir nachher Arbeit geben." Und er sprach weiter, ermahnte weiter und gab weitere Aufträge. Ich hatte mich dann wieder etwas abseits gestellt und gedacht: “Ja, der wird mich nicht mehr finden oder kein Interesse mehr an mir haben.” Irgendwie hatte ich nicht den richtigen Kontakt mit diesem Wesen. Halb verängstigt war ich dann doch, ich wurde unsicher und dachte: “Ja, vielleicht lass ich’s mal bleiben, so wie es ist. Ich geb mir selbst etwas, ich biete mir selbst etwas Bequemlichkeit, ich erhole mich jetzt einmal. Man kann sich ja später wieder melden.” So dachte ich mir, und ich ging dann immer weiter von dieser Gruppe weg und hatte mir so meine Gedanken gemacht. Aber ich wurde eigentlich immer unzufriedener.

Da hatte ich das Gefühl, dass jemand hinter mir herkomme, und ich blickte zurück. Und tatsächlich war es gerade diese Persönlichkeit. Ich dachte: “Ach, ich bin doch nicht vergessen gegangen.” Und dann fragte er mich: “Warum bist du weggelaufen, wenn ich doch sagte, dass du warten sollst? Ich habe wohl eine Arbeit für dich. Warum bist du weggelaufen?” Und ich sagte: “Ja, ich habe es nicht ernst genommen, ich hatte das Gefühl, du hättest genug zu tun mit den andern und hättest mich auch schon wieder vergessen.” – “Nein, hier vergisst man es nicht, wenn man etwas sagt”, sprach er ganz energisch zu mir. Dann fragte er mich, wo ich denn wohne, und ich erklärte es ihm. Obwohl diese Persönlichkeit schon wusste, wo ich wohnte, fragte er mich das trotzdem. Und ich gab ihm eben die Antwort, dass ich da und da wohne. Er fragte weiter:

"Was tust du denn immer?" Und ich antwortete: "Ich unterhalte mich mit dem Nachbarn; ich weiss ja noch nicht viel Bescheid." Da sagte er: "Gut, wenn die Glocke das nächste Mal läutet, gehst du den Geschwistern nach, die in jene Gegend gehen, wo der Raum ist, wo sie unterrichtet werden. Du gehst mit diesen Scharen und kommst in jenes Haus hinein."

Ich dachte mir: "Ich hab doch nie so ein besonderes Haus gesehen." Denn diese Gebäude da, diese Baracken, die hatte ich ja alle sozusagen von unten bis oben und von allen Seiten betrachtet, und ich habe nie gesehen, dass da irgendwie eine Ansammlung von Geschwistern gewesen wäre oder dass es einen Unterricht gegeben hätte. Aber nun gut, ich wollte es tun. Ich dachte: "Gut, ich werde wohl etwas zu tun haben", und dachte daran: "Ich muss ja schliesslich auch etwas erwerben."

Dann, als ich den Klang der Glocken hörte, machte ich mich rasch auf, und ich sah nun, wie sie da emsig von allen Seiten kamen. Ich ging ihnen nach, durch das ganze Dorf; es war ein mittelgrosses Dorf, wo ich mit den andern wohnte. Dann aber stand ich plötzlich vor einer grossen Brücke, und wir mussten über diese Brücke gehen. Es war für mich eigentlich eine neue Umgebung, ich habe ja gar nicht gesehen, dass es auch noch Flüsse und Bäche gibt. Über so einen Fluss führte nun diese Brücke. Auf der andern Seite, da war ein Haus, dem man Haus sagen darf. Es war gross und hatte Ähnlichkeit mit einem Landhaus – und da mussten wir hinein. Es waren nur zwei Etagen, aber das Haus war sehr lang, und ein grosser Garten war darum. Blumen gab es keine, viel Grün hatte es auch nicht, aber es gab doch etwelche kleine und grössere Bäume und ein paar Sträucher. Das war schon ein grosser Unterschied zu dem, was hinter der Brücke war.

Ich ging mit den andern hinein, und wir setzten uns, jeder still an seinen Platz. Ich nahm auch einen Platz ein, der von niemandem besetzt wurde. Da war ein kleines Podium, und auf diesem Podium waren drei – ich sage nun – vornehme Gestalten. Sie sahen streng aus, sie waren aber alle schön: schön gekleidet, schön von Angesicht. Sie hatten eine Tafel, und sie schrieben darauf und gaben Erklärungen. Wir, die wir da in diesem Raume zusammen waren, sprachen alle die gleiche Sprache. So verstanden wir uns gut. Diese Lehrer, die uns unterrichteten, sprachen auch unsere Sprache; wir hatten also keine Schwierigkeiten. Ich dachte mir: "Es ist ja genau so wie auf Erden."

Da hatte man uns über Recht und Unrecht belehrt, hatte Erklärungen an diese Tafel geschrieben. Sie sagten, sie täten das, damit es besser in unser geistiges Gedächtnis eindringe. Sie erzählten von Sinn und Zweck des menschlichen Lebens, und sie sprachen eben auch viel von Armut und Reichtum. Sie erklärten den Unterschied zwischen dem menschlichen, irdischen

Reichtum – damit war das Geld gemeint, der Besitz der Menschen – und dem geistigen Reichtum. Dieser wurde dann beleuchtet: Es ist die Bescheidenheit, die zu einem grossen Reichtum werden kann, aber auch die Hilfsbereitschaft, die Nächstenliebe, die Toleranz – ach und es war so vieles, über das gesprochen wurde. Das alles, alles war Reichtum, genau so, wie es mir jener gesagt hatte, mit dem ich mich zum ersten Mal unterhalten hatte. Das sei Reichtum, dieser Reichtum sei lebendig, und er sei – so machten sie es uns verständlich – das Zahlungsmittel. Wenn wir genügend von diesem Reichtum hätten, könnten wir mit ihm handeln, wir könnten auch tauschen, wir könnten einen Besitz erwerben. Aber man erklärte uns dann und zeichnete es an die Tafel, wie gross der Reichtum sein müsse, um ein eigenes Haus zu besitzen. Ja, ich dachte mir: "Das ist nach menschlicher Berechnung ein Milliardenwert, dazu kommst du nie; du kommst nie zu einem solchen Reichtum." Ich gab es auf, ein solches Haus dereinst mein Eigen nennen zu können. So viel Reichtum würde ich nie zusammenbringen.

So haben sie es uns erklärt. Sie haben uns aber gesagt, es wäre gar keine Unmöglichkeit, diesen Reichtum zusammenzubringen. Und sie erzählten uns von den grossen Vorteilen, von den Freuden, die man hätte, wenn man ein solches eigenes Haus und eine gewisse Selbständigkeit hätte. Er sprach gerade von dem, was mich doch besonders interessierte; es schien mir, wie wenn er nur für mich sprechen würde. Aber ich glaubte, es wäre eine Unmöglichkeit, das zu erreichen, und da wurde ich eigentlich traurig gestimmt; ich sah ja die Unmöglichkeit, einmal in bessere Verhältnisse zu kommen, wenn solcher Reichtum zusammengetragen werden muss.

Als das Zeichen gegeben wurde, dass wir wieder zurückkehren sollten in unser Haus – denn der Anfang bestand nur in den Belehrungen –, da war ich traurig; ich kehrte in meinen Raum zurück, und meine Pläne waren so plötzlich zunichtegeschlagen: Ich werde nie ein Haus besitzen.

Als dann nach einer gewissen Zeit wieder der Glockenklang kam und wir wieder zum Unterricht gehen mussten, da ging ich auch hin und war eben traurig gestimmt. Ich habe mich auf dem Wege dorthin mit den andern unterhalten und sagte: "Es ist doch etwas ganz Unmögliches. Warum erzählt man uns von solchen Dingen, die ja für uns unerreichbar sind?" Die andern aber hatten das Gefühl, so unerreichbar wäre das ja nicht, dazu könnte man schon kommen. Und ich sagte: "Ja ihr habt ja keine Ahnung, wie viel es braucht, wie gross dieser Reichtum sein muss. Ihr seid grosse Optimisten, ihr werdet doch nie dazu kommen."

Da kam ein solch besonderes, schönes männliches Wesen zu mir hin, das gerade in diesen Raum oder zu diesem Hause gehen wollte, und hörte mein Gespräch. Es sah auch meine Traurigkeit und sagte: "Was glaubst du, du würdest nie so etwas zusammenbringen?" Ich sagte: "Nein. Ich bin sehr traurig, ich bin traurig über mein gelebtes Leben, dass ich nichts hinübergenommen habe von diesem geistigen Reichtum, und ich bin traurig, weil ich die Aussichtslosigkeit sehe." Da sagte er: "Du sollst nicht traurig sein. Was glaubst du denn? Du bist noch nicht so lange hier; natürlich wirst du hier eine Zeit lang verweilen, und du wirst dann den Unterricht besuchen. Nachher wirst du der Arbeit nachgehen, und zwischendurch wirst du noch geläutert; und dann geben wir dir schon wieder eine neue Möglichkeit, um diesen Reichtum zusammenzubringen." Ich fragte: "Was ist das für eine Möglichkeit?" – "Ja, hier", sprach er, "in dieser Welt, wo du jetzt lebst mit uns, kannst du diesen Reichtum bestimmt nicht zusammenbringen; aber wenn wir dir die Möglichkeit geben, wieder zurückzukehren, noch einmal Mensch zu werden und im menschlichen Leben dann diesen geistigen Reichtum zu erkennen und ihn zusammenzutragen, ja dann kannst du als ganz reicher Mann wieder zurückkehren. Du kannst nach deinem nächsten Erdenleben in den Besitz eines solchen Hauses kommen, nach dem du verlangst."

Da staunte ich. "Was, ich muss noch einmal Mensch werden? Nein, nein", sagte ich, "nein, das nicht! Ich möchte es nicht, denn ich weiss ja nicht, was ich da in einem nächsten Leben tun werde, ob ich mich belaste und dergleichen. Nein, lasst mich lieber hier, gebt mir doch hier die Möglichkeit, hier hat man einen gewissen Schutz vor dem Bösen. Aber wenn man unter den Menschen leben muss, da hat man keinen Schutz vor dem Bösen, und man ist den Irrtümern ausgesetzt. Nein, lasst mich nicht zurück zu den Menschen." Da sagte er: "Ja siehe, was willst du denn hier? So unendlich lange warten, diese Zeit abwarten, die dir als eine Unmöglichkeit erscheint, bis du in den Besitz kommst, nach dem du verlangst? Oder willst du nicht diese enorme Zeit kürzen und es riskieren, in ein neues Erdenleben zu gehen und dort zu versuchen, mit einem Schlage zu grossem Reichtum zu kommen? Bestimmt wirst du das können, und wir werden dich hier gut unterrichten. Wir lassen nun das alles deine Seele durchströmen, wir steigern dein Verlangen nach dem geistigen Reichtum, damit in deiner Seele, auch wenn du die menschliche Gestalt wieder angenommen hast, das Verlangen nach dem geistigen Reichtum bleibt. Wenn du willst, werden wir dir beistehen." Und ich sagte: "Zuerst muss ich mich mit dem Gedanken besser vertraut machen, wieder Mensch zu werden."

Als er so mit mir gesprochen hatte und es wieder Zeit geworden war oder man uns aufmerksam gemacht hatte, dass der Unterricht beginne, da wurde eben wieder von demselben gesprochen, wieder von dem Reichtum. Der geistige Lehrer sagte, er möchte zurückkommen auf das, wovon er schon öfters gesprochen habe: auf das neue Erdenleben. Und dann sagte er, es seien einige da – damit war nicht ich gemeint, sondern die, die mit mir diesen Unterricht besuchten –, die seien schon so lange hier, und man finde, es wäre nun notwendig, dass etwas unternommen würde und man zu grösserem Reichtum gelange.

Und diese wollten auch nicht, sie konnten sich auch nicht entscheiden, wieder bereit zu sein für ein Menschenleben; denn man hatte hier doch keine Sorgen – auch wenn es einfach und primitiv war, so hatte man keine Sorgen um das tägliche Brot, wie die Menschen es haben, und man hatte keine Beschwerden und dergleichen. Und die Ordnung war so, dass man sich zusammennahm: Man durfte dem andern nichts Böses tun – das haben wir von allem Anfang an gelernt –, und das tut man auch nicht; man sieht, man ist im Reiche Gottes, und man untersteht jener Herrschaft. Aber man ist nicht zufrieden; man versucht schon, dem Verlangten nachzukommen, aber man erreicht eben doch nicht das, was man haben möchte.

Da wurden nun jene kurzerhand aufgerufen, und es wurde ihnen gesagt: "Ihr werdet jetzt von einem Engel Gottes weggeführt. Ihr braucht nicht mehr in euer Haus zurückzukehren, sondern ihr kommt zur Vorbereitung für die Menschwerdung." Sie hatten sich gewehrt, doch es hat ihnen nichts genützt; man hat sie einfach mitgenommen. Die einen haben auch bald nachgegeben, denn sie wussten auch: Es hilft ja nichts, man kann ja nicht widersprechen, denn es ist das Wort dieser höheren Wesen, das seine Geltung hat. Und dann haben sie sich auch gefügt.

Ich dachte: “Ja, man wird bestimmt auch mir sagen, wann es Zeit ist.” Dann habe ich mir aber die Freiheit genommen und gefragt: “Wie ist es, wenn ich mich jetzt freiwillig melde, jetzt schon ins Menschenleben zu treten?” Dann haben sie mir geantwortet: “Nein, noch nicht, zuerst musst du noch Verschiedenes durchmachen. Du wirst nun über die Grundregeln, über die Gesetze, unterrichtet. Dann muss deine Seele besser geläutert werden, und du musst auch noch etwas arbeiten.” Ich sagte: “Ja, dann werde ich dieses tun, ich werde alles tun, was man mir sagt. Ich möchte doch zu etwas mehr Reichtum kommen.” Da schienen sie erfreut zu sein über mich, und bald darauf sagte man mir, ich brauche nicht mehr in diese Schule zu gehen. Aber ich musste nun zuerst geläutert werden, ehe ich einer weiteren Aufgabe zugeführt wurde.

In der Zwischenzeit hatte ich keinen meiner Verwandten gesehen, und ich hatte immer das Verlangen, dass meine Mutter kommen würde, aber sie kam nicht, und Vater kam auch nicht. Als ich dann sagte: “Gut, ich will in die Läuterung gehen”, kamen andere Wesen und traten vor mich hin. Wie sie so vor mir standen, haben sie angefangen: Alles, was ich falsch gemacht habe, mein ganzes Sündenregister, haben sie hervorgezogen, und ich kam mir als wirklich sündiges Wesen vor; ich kam mir wirklich armselig vor, ich hatte also wirklich nichts. Und doch musste ich sagen: "Ich bin so arm, und doch sind sie noch so gütig zu einem, doch sind sie so voller Mitleid und hilfsbereit, sie zeigen einem den Weg. Man hat keine Qualen zu erleben, nichts dergleichen." Als ich mich bereit erklärt hatte, in diese Läuterung zu gehen, stellte ich mir nicht vor, dass sie so schlimm sein könne; denn ich hatte es schon ausgekundschaftet von den andern, dass diejenigen, die bösen Willens waren, längst weggeführt worden sind und abgesondert.

Nun, ich war guten Willens. Man hat mich dann wieder in ein Haus hineingeführt und mich für eine Zeit an einen Raum gebunden. In diesem Raum aber war es ganz dunkel, und ich durfte ihn nicht verlassen. Die Türe war nur angelehnt, ich hätte schon hinausgehen können, aber das hätte ich mich nicht getraut. Innen war alles dunkel, und nun sagten sie zu mir: "Hier hast du Gelegenheit zu beten; du sollst beten lernen, du sollst in dich gehen, du musst den Weg zu dir selber finden." Und sie sagten mir: "Wir haben dich deshalb zuerst unterrichtet. Du bist nicht nur über den Reichtum unterrichtet worden; man hat dich unterrichtet, was Reichtum ist, wie er erworben wird. Man hat dich über Sinn und Zweck des Lebens unterrichtet; man hat vom leidvollen und schweren Leben gesprochen, man hat von den Verachtungen gesprochen. Und nun sollst du nachdenken, was du alles hättest besser tun sollen und wie du es gedenkst zu tun in deinem nächsten Erdenleben."

Nun war es ja für mich auch nicht so leicht, all das zu befolgen, aber ich dachte: “Ich werde ja wieder befreit.” Das war für mich die grösste Freude, die grosse Hoffnung: “Ich bleibe nicht bis in alle Zeit in dieser Dunkelheit, sondern es ist nur die Läuterung; sie wird vorübergehen. Es ist nur eine Stufe im Aufstieg nach oben, und ich werde es durchhalten.” Ich habe gebetet, und ich habe über das letzte Leben nachgedacht sowie über ein neues Leben, und ich habe mir zurechtgelegt, wie ich dem Nächsten dienen wollte, wie ich leben wollte.

So dauerte es nicht besonders lange, und man kam wieder, befreite mich und sagte mir: “Nun sollst du arbeiten; du sollst sehen, dass man auch im Reiche Gottes zu arbeiten hat und dass die höheren Wesen genau beobachten, ob das Verlangte auch erfüllt wird. Denn Trägheit kann man nicht gebrauchen, sie ist keine Stütze im Aufstieg; sondern nur Fleiss, nur Hingabe, Treue und Gehorsam ebnen den Weg zum Aufstieg.” Ich sagte: “Gut, ich will alles tun.”

Das Wesen, das mich in diese Zelle geführt hatte, sprach dann zu mir, als ich wieder vor diesem Gebäude oder im Freien stand: “Nun wollen wir dir eine Freude bereiten, denn du bist willig geworden; du bist einsichtig gewesen und bist also bereit, das Verlangte zu erfüllen. Nun sollst du auch des Himmels Gnade erkennen und des Himmels Liebe.” Ich dachte: “Ja, jetzt werden bestimmt meine Eltern zu mir kommen, und vielleicht darf ich zu ihnen gehen." Denn es war mir klar, meine Eltern hatten diese schwere Zeit längst hinter sich, wenn sie überhaupt solches zu erleben hatten.

Nun sagte dieses Wesen: "Blicke einmal nach links. Kannst du sie erkennen, die da kommen?" Ich sah eine grosse, schöne Gestalt, und an der Hand führte sie einen ungefähr zwölf Jahre alten Knaben. Ich sagte: "Nein, ich kann sie nicht erkennen." Dann aber kamen sie immer näher, und diese grosse, gut aussehende, gut gekleidete Gestalt sprach zu mir: "Thomas, kennst du deinen Grossvater nicht mehr?" Und ich musste sagen: "Ja, Grossvater, ich habe dich ja in Erinnerung, wie du alt warst und ein Gesicht voller Furchen hattest, und nun bist du so jung und so schön." Dann war es mir, als wäre es dasselbe Gesicht, doch eben wie in jungen Jahren. Und er sagte mir: "Weisst du, es ist umgekehrt wie bei den Menschen: Wenn die Zeit vorübergeht, werden sie alt, sie werden gebückt, und sie werden krank, sie leiden an Gicht und dergleichen. Bei uns ist es gerade anders: Je länger man hier ist, je schöner wird man. Und so ist es mir ergangen, Thomas. Sieh mich an. Und den Knaben, kennst du ihn nicht?" – "Nein, wer ist es?", sprach ich. "Das ist der Knabe deines Sohnes, der mit zwei Jahren gestorben war und nun so ein prachtvoller Junge geworden ist." Und ich sagte: "Es ist der Kleine!" – "Es ist nicht mehr der Kleine; sieh mal den schönen Knaben an!" Ja, jetzt war meine Freude unendlich gross, und ich nahm den Jungen in meine Arme und freute mich: "Und du bist so gross geworden! Ja, kommen denn die Kindlein ins Jenseits und wachsen hier und gedeihen und werden auch immer hübscher?" Und der Grossvater sagte: "Genau so ist es, sie werden auch immer hübscher." Der Kleine sprach nun zu mir: "Ich möchte so gerne, dass du mich besuchst in meinem Hause, in meinem Garten." Und er blickte umher und sagte: "Hier gefällt es mir nicht, es ist nicht schön hier, es gefällt mir nicht. Doch da, wo ich wohne, ist es so herrlich. Nein, lass uns wieder zurückkehren." Doch da sagte mein Grossvater zu ihm: "Mein Junge, siehe, du musst dich gedulden. Wir wollen ihm jetzt eine Freude machen; wir wollen ihm sagen, dass wir ein andermal wiederkommen. Und wenn er so eifrig ist, kann er einmal ganz schnell einen Blick in unsere Welt tun, ganz schnell." Dann mussten wir uns wieder verabschieden, und sie gingen in ihre schöne Welt.

Nun war ich von Neuem angespornt worden, und ich hatte jetzt die Gewissheit: "Ja, wo ich lebe, ist nicht der ganze Himmel, und es muss doch wohl etwas Wunderbares sein in dieser neuen Welt; denn der Junge wollte nicht hierbleiben ..." So schön, wie sie ausgesehen hatten – ja, sie hatten den Reichtum.

Da habe ich meine Arbeit nach meinem besten Können ausgeführt. Und dann sagte man mir: "Noch musst du warten, noch ist es nicht so weit für dich, dass du ins neue Leben kommst." Und sie gaben mir den Auftrag, die Menschen zu besuchen, um mich mit ihnen vertraut zu machen. Nun habe ich die Aufgabe, gewisse Menschen zu begleiten, an ihnen zu lernen. Es tut mir im Innersten weh, wenn ich sehe, dass sie nur nach irdischem Reichtum streben. Ich habe Mitleid mit ihnen und denke: "Wenn du zur Einsicht kommst, geht es dir wie mir, dann ist es zu spät."

Man schickt mich deshalb zu den Menschen hin, weil es sozusagen auch zur Vorbereitung für ein neues Erdenleben gehört. Aber wann dieses neue Erdenleben sein wird, weiss ich nicht. Nicht nur für die Menschen soll ich mich interessieren, sondern für das ganze Geschehen, für ihre ganze Geschichte. Ich soll so lernen und sehen können, wie sich das Rad aufwärtsdreht. Ich soll aber zugleich miterleben, wie viel Bedrängnis zu den Menschen kommt. Doch ich sollte auch miterleben, wie die jenseitige Welt, die für die Menschen unsichtbar ist, ihnen immer hilfreich zur Seite steht. Und das war ja auch meine Aufgabe: Ich sollte ihnen hilfreich zur Seite stehen; ich sollte beweisen, nicht mehr imstande zu sein, Ungerechtigkeiten zu unterstützen, sondern nur das Gute und Edle zu fördern, sie im hohen Leben zu fördern, ihnen den Weg zu zeigen zu wahrer Gerechtigkeit, sie in der Frömmigkeit, in ihrem Glauben an Gott zu unterstützen, ihre Gerechtigkeit, ihre Treue zu fördern und die Bereitschaft, die Hilfsbereitschaft, ebenfalls zu entfalten. Es standen mir für diesen Dienst gewisse Kräfte zur Verfügung. Auch das hat man mich gelehrt, wie man sich einem Menschen dienstbar macht, wie man ihn schützen und inspirieren kann, wie man ihn vor dem Bösen bewahrt.

So wurde ich belehrt, und so stehe ich immer noch in dieser Lehre. Noch ist mein Wissen gering. Aber ich warte auf den Zeitpunkt, wo ich in ein neues menschliches Leben treten darf. Ich weiss, dass ich im kommenden Leben bestimmt einen grösseren Gewinn erziele. Denn das, was ich hier tue, wo ich jetzt lebe, tue ich mit solchem Eifer und solcher Innigkeit, damit das Erlebte und das ganze Verlangen in der Tiefe meiner Seele verwurzelt bleibt und es nicht mehr untergehen kann, damit dieses Verlangen auch im menschlichen Leben zum Ausdruck kommt und es mir dann die Möglichkeit gibt, doch etwas zu gewinnen, zu verbessern, was mein innigster Wunsch ist.

So, liebe Freunde, habe ich versucht, etwas von dem, was ich in der jenseitigen Welt erlebte, zu erzählen. Ich ziehe mich zurück, und vielleicht wird es mir erlaubt, jemanden von euch nach Hause zu führen.

So möge Gott euch beschützen und behüten. Gott zum Gruss.

Erlebnisbericht des aufsteigenden Geistwesens Thomas vom 7. März 1962 durch Mittlerin Beatrice Brunner

Paula

Heimkehr mit Verdiensten, aber ohne Glauben

Erlebnisbericht vom 2. Dezember 1970

Gott zum Gruss. Mein Name war Paula – ich sage: war Paula. Ich erzähle euch von meinem irdischen Leben. Ich streife es nur kurz, werde euch dann aber ausführlicher meine Einkehr in die Geisteswelt erklären.

Ich konnte als Mensch nicht an Gott glauben; ich konnte dann selbstverständlich auch nicht an ein Leben nach dem Tode glauben noch dass es eine geistige Welt gibt. Ich glaubte also nicht an Geister. Für mich gab es keinen Gott. Ich hatte jeweils die Mitmenschen ausgespottet, belächelt, wenn sie über Gott oder über Religion sprachen. Ich legte ihnen nach meinen Erkenntnissen dar, dass es einen Gott überhaupt nicht geben könne. Ich gab mir aber Mühe im Leben, gerecht zu sein. Ich versuchte richtig zu leben und tat auch manches Mal an einem armen Menschen etwas Gutes. Ich unterstützte arme Menschen, ich liebte die Gerechtigkeit und den Frieden. So tat ich also aus meiner Kraft alles, was zu einem besseren und höheren Leben gehörte. Ich war nicht arm an irdischen Gütern.

Ich konnte aber einfach nicht glauben, denn so viele schreckliche Dinge waren in der Welt schon geschehen und geschahen immer noch, und das war mir ein Hindernis, an einen Gott zu glauben.

Nun, ich will mich nicht mehr weiter dabei aufhalten, nur noch Folgendes möchte ich erwähnen: Ich hatte für einige Wochen ein schmerzliches Krankenlager, ehe ich von dieser Welt scheiden durfte. Als ich da in den letzten Stunden meines Erdenlebens auf meinem Krankenlager war, da konnte ich Dinge sehen, die mir sonderbar vorkamen. Ich konnte noch klar denken, und so stellte ich mir vor, dass das, was ich sah, Phantasie oder ein Traum war. Ich war ja krank, ich hatte Schmerzen, bekam Injektionen, und so konnte ich mir überlegen, dass ich eben meiner nicht mehr so ganz mächtig wäre und solche Bilder vor mir auftauchen würden. Ich hörte auch, dass geredet wurde. Ich sah meine verstorbene Mutter, und sie schien für mich zu bitten. Sie sagte immer: "Mein Kind war doch gut und hat sich doch um ein rechtes Leben bemüht. Dass meine Tochter nicht glauben konnte, kann ja nicht allein ihre Schuld sein. Man soll doch mit ihr etwas nachsichtig sein in dieser Beziehung." So hörte ich sie immer reden.

Dann und wann sah ich, wie es mir schien, sonderbare Gestalten. Sie waren sehr vornehm gekleidet, aber sie waren so gekleidet, wie man es oft im Schauspiel im Theater sieht, wo die Schauspieler mit langen, weiten, wallenden Gewändern aus einer alten Zeit angezogen sind. So überlegte ich mir manchmal bei diesem Schauen: "Bin ich eigentlich im Theater, sehe ich ein Schauspiel? Was ist es?" Ich glaubte ja nicht an ein Leben nach dem Tode, ich glaubte ja wie erwähnt nicht, dass es unsichtbare Wesen gibt, die sich dem Sterbenden sichtbar machen können. Aber wie sie angezogen waren, erschienen sie mir nicht wie Menschen, wie man sie gewöhnlich auf der Strasse und in den Häusern umhergehen sieht. Sie hatten so lange, weite, wallende Gewänder, und sie schienen recht vornehm. Auch konnte ich sie nicht richtig verstehen. Es schien mir, als wären sie weit weg, als müsste ich von Weitem zuhören, was da gesprochen wurde.

Dann aber waren sie wieder weg, und ich sah und hörte sie nicht mehr – ich sah nur wieder meine Angehörigen, die um mich waren. Ich war aber zu müde und zu schwach, um zu reden. Aber dieses Schauen, dieses Sehen kam immer wieder. Immer wieder waren diese Wesenheiten da, und immer wieder hörte ich meine Mutter, die für mich bat. Und so kam dann doch eben der Moment, wo ich mich vom Leibe trennen konnte. Da hörte ich deutlich die Stimme meiner Mutter, wie sie sagte: "Nun ist es geschehen, die Trennung hat stattgefunden." Ich sah meine Mutter auch ganz deutlich, aber dann sah ich sie entschwinden.

Ich hatte das Gefühl, als würde ich von einem Windstoss aus meinem Lager gehoben und als trüge mich dieser Wind fort – das fühlte ich. Ich fühlte mich aber plötzlich leicht, hatte keine Schmerzen mehr. Es war ein angenehmes Gefühl, so gehoben und getragen zu werden. Ich sah aber niemand und hörte niemand mehr sprechen. Das Einzige, was ich glaubte zu hören, war ein ganz bestimmtes Rauschen in einem bestimmten Ton; und ich nahm an, es wäre der Wind, der die Kraft gehabt hätte, mich fortzutragen. So entwich ich, entfloh ich aus dem Hause, wo ich gewohnt, wo ich gelebt hatte. Man trug mich also hinaus, und es ging so schnell. Dann aber fühlte ich mich niedergesetzt. Es wurde plötzlich etwas düster um mich, ich sah keine Helligkeit mehr, es war eine Dämmerung.

Nun hatte ich die Kraft, mich zu erheben – ich lag da in einem Walde. Ich erhob mich und blickte umher. Da ängstigte es mich, denn ich überlegte: "Um diese Zeit bin ich noch im Walde? Jetzt ist es aber höchste Zeit, dass ich aus dem Wald und nach Hause gehe!" Dazu muss ich sagen, dass ich zu Lebzeiten den Wald so geliebt habe und mich viel im Walde aufhielt. So dachte ich eben menschlich – ich wusste ja gar nicht, dass ich gestorben war. Einerseits war es für mich wie ein Traum, anderseits empfand ich es als eine grosse Befreiung und Erlösung. Ich spürte, dass etwas vorgegangen war, aber es war mir unerklärlich. Denken konnte ich genauso wie zu Lebzeiten, und da ich ja ungläubig war, fiel es mir eben schwer umzudenken; denn ich glaubte ja gar nicht, dass es ein Leben über den Tod hinaus gebe. Ich glaubte ja gar nicht, dass es eine für die Menschheit unsichtbare Welt gibt. Ich war ja voller Unglauben, und so dachte ich eben menschlich: "Ich befinde mich im Walde, und jetzt ist es Zeit, dass ich nach Hause gehe." Aber alles kam mir fremd vor. Die Wege, die ich jeweils gegangen war, kannte ich ja genau, ja ich kannte sogar die Bäume, ganz bestimmte Sträucher und die Waldschneisen, alles kannte ich – und nun lief ich davon und suchte mir meine bekannten Wege. Aber ich fand sie nicht, es war alles fremd.

Nun überlegte ich mir, wie lange ich schon hier sei und ob ich mich wohl irgendwie verlaufen hätte. Ich kam nicht richtig zurecht mit meinem Denken, alles war fremd für mich. Und so ging ich einfach drauflos, ich lief einfach immerzu. Ich mochte mich wohl nach euren menschlichen Begriffen stundenlang fortbewegt haben. Und was ich sonderbar fand: Die Dämmerung blieb immer bestehen. Ich hatte Angst vor der Nacht, denn dann hätte ich den Weg ganz verlieren können. Aber es wurde nicht Nacht; es war immer so, dass ich genau noch den Weg sah. Die Dämmerung, die Atmosphäre, war so, dass man immer die Nacht hätte erwarten können. Und so wurde ich unsicher und fing an, Angst zu haben. Dann rief ich den Namen meines Mannes, und ich rief die Namen meiner Kinder, die wohl schon erwachsen waren, aber viel bei uns ein und aus gingen. Niemand von meinen Angehörigen gab mir

Antwort. Ich konnte so laut rufen, wie ich wollte. Und doch, je näher ich hinhörte, wenn ich still stand und aufmerksam war, desto mehr hatte ich das Gefühl, als wären noch andere in meiner Nähe: Ich hörte ein Rauschen, ich hörte sprechen. Das hatte mich dann veranlasst, noch mehr zu rufen, aber niemand gab mir Antwort; es schien so, als hörten sie mich nicht. Mit meiner ganzen Kraft, die mir zur Verfügung stand, hatte ich die Namen gerufen. Aber nichts, gar nichts kam in meine Nähe.

Dann kam mir der Gedanke, ich könnte doch noch dem Hunde rufen. Wir hatten einen Hund, und der liebte mich und war immer so aufmerksam. Sein Name war Nero. Und so rief ich diesen Namen laut, so laut ich konnte. Nun ging es gar nicht allzu lange, und es kam ein Hund zu mir – es kam Nero. Aber es war nicht der Nero, der noch bei uns lebte, sondern es war der Hund, der Jahre zuvor gestorben war; es war unser früherer Hund, den ich auch sehr geliebt hatte und der mir auch so anhänglich war. Er hatte ebenfalls Nero geheissen. Als er alt, krank und blind geworden war, musste man ihn töten. Darüber waren wir überaus traurig, und es hat mir so wehgetan, dass wir uns zur Überwindung unseres Schmerzes auf dem schnellsten Wege einen neuen Hund angeschafft hatten, dem wir zur Erinnerung an unseren Nero denselben Namen gegeben hatten. Und so war ich ganz erstaunt: Der frühere Nero war da, der für mich ja längst tot war! Er sprang an mir hoch und zeigte seine Freude, dass er mir begegnete. Er leckte sogar meine Hände und wollte nicht mehr von mir weg; er zeigte seine überaus grosse Freude, mich gefunden zu haben, sprang etwas weg und kam wieder zu mir, umkreiste mich und zeigte so seine Freude. Dann überlegte ich: "Ja, dieser Nero ist doch tot! Das ist doch nicht der jetzt lebende Nero, das ist doch nicht derselbe Hund. Der hier ist der alte Nero." Ich kannte ihn doch genau, und er kannte mich. Nun, in meiner Verzweiflung sagte ich zu ihm: "Nun höre mal, führe mich doch endlich aus diesem Wald hinaus. Führ mich heim, du kennst den Weg, führ mich fort von hier." Und Nero schien das wie zu verstehen; er ging vor mir her, und ich folgte ihm. Ein grosses Stück Weg mussten wir zurücklegen, ehe es anfing, etwas heller zu werden, und ich das Gefühl hatte, jetzt bald das Ende des Waldes zu erreichen.

So kamen wir an den Ausgang des Waldes. Nero ging noch weiter mit mir. Vor uns waren nun grosse Felder. Sie schienen mir aber etwas öde zu sein, und sie waren mir vollkommen fremd; unbekanntes Land war es für mich. Ich fühlte mich aber jetzt etwas sicherer; Nero war bei mir, und er sollte mich führen. Er ging immer vorwärts, und ich folgte ihm. So kamen wir an eine Weide oder an ein Gehege, und da stellte ich fest: Da waren ungezählte Hunde darin. Dieses Gehege war ziemlich gross. Nero stand noch neben mir, dann aber verliess er mich und ging zu den andern Hunden hinein.

Ja, einerseits hatte ich nur Bewunderung, und anderseits fragte ich mich: “Wo befinde ich mich denn eigentlich?” Ich konnte mich nicht erinnern, je einen Zwinger mit so vielen Tieren gesehen zu haben. Dies war ja kein Zwinger im üblichen Sinn, es war ein grosses Gelände, eben mit einem Hag begrenzt. Da waren diese Tiere beisammen, und zwar waren sie friedlich beisammen, sie spielten miteinander und taten so, wie Hunde tun. So stand ich da und überlegte. Ein Stück von mir entfernt sah ich zwei Wesenheiten – so muss ich sie heute nennen, doch dazumal waren es für mich Menschen gewesen, denn sie sahen aus wie Menschen. Auch sie schienen ihre Freude an diesen Tieren zu haben und sie zu bewundern. Und so sprach ich sie an. Ich war aber etwas unsicher, und meine Unsicherheit hat man mir wohl angemerkt. Diese beiden, die dastanden und die Tiere bewunderten, sagten zu mir: “Es ist doch herrlich, zu sehen und zu wissen, dass sie leben.” – “Ja, dass sie leben”, sagte ich ihnen nach; und eigentlich war das für mich doch fremd, was sie da zusammen sprachen: “Es ist doch eine Genugtuung und eine Freude, zu wissen, dass sie leben.” Ich wusste nichts anderes zu sagen: “Ja, es ist schön, dass sie leben, es ist schön.” Und dann fragte man mich: “Hast du auch einen hier, den du kennst?” – “Ja freilich, er hat mich aus dem Wald geholt”, sprach ich zu ihnen, “ich war vom Weg abgekommen, und da hab ich ihn gerufen, und er hat mich geholt und hierhergebracht.” – “Ah”, sagten sie etwas erstaunt, “dann bist du wohl noch nicht lange hier?” – “Nein”, erwiderte ich, “es ist mir alles fremd; aber vielleicht könnt ihr mir sagen, wo ich mich befinde. Wie heisst denn dieses Land, dieses Dorf? Wie nennt man es, wo bin ich denn? Ich habe nämlich keine Ahnung.” Dies sagte ich halb verzweifelt.

Die beiden sahen es mir an, in welcher Unsicherheit und Unruhe ich war. Dann sagte der eine: “Ja, weisst du denn nicht, dass du gestorben bist?” – “Gestorben? Unmöglich”, antwortete ich, “ich kann doch unmöglich gestorben sein, ich lebe doch.” Da lachten sie: “Ja, gestorben ist dein Leib, den hast du der Welt zurückgelassen. Aber du hattest doch in deinem Leib eine unsterbliche Seele – die Seele ist doch unsterblich. Die Seele hat auch einen Leib, einen geistigen Leib, denn du bist in der geistigen Welt.” – “In der geistigen Welt? Sonderbar. Lebt man da so wie als Mensch?” – “Oh ja”, sagten sie, “du siehst ja: Du kannst reden, du kannst denken, überlegen, rufen, du kannst schreien, weinen, lachen. Siehst du, das ist es: Die unsterbliche Seele trägt so viel Kraft in sich und bringt all das wieder hervor, was im menschlichen Leben vorhanden war. Vom irdischen, vergänglichen Leib, der die Seele einkleidete, hast du dich befreit. Aber jetzt hast du ja deinen geistigen Leib, und du lebst.”

Dann sagte ich: “Ich bin aber ganz fremd hier; und ich wundere mich, dass nicht noch mehr solcher Geistwesen hier sind.” Da sagten sie: “Oh doch, es hat viele hier. Du wirst ihnen wohl noch begegnen – vielleicht nicht gerade da, wo du jetzt stehst; aber wenn du ein Stück weitergehst, werden sie dir begegnen. Du triffst hier eifriges und vielfältiges Leben und Treiben, ähnlich wie bei den Menschen. Nur ist man hier unter einer höheren Herrschaft. Hier befehlen nicht Menschen, hier befehlen Gott und jene, die im Auftrage Gottes stehen und seine Befehle ausführen.” Von Gott hatten sie gesprochen, und ich überlegte und fragte: “Ihr redet von Gott, gibt es hier Gott, habt ihr Gott gesehen?” – “Oh nein”, antworteten sie, “wir haben Gott nicht gesehen, wir haben noch einen langen Weg zu ihm; aber wir befinden uns auf dem Weg zu ihm. Und so wird es dir auch ergehen: Ehe du zu Gott kommst, wirst du noch vielen andern, auch hohen und erhabenen Geistern begegnen, denen du Gehorsam zu leisten hast; denn sie sind es dann, die über dich regieren, dich führen und über dich bestimmen.”

Da wollte ich natürlich mehr wissen: “Wie ist denn das, was geschieht mit solchen, die im Erdenleben nicht an Gott geglaubt haben?” Da antworteten sie: “Ja, das gehört eben zu den schlimmen Dingen, wenn man nicht an Gott geglaubt hat. Dann wird man es eben schwer haben, in seine Nähe zu kommen. So wirst du noch einen langen Weg haben”, sagten sie etwas abweisend und taten so, als hätten sie kein besonderes Interesse mehr an mir. Und so empfahlen sie sich und sagten: “Du gehst jetzt einfach diesen Weg hier entlang, und man wird sich dann deiner schon gelegentlich annehmen." Sie hatten also nicht mehr das Bedürfnis, sich weiter mit mir zu unterhalten. "Schade", dachte ich, "jetzt habe ich doch jemand gefunden, der sich meiner hätte annehmen können." Denn ich getraute mich ja nicht, einen jeden gleich anzureden. Dazu kam, dass immer mehr die Angst über mich kam.

Ich fing an nachzudenken – ich betrachtete noch eine Weile diese vielen Tiere und dachte über den Satz nach "Es ist doch eine Freude, zu wissen, dass sie leben". Da dachte ich mir: "Ja, ist es denn nicht auch eine Freude, zu wissen, dass man selber weiterlebt? Wenn diese Tiere leben und ich ebenso, dann gibt es ja nichts, was tot sein kann, wenn es einmal von Leben erfüllt worden ist – dann lebt ja alles, alles weiter, eben in einer Welt, die man die unsichtbare nennt, die nur für die Menschen unsichtbar ist. Dann gibt es also doch eine Welt, wo Gott wohnt und wo von ihm aus regiert wird."

So überlegte ich: "Dann habe ich in meinem Leben viel vernachlässigt. Was kann ich wohl tun, um etwas besser dazustehen?" Ich betrachtete einmal, so gut wie ich nur konnte, mein Äusseres. Dabei hatte ich nicht das Gefühl, als wäre ich so gut angezogen wie zu Lebzeiten. Ich hatte keine Schmerzen mehr, ich fühlte mich leicht und wohl – aber ich trug Schuhe, wie ich sie in meinem Leben nie angehabt hatte. Da dachte ich: "Woher kommen denn diese Schuhe? Diese Schuhe sehen ja aus wie die eines Bettlers. Ich muss mich ja schämen, mit solchen Schuhen hier herumzulaufen." Erst jetzt fiel mir das auf. Bis anhin hatte ich noch keine Zeit gehabt, mich zu betrachten und darüber nachzudenken, wie ich aussah. Ich war zu sehr mit der Frage befasst, wo ich mich befand, denn ich hatte mich immer noch so in einem Traume gefühlt. Nun war ich mir sicher, dass alles, was ich sah, Wirklichkeit war. Ich sah mir die Schuhe richtig an. Die Sohle war durchgelaufen, und das Oberleder hatte auch seine Löcher – also diese Schuhe sahen gar nicht gut aus. Sie gefielen mir nicht, und so versuchte ich gleich, sie auszuziehen. Ich dachte: "Lieber gehe ich baren Fusses als mit solchen Schuhen." Doch sonderbarerweise brachte ich sie nicht los. Es war so, als klebten sie an meinen Füssen; ich konnte sie nicht wegnehmen. Ich habe mich niedergesetzt und mich lange damit beschäftigt, diese Schuhe loszubekommen – es ging einfach nicht. "Eine sonderbare Welt", dachte ich, "ich lebe, bin da mit Schuhen, die ich im Leben nie gesehen, nie getragen habe; ich muss mich doch schämen."

Dann schaute ich mich weiter an, wie ich sonst noch aussah: Ich trug einen Rock vom wohl gröbsten Stoffe, den es überhaupt gibt, und wohl unmöglich in der Form. Wie mein Gesicht aussah, das wusste ich nicht; ich hatte keinen Spiegel, ich konnte mich nicht sehen. Aber ich sah, es war nicht gerade gut um mich bestellt. Und da musste ich mich eigentlich wundern, dass die beiden, die zu mir geredet hatten, sich mit mir befasst hatten; denn sie waren ja viel besser angezogen als ich. Aber ich dachte dann auch: “Darum sind sie so schnell weggegangen, weil sie mit mir nichts zu tun haben möchten”, denn ich sah wahrlich nicht besonders gut aus.

Ich überlegte: “Soll ich jetzt weitergehen? Nun zeigt sich meine wahre Einstellung; jeder sieht dir an, wer du gewesen bist im Leben.” Jetzt war es mir klar: Es kam nicht auf die feinen Kleider an, die man im Leben gehabt hatte. Nein. Es kam auf etwas an, was ich eben nicht hatte: auf den Glauben. Aber ich hatte auch Gutes getan, ich hatte keine Menschen verachtet, ich versuchte ihnen ja auch zu helfen; und ich liebte die Wahrheit und die Gerechtigkeit – das war doch auch etwas, was für mich sprechen konnte, überlegte ich mir. Und ich dachte: “Vielleicht bringe ich sie dann doch noch los, meine Schuhe; vielleicht ist es doch so, dass man sich hier etwas anderes anschaffen kann.” Aber ich war ja mittellos; ich hatte nichts, auch keine Begleiter, ich war ganz allein auf mich gestellt. Was sollte ich nun tun? Sollte ich mich in den Wald zurückziehen? Sollte ich wieder meinem Hund rufen und eine Zeit lang im Wald verweilen? Vielleicht kommt jemand, der sich meiner erbarmt. Soll ich in den Wald hinein und versuchen, den Gott, den ich im Leben nie gekannt hatte, zu bitten, er möge mir beistehen und helfen? Oder soll ich zu dem stehen, wofür ich im Leben eingestanden bin –

soll ich es überall zugeben, dass ich ohne Glauben gelebt und Menschen ausgelacht hatte, wenn sie von Gott und von Glauben und Religion geredet hatten? Was sollte ich tun? Ich überlegte. Und so dachte ich mir: "Es gibt nichts anderes, du musst zu dem stehen, was du warst. Nur die Wahrheit kann dich vorwärtsbringen. So werde ich gehen, so wie ich bin. Ich gebe mir keine Mühe mehr, meine Schuhe loszuwerden; mein Gewand kann ich auch nicht losbringen. Also stehe ich dazu: Ich war eine Sünderin, ich war ein armseliger Mensch, der in die Ewigkeit gekommen ist und der von der Welt geblendet wurde und nicht glauben konnte, was verkündet wurde. So muss ich dazu stehen." Das war meine Überlegung.

So wanderte ich drauflos und begegnete anderen Geistwesen. Jetzt war es mir klar: Sie waren alle wie ich Geister. Die einen waren besser angezogen als ich selbst; andere sahen auch nicht viel besser aus, und so hatte ich das Gefühl, ich brauchte mich meiner nicht zu schämen. Aber mitunter sah ich ganz gut gekleidete Wesen, und ich überlegte, ob ich mich wohl an ein solches heranmachen sollte. Aber ich dachte: "Nicht gleich, ich muss zuerst mit mir selbst fertigwerden."

Als ich in dieses Dorf kam, hatte ich auch Gelegenheit, mich etwas zurückzuziehen. Es gab da auch einen kleinen Garten. Er sah nicht besonders gepflegt und schön aus; es hatte Sträucher, und Blumen waren da, aber es schien, als wären sie welk, abgestorben. Aber ich konnte mich in diesem Garten eine Zeit lang verkriechen. Es hatte Büsche, und ich ging da auf die Knie und wollte mit mir selbst fertigwerden, mit mir selbst reden. So habe ich mir mein vergangenes Leben vorgestellt, wie es gewesen war. Ich hatte Gutes getan, aber es schien mir, als zähle dies hier nicht besonders, denn sonst wäre ich ja nicht in diesem Zustand. Ich dachte: "Ich habe wohl den Menschen Leid zugefügt, weil ich sie ausgelacht, sie erniedrigt habe – jene hatten geglaubt." Wie waren sie doch zu beneiden, jene, die glauben konnten, ohne zu sehen, die einfach glauben konnten – wie waren sie zu beneiden! Nun, was sollte ich tun? "Kann ich jetzt noch Gott bitten, er soll sich meiner erbarmen und mir verzeihen, dass ich nie an ihn geglaubt habe?" Ich wollte es versuchen.

Man sprach doch von einem barmherzigen Gott, und diese Welt musste doch – so überlegte ich mir – jemand haben, der Barmherzigkeit zeigt. "Denn wenn es schon ein ewiges Leben gibt, dann muss es auch einen gütigen Gott geben; es muss doch einen Gott geben, der Interesse an der Ewigkeit hat. Es muss doch einen Gott geben, der Freude am Schönen hat und der Freude an der Liebe, an der Barmherzigkeit und an der Gerechtigkeit hat. Wenn es doch eine unsterbliche Seele und einen Gott gibt, muss doch diese unsterbliche Seele in die Seligkeit der Gottheit hineinkommen – das muss doch sein! So will ich es versuchen." Und ich fing an zu bitten und zu beten.

Ja, zuerst tat ich es nur mit meinen Gedanken – ich konnte ja denken wie ein Mensch. Ich bat Gott im Stillen, er möge mir vergeben. Ich bat ihn, er möge mir eine Strafe auferlegen, ich würde sie auf mich nehmen; denn ich wolle doch auch an ihn glauben – und was die Zukunft mir auch bringen möge, ich würde nie mehr ungläubig werden. Das versprach ich mir. So fing ich an zu beten: "Du gütiger und barmherziger Gott, den es doch gibt, der Du da lebst, der Du da wirkst, der Du Dich der Armen erbarmst – erbarme Dich auch meiner, höre doch auf mich, und sende jemand zu mir, der mich aufnimmt in sein Haus, der mit mir lebt, mit dem ich in Frieden leben kann. Mach es doch möglich, dass ich hier in Frieden leben kann. Gib mir eine Aufgabe, ich werde alles tun." Das dachte ich, und es war noch so still um mich.

Ich war schon zufrieden, dass es wenigstens nicht dunkel war. Als ich den Wald verlassen hatte, war es heller geworden, und es blieb hell; es wurde nicht dunkel, es wurde nicht Nacht. Aber ich hatte niemand, ich war verlassen. Und es war mir klar: "Wenn man im Leben Gott verleugnet und ihn verlässt, ist man eben auch von ihm verlassen; so findet man nicht gleich liebevolle Aufnahme – das kann ja nicht möglich sein. Aber ich will bitten." Dies habe ich zuerst in Gedanken getan. Als es jedoch still um mich blieb, fing ich an, laut zu rufen. Alle sollten es hören, ich wollte keine Geheimnisse in mir tragen. Ich habe alles hinausgerufen, was ich nur konnte und wusste, was ich ungerecht getan und welche Freunde und Bekannten ich beleidigt hatte. Ich bat sie als Geist: “Vergebt mir, verzeiht mir. Wenn ihr in die Ewigkeit zurückkommt, will ich euch dienen. Ihr könnt von mir alles verlangen, ich will es tun – nur soll mir Gott vergeben, dass ich nicht an ihn glauben konnte.” Wie lange ich kniete und weinte und rief – ich wusste es nicht, ich kannte ja keine Zeit. Und so betete ich auf meine Weise, indem ich eben bekannte, was ich falsch getan hatte. Ich war willens, es besser zu machen und mich in alles zu fügen, was auch kommen werde. Doch es schien mir, als würde ich auf immer verlassen bleiben – es schien so. Ich war sehr traurig darüber. Und ich hatte den Eindruck, ich hätte es verdient, so auszusehen, wie ich aussah.

Als ich da so tief zerknirscht war, kam die Rettung. Es berührte jemand meine Schultern, ganz sanft, und sagte mir: “Paula, steh auf und folge mir.” Ich stand auf, und ich fragte: “Darf ich dir die Hand geben, dass du mich führen kannst?”, denn ich hatte Angst, ich würde wieder verlassen, so wie sich die andern beiden auch verabschiedet hatten. Dieses Wesen war bereit, mir die Hand zu geben. Es nahm meine Hand, und ich hielt die seine fest, um ja nicht wieder allein gelassen zu werden. Das Wesen schien sehr vornehm zu sein, vornehm war es gekleidet. Ich folgte, und ich wusste nicht, wohin mit meinen Gedanken, ich fragte mich: “Ist das ein Engel? Wer mag das sein? Hat Gott mich gehört, hat er mir jemand geschickt? Wie ist es möglich?" Und es kam doch eine Freude in mich hinein. Es schien, als könnte dieses Wesen meine stillen Gedanken lesen. Es sagte mir: "Sei nur ruhig, sei ganz ruhig und voller Zuversicht. Die Welt, in die du eingegangen bist, ist eine Welt der Gerechtigkeit. Aber sie ist auch eine Welt voller Liebe und voller Barmherzigkeit." Wie taten mir diese Worte gut! Ich schaute nicht links und nicht rechts, ich wollte nicht sehen, wohin ich geführt wurde – ich fühlte mich in Sicherheit, geführt durch dieses Wesen.

So standen wir plötzlich vor einem Haus, und das Wesen bat mich einzutreten. Das Haus schien von einfacher Bauart zu sein, doch war ein Garten darum, in dem die Blumen nicht welkten. Es waren auch Sträucher da und Bäume. Ich sah Vögel; sie flogen da umher und sangen. Und die Welt gefiel mir plötzlich. Auf dem Weg hierher war die Umgebung – so hatte ich das Gefühl – immer 'weltlicher' geworden, und doch war es nicht die Welt; aber es wurde immer schöner, und ich fühlte mich immer sicherer. Wir gingen in das Haus hinein. Es war alles einfach, aber sehr gepflegt. Es war alles von einem sonderbaren Licht durchdrungen. Ich wusste nicht, woher dieses Licht kam; mir schien, es käme aus den Wänden des Hauses, von der Decke – es war einfach Licht da. Ich dachte mir, entsprechend meinem noch menschlichen Denken, es wäre eine Beleuchtung künstlicher Art; und doch konnte es so nicht sein. Und ich überlegte: “Ja diese Welt muss ja ganz anders sein, hier sind doch unmögliche Dinge möglich.” Im Innern des Hauses war es so schön, wie man es von draussen nicht erwartet hatte. Von aussen war es doch einfach anzusehen, und auch innen war es einfach – aber durch das Licht entstand eine besondere Atmosphäre, eine Wärme. Das half mir, Erleichterung zu empfinden.

Da stand ich nun mit diesem Wesen in einem Raum. Es hatte einen Tisch, darauf lag ein grosses Buch, und um den Tisch hatte es Stühle. Da sah ich sie, diese Engel Gottes – jetzt wurde es mir klar: Das sind Engel Gottes. Und wie kam ich mir vor in meinem abgetragenen, groben Gewand und mit meinen löcherigen Schuhen! Sie sahen es mir doch an, wer ich war. Die brauchten doch nicht lange in dem Buch zu blättern und zu suchen. Das wollte ich ihnen sagen, aber ich konnte es nicht. Nun stellte ich fest, dass diese Wesen, die da waren und auf mich gewartet hatten, gar nicht so ein strenges Gesicht zu machen schienen. Wohl waren sie ernst, aber ich hatte das Gefühl, es strahle eine gewisse Freundlichkeit und Lieblichkeit aus ihnen. Ich war aber immer noch verzweifelt, unsicher, vor so vielen erhabenen und leuchtenden Engeln Gottes dazustehen. Ich wusste nichts anderes zu tun, ich fiel auf die Knie und fing an zu weinen. Da stellte man mich auf und sagte: “Du brauchst hier nicht zu weinen. Hättest du in deiner Welt geweint über deinen Unglauben.

Hier brauchst du nicht zu weinen. Setz dich nieder, wir wollen mit dir reden."

Ja, sie wollten mit mir reden, das machte mir Angst. "Was haben sie mich wohl zu fragen? Was wollen sie wohl mit mir reden?", dachte ich. "Sie sehen ja, wer vor ihnen steht." Da nahm einer das Wort und sagte: "Warum konntest du denn nicht glauben? War denn die Welt, in der du lebtest, nicht schön? Konntest du nicht glauben, dass es auch einen Meister gibt, der die Dinge geschaffen hat, von denen du profitiertest? Hast du nie überlegt, dass es für alles einen Meister geben muss und dass es auch für die Welt, so wie sie geschaffen ist, mit allem, was darauf lebt und gedeiht, einen Meister geben muss?" – "Oh doch", erwiderte ich, "mir ist alles klar. Ihr seht, vor euch steht eine grosse Sünderin. Ich hab es eingesehen, was ich falsch gemacht. Ich werde nie mehr ungläubig sein." Und einer sagte: "Nie mehr willst du ungläubig sein?" Erstaunt blickte ich ihn an, denn das war doch mein tiefer Ernst. Ich stellte fest, dass sie sich gegenseitig fragend anschauten, als wollten sie sagen: "Sie will nie mehr ungläubig sein – glaubst du das?", so schien es mir. Aber ein anderer sprach: "Sie ist doch voll guten Willens. Ach, sie ist gestrauchelt über ihren Unglauben. Was hätte sie alles erreichen können! Sie hatte doch ein gutes Herz, und sie hatte einen guten Willen. Sie liebte doch die Menschen, sie hatte doch auch viel Gutes getan. Freilich hat sie Menschen wehgetan, weil sie sie ausgelacht hatte wegen ihres Glaubens. Damit war sie kein leuchtendes Beispiel für die Umgebung. Hätte sie geglaubt, hätte sie eine innere Frömmigkeit gehabt, eine Frömmigkeit des Herzens und der Seele, welchen Eindruck hätte das auf ihre Umgebung gemacht, und wie viele wären durch sie gefestigt worden im Glauben! Ja, es ist schade; vieles ist unterlassen worden." Ich sagte: "Ich gestehe alles ein"; denn mir war klar geworden, dass ich die falschen Wege gegangen.

So waren sie eigentlich viel freundlicher zu mir, als ich es erwartet hatte. Sie sprachen zusammen von meinem Leben, und einer nahm das Buch und blätterte. Aber er tat dies nur so wie nebenbei, als hätte er das alles schon längst gelesen. Er sagte: "Ja, ich brauche wohl nicht in dieses Buch des Lebens zu schauen, denn du trägst ja die Wahrheit auf dir." Freilich – beschämt blickte ich an mir hinunter. Und einer von diesen Engeln sprach: "Es kann bald besser werden. Du kannst deine Schuhe wohl loswerden, wenn du Lust hast dazu." Er tat so, als hätte er es gesehen oder wüsste darum, dass ich sie gerne los wäre, diese Schuhe. "Ja", sagte der andere zu mir, "du kannst sie loswerden, und auch deine Gewandung kannst du austauschen. Aber zuerst musst du doch wohl noch etwas mehr geläutert werden. Du bist mit dir selbst ins Gericht gegangen. Das haben wir gesehen und gehört und dass es dir ernst ist, das freut uns. Darum nehmen wir uns auch deiner so an; denn es hätte geschehen können, dass nur *ein* Engel Gottes neben dir stehen und über dich die Strafe verhängen würde. Und sieh mal, wir sind unser sieben, die vor dir sind und mit dir reden. Sieh uns mal an."

Ja, ich sah sie an; sie waren alle so schön. Sie waren so angezogen, wie ich es in den Stunden des Scheidens von dieser Welt gesehen, wo ich geglaubt hatte, mich im Theater zu befinden: Sie trugen diese wallenden Kleider. Ja, sie waren da, und ich täusche mich nicht – es waren dieselben, die ich damals gesehen.

Auf diese Gedanken gingen sie nicht ein, sondern sie sagten: "Wir wollen vorwärtsschreiten mit dir. Du hast nun eine Zeit der Läuterung vor dir, und du sollst jetzt in die Einsamkeit gehen. Dort sollst du beten lernen und dein Leben nochmals überdenken. Du sollst dir eine Arbeit aussuchen – wir werden dir aufzählen, was du machen kannst. Du kannst das eine oder das andere wählen, und du sollst darüber nachdenken; denn aus deiner Tätigkeit muss Gutes entstehen. Jetzt kannst du beweisen, dass du guten Willens bist, und du kannst beweisen, dass du deinen Glauben bewahren willst." – "Oh ja", fügte der eine hinzu, "wir wollen es ihr doch gleich sagen, sie möchte sich doch nur auf das eine ausrichten: Wenn die Läuterung vorüber ist, dann kann sie in Begleitung eines andern Geistes zu den Menschen gehen, und sie soll versuchen, bei den Menschen Einfluss auf ihr Denken zu nehmen und sie zum höheren Denken zu lenken."

Er erklärte, das sei nicht so einfach, denn Menschen hätten allerlei Gedanken, und es sei nicht leicht, sich der Gedanken des Menschen zu bemächtigen. Es gehe also darum, das Denken des Menschen zum Höheren zu lenken; auch solle man versuchen, ihnen gute Worte in den Mund zu legen. Ich solle es versuchen, auf diese Weise zu helfen. Aber ich müsse auch den Kampf mit den andern aufnehmen; denn ich würde bei diesen Menschen nicht alleine sein und nicht einfach Herr werden in meinem Bemühen, sie zum Guten zu führen. Denn da, wo die guten Geister seien, seien auch jene andern, die den Menschen zum Bösen verleiten möchten. Und so bedürfe es auch des Kampfes. Man müsse versuchen, das Böse abzuhalten – es gehe darum, den Menschen für das höhere Leben zu gewinnen, ihn so zu beeinflussen und zu inspirieren und zu führen, dass er das Gute tue, dass er beten könne und sich nach den Gesetzen Gottes ausrichte. So müsse man den Menschen immer mahnen, wenn es nötig werde, aber man dürfe ihm auch ein Tröster sein – man solle Wohnung nehmen beim Menschen und so für Gott wirken.

Das waren schöne Worte, die gesprochen wurden. Das wollte ich tun, und ich sagte: "Ich gehe in die Läuterung; dann ruft mich, wenn es euch gefällt, ich werde kommen, ich werde meine Aufgabe erfüllen." – "Oh, so ist es gut." Und es kam dann ein Diener – so muss ich es sagen – herbei und begleitete mich aus diesem

Hause. Ich hatte mich von den Engeln Gottes verabschiedet. Ich war etwas benommen und liess mich von diesem einfacher gekleideten Diener führen, eben in die Läuterung. Man führte mich in eine Kammer, und dort erlebte ich wieder diese Dämmerung wie dazumal im Walde. Aber das konnte für mich nicht schlimm sein, meine Überlegungen und mein Wille standen fest. Und so wollte ich warten. Es kam dann der Zeitpunkt, wo man mich holte und zu den Aufgaben hinführte.

Als ich aber diesen Raum der Einsamkeit verliess, da stand – dies möchte ich nicht unterlassen zu sagen – ein Wesen da und bot mir andere Kleider an. Jetzt konnte ich meine Schuhe mit Leichtigkeit von meinen Füssen lösen. Ja es war, als fielen sie von selbst ab, und ich zog gute, schöne Schuhe an. Auch ein ordentliches Kleid gab man mir, und ich war damit zufrieden. Es war einfach, aber ich hatte das Gefühl, es sei schön – es war schön für mich. Und da sagte man mir: "Du kannst später ja noch Weiteres dazuverdienen. Es sind doch nicht dein letztes Gewand und deine letzten Schuhe. Du musst aufsteigen, schrittweise vorwärtskommen und den Weg zu Gott finden. Es steht dir noch ein weiter Weg bevor. Und du musst das, was du versprochen hast, unter Beweis stellen: dass du immer glauben willst." Später erklärte man mir, was damit gemeint war, dass ich dieses unter Beweis zu stellen hätte: In einem neuen menschlichen Leben sollte ich diesen Glauben unter Beweis stellen.

Ich wurde aber aufgenommen von den Engeln des Himmels, und ich erfülle meine Aufgabe, so wie man es mir befiehlt. Ich nehme bei Menschen den Kampf auf mit jenen Geistwesen, die nicht den höheren Weg gehen wollen, die noch weit von Gott entfernt sind. Ich tue alles für Gott, für die heilige Geisterwelt und für den König der Geisterwelt Gottes. Über all das wurde ich ja auch unterrichtet. Und so stehe ich im Dienste Gottes, und meine Dienste können auch bei euch verrichtet werden.

Nun, liebe Geschwister, verabschiede ich mich von euch und bitte euch: Lenkt euer Denken nach oben und lasst euch führen, dass man euch bei eurer Einkehr in die geistige Welt eine schöne Welt zeigen kann und dass es euch nicht ergeht wie mir und ihr zuerst von Dämmerung umgeben seid. Lasst euch umarmen von euren Bekannten, von euren Heimgegangenen, von jenen Geistwesen, die euch im Leben betreuen. So möge Gottes Segen euch erfüllen und euch begleiten. Gott zum Gruss.

Erlebnisbericht des aufsteigenden Geistwesens Paula vom 2. Dezember 1970 durch Mittlerin Beatrice Brunner

Peter

Im Jugendalter verstorben

Erlebnisbericht vom 2. Juni 1965

Gott zum Gruss. Liebe Geschwister, mein Name ist Peter. Ich starb, als ich siebzehn Jahre alt war. Ich war mir über die Zukunftswelt nicht im Klaren während meiner Lebenszeit. Als ich in diese für mich neue Welt eintrat, kam meine Grossmutter auf mich zu. Sie hatte sehr grosse Freude, dass ich heimgekommen bin. Wohl betonte sie, dass meine Eltern jetzt sehr traurig seien, aber die Zeit werde die Wunden heilen und mit der Zeit werde auch die Wehmut etwas nachlassen. So hatte sie ihre grosse Freude zum Ausdruck gebracht, und sie hatte mich gleich zu sich eingeladen. Betonen möchte ich noch, dass nicht nur meine Grossmutter bei dieser Begrüssung war, sondern es waren noch mir fremde Wesen da. Ich schenkte ihnen meine Aufmerksamkeit nicht, denn sie waren mir fremd – froh war ich, dass ich wenigstens doch eine Bekannte hatte, eine liebe Bekannte: meine Grossmutter. Die mir fremden Wesen hatten sich auch wieder entfernt, ohne sich mehr um mich zu kümmern oder nach mir zu fragen; es schien mir, als würde in allen Dingen meine Grossmutter schon unterrichtet sein.

Sie lud mich also ein in ihr Haus. Es war ein kleines Haus, das sie bewohnte, und sie war nicht allein, sie musste dieses Haus noch mit andern teilen. Aber sie hatte ihre persönlichen Räume, und in diese kamen die andern nicht; sie hatte also ihre eigene Wohnung. Diese Wohnung war ganz ordentlich eingerichtet, und ich musste staunen. Ich nahm die verschiedenen Gegenstände in die Hand, betrachtete alles und sagte zur Grossmutter: "Ich finde es eigentlich sonderbar, dass diese neue Welt so viel Ähnlichkeit hat mit der irdischen Welt. Eigentlich stellt man sich doch die Jenseitswelt ganz anders vor." Aber dann musste ich sagen: "Natürlich braucht man ja diese Dinge, die hier sind, auch, und man liebt auch Schönheit und Bequemlichkeit. Aber wenn die Menschen das wüssten, würden sie staunen über die neue Welt!" Mir war es eigentlich ziemlich gleichgültig, dass ich die irdische Welt hatte verlassen müssen. Ich war vorher einige Zeit krank gewesen, und so viel Interesse hatte ich eigentlich nicht an diesem menschlichen Leben, und ich freute mich, jetzt in dieser neuen Welt zu sein. Es gab für mich so viele neue Eindrücke, und ich hatte den Eindruck, es könnte noch recht interessant werden in dieser neuen Welt.

Grossmutter hatte mir ihre ganze Aufmerksamkeit geschenkt. Ich konnte es mir recht gemütlich machen in ihrem Zuhause. Ich wollte auch wissen, was sie denn eigentlich tue während der ganzen Zeit; sie könne doch wohl unmöglich immer in diesen Räumen wohnen – oder ob man denn nur spazieren gehe, ob es wohl Vergnügungen gebe. So fragte ich: "Man wird doch wohl auch in die Kirche gehen müssen oder zum Gebet, oder wie sagt man dem?" – ich wusste es ja nicht. Grossmutter klärte mich auf und sagte: "Ja du wirst staunen, wenn ich dir alles erzähle, was in dieser neuen Welt geschieht. Du bist ja jung – jung sind wir alle, wenn wir heimkommen. Denn wir haben den irdischen Leib abgelegt, wenn er müde und krank war; man hat ihn ja der Erde wieder gegeben, und der Geist ist nicht alt, der Geist ist jung, man sieht jung aus." Wahrhaftig, Grossmutter hatte keine grauen Haare, und sie hatte kein faltiges Gesicht; sie sah wahrhaftig jugendlich aus – das Kompliment hatte ich ihr gleich am Anfang gemacht. Aber ihr Aussehen hatte noch so viel Ähnlichkeit mit demjenigen zur Zeit ihres menschlichen Lebens, so wie ich mich noch erinnern konnte an die Zeit, als ich Knabe war. Ich wurde also so weit unterrichtet, aber ich selbst hatte den Eindruck, als würde ich noch wesentlich jünger aussehen als sie, obwohl die Grossmutter so gut aussah; ich war, wie ich mich fühlte, recht jung und jugendlich.

Nun, sie sagte mir: "Freilich, für dich ist das Leben hier ganz anders oder wird auch ganz anders werden. Du hast ja als Mensch noch keine Aufgaben erfüllen können, aber ich habe doch meine Aufgaben erfüllt. Nun musst du eben dementsprechend eifrig arbeiten in dieser neuen Welt; du musst nachholen, was du nicht erfüllen konntest im menschlichen Leben. Siehst du, du hast ja keinen Beruf erlernen können, du hast keine besonderen Pflichten gehabt. Deine Eltern haben für dich gesorgt, und die Zeit ist noch nicht so weit vorangerückt gewesen für dich, dass du dich in ein Berufsleben hättest begeben können. Aber hier muss das alles nachgeholt werden."

Ja, ich hörte der Grossmutter zu, aber ich wollte wissen: "Was tust du denn die ganze Zeit hindurch?" Dann sagte sie: "Schau, Peter, du magst dich doch noch erinnern an Grossvater, an unser Haus, das wir hatten. Wir hatten einen schönen Garten, und wenn es mir die Zeit erlaubte, war ich immer im Garten; da gab es immer viel zu tun. Ich liebte diesen Garten, ich liebte die Blumen, und ich liebte die Tiere; ich hatte also Arbeit mehr als genug. Und nun muss ich mich auch hier im Garten beschäftigen und einen Garten betreuen, aber er ist nicht so klein – ich werde ihn dir später zeigen. Vielleicht ist 'Garten' gar nicht mehr das richtige Wort dafür, denn er ist sehr gross und viel schöner und gibt noch viel, viel mehr Arbeit. Aber er ist auch sehr interessant."

Ich hörte zu, und wir plauderten, und wir hatten es unterhaltsam miteinander; denn Grossmutter ging mit mir ins Freie, und wir betrachteten gemeinsam die Umgebung. Sie erzählte mir von diesen und jenen, wie es ihnen nun in der neuen Welt erging; aber sie vergass auch nicht, nach ihren Angehörigen auf Erden zu fragen und auch nach Bekannten und Verwandten. Grossmutter war nach eurer menschlichen Zeitrechnung sieben Jahre schon in der geistigen Welt. Dann sagte sie mir: “Weisst du, anfangs hatte ich eine Sehnsucht, immer wieder zurückzukehren, obwohl Grossvater ja hier war. Aber ich hatte eben Sehnsucht nach dir und nach allen andern Enkelkindern.” Sie hatte überhaupt nach dem Hause, nach allem, mit dem sie sich so ein Leben lang beschäftigt hatte, Sehnsucht. Die neue Welt, sagte sie, sei ihr fremd gewesen, und sie sei so gerne immer wieder zurückgekehrt; dann aber habe sie eingesehen, dass man ja gar nicht mehr geschätzt werde, wenn man zurückkommt. Sie sehen und hören einen nicht – sie wollen einen nicht hören und nicht sehen. Also hatte sie sich dann entschlossen, dieser irdischen Welt fernzubleiben, denn sie hatte wahrhaftig nichts Neues mehr zu bieten. Viel interessanter war es jetzt in der neuen Welt, in die man eingekehrt war, und so hatte sie sich dann dort beschäftigt. Man hatte ihr von höherer Seite aus ihr Haus zugewiesen und ihre Arbeit – von dem Moment an, als sie sich entschlossen hatte, den irdischen Bereichen fernzubleiben. Und so sagte sie mir, dass sie nun recht glücklich sei, dass sie jetzt ihre Aufgabe gefunden habe. Aber sie hatte sich eben trotzdem noch interessiert, wie es diesen und jenen erging.

Als wir dann so miteinander plauderten, bekamen wir Besuch, und dieser Besuch meldete sich als Führergeist. Er sagte, er habe nun die Aufgabe, mich gleich mitzunehmen; ich hätte jetzt eine erholsame Zeit bei meiner Grossmutter erlebt. Dazu möchte ich betonen, dass ich auch die Möglichkeit gehabt hatte, mich auszuruhen. Zu meiner Seite war immer die Grossmutter gewesen. Nun, dieser führende Geist, so wie er sich vorstellte, hatte jetzt die Aufgabe, sich meiner anzunehmen. Er war sehr liebenswürdig, hatte sich zu uns hin an den Tisch gesetzt und etwas von meiner Zukunft erzählt. Er sagte, es sei jetzt so weit, dass auch ich meinen Aufgaben entgegengehen müsse; ich sei jetzt ausgeruht und hätte mich mit der neuen Welt auch etwas vertraut gemacht, und so stehe nichts mehr im Wege, dass man mich jetzt einreihen könne. Er sprach von "in die Schule gehen" und auch davon, dass ich einer regelmässigen Tätigkeit nachgehen müsse – und dieses nahm ich einfach hin. Grossmutter hatte mir zugeredet und erklärt, es werde alles gut sein, so wie es angeordnet würde, und ich solle sie besuchen oder sie werde mich besuchen. Also haben wir uns gegenseitig versprochen, einander zu besuchen, je nachdem es uns eben ermöglicht werde. Der führende Geist sagte, wir würden natürlich nicht in der gleichen Umgebung wohnen; ich dürfe etwas weiter oben wohnen, in einer höheren Ebene als die Grossmutter, und wenn es dann zu Besuchen käme, müsse ich zur Grossmutter hingehen, denn ihr sei es nicht möglich, mich zu besuchen.

So hatten wir uns dann verabschiedet. Mit vielen guten Wünschen gegenseitig haben wir uns getrennt, und ich habe mich vertrauensvoll diesem geistigen Führer anvertraut. Er war dann mit mir in diese andere Ebene hinübergetreten. Mir schien, dass die Umgebung, in die ich einkehren musste, etwas schöner sei. Ich hatte auch die Umgebung meiner Grossmutter geschätzt, und ich fand, dass es sehr schön sei, dort zu wohnen; aber es gibt – wie auch im Erdenreiche, so ich mich erinnern konnte – bestimmte Flecken und Orte, die sich in der Schönheit unterscheiden, dass man also in derselben Stadt an einem schöneren Orte wohnen kann. So wurde ich nun in eine andere Stadt hineingeführt. Auf dem Wege erzählte mir mein Begleiter, dass ich in ein Haus kommen werde, wo mich eine geistige Mutter begrüssen werde. Zur gleichen Zeit, wie ich dort jetzt in das Haus einkehren werde, würden auch andere, die ungefähr im gleichen Alter wie ich gestorben seien, dort einkehren. Ich war nach menschlicher Berechnung siebzehn, und der geistige Führer sagte mir, der Jüngste sei nach irdischer Berechnung sechzehn und der Älteste achtzehn. Also sechzehn, siebzehn, achtzehn – so in diesem Alter waren wir, die wir nun zusammen sein sollten. So erzählte er es mir; er hatte mich vorbereitet und mir erklärt, dass es dann eine gemeinsame Begrüssung gebe.

So sind wir in dieses von ihm benannte Haus eingetreten. Es schien einem Landhaus ähnlich zu sein und hatte viel Grün um sich, obwohl der geistige Führer gesagt hatte, es sei eine Stadt, man könne in die Stadt gehen – aber diese Stadt sei ja so gross und habe viel Grün und ihre Seen und Bäche; es sei eine sehr schöne Stadt. Nun waren wir dort angekommen, und schon vor dem Eingang wurden wir von dieser geistigen Mutter empfangen. Sie begrüsste mich und wusste schon meinen Namen. Sie sagte mir: “Ja, du hattest im menschlichen Leben den Namen Peter getragen, aber dies ist ja nur vorübergehend – vorübergehend sagen wir dir jetzt auch Peter, aber später werden wir dir einen ganz anderen Namen geben. Glaubst du nicht, dass es viel schönere Namen gibt als nur Peter?” Ich habe zugestimmt. Diese geistige Mutter schien so vertraut zu sein und sprach so zu mir, als hätte sie mich längst gekannt. Sie sagte mir: “Ich werde dich so betreuen wie deine leibliche Mutter, und wir werden hier zusammen eine grosse Familie sein.” Eine grosse Familie ist vielleicht übertrieben; ich werde gleich davon erzählen, wie gross diese Familie wurde.

So waren mein Begleiter und ich die Ersten, die da in diesem Hause eingekehrt waren. Man hatte uns einen grossen Raum geöffnet; das sollte also unser Wohnraum sein. Er war sehr schön, er sah sehr schön aus, und ich musste die Dinge, die da waren, wahrhaftig bestaunen. Es gab einen sehr schönen Tisch. Ich hatte das Gefühl, als wäre er aus einem ganz seltsamen Holz, ich konnte aber die Art des Holzes natürlich nicht erkennen. Auch die Stühle schienen mir sehr bequem und sehr schön. Es hatte einen prachtvollen Leuchter; er hatte grosse, weit ausragende Arme und beleuchtete so den ganzen Raum – und das, was mir eigentlich überhaupt in dieser neuen Welt auffiel, war: Es war ja immer hell, und doch hatte man Leuchter. Wenn sie angezündet wurden, verbreiteten sie ein angenehmes Licht; es war aber kein so eintöniges Licht, wie es die Menschen von ihrem künstlichen Lichte her kennen, sondern das Licht, das von diesen Leuchtern ausstrahlt, ist wie ein Strahl der Sonne; wie Sonnenstrahlen leuchtet es, und die Farben wechseln, wenn diese Lichter leuchten. Es ist wunderschön in diesen verschiedenen Farben, und so liebte ich es gleich von Anfang an, wenn diese Lichter leuchteten. Doch sie wurden nicht immer angezündet, aber da es ja um den Empfang von uns ging, hat dieser grosse, weit ausragende Leuchter seine Strahlen nach allen Seiten gerichtet.

Im Weiteren war es mir, als sei dieser Boden mit feinem Moos belegt. Ich stand so weich auf diesem Teppich und hatte das Gefühl, als wäre man als Mensch im Walde, wo dichtes Moos wäre – es war so lebendig. Ich konnte auch noch nicht richtig feststellen, aus welchem Material oder wie das überhaupt gemacht wurde. Das hatte mich am Anfang auch nicht allzu sehr beschäftigt und interessiert – es war der Gesamteindruck, der mich so beeindruckt hatte. Nun waren auch sehr kostbare Möbelstücke und verschiedene Sitzgelegenheiten in diesem Raum, und ich hatte sie nur zu bewundern. Also, man schien es uns recht gemütlich gemacht zu haben.

Dann sagte diese Mutter: "Ja, komm! Wenn du schon als Erster da bist, dann sollst du gleich die andern auch mit empfangen. Sie werden jetzt auch kommen." Und ich ging mit dieser geistigen Mutter vor das Haus, und da sollten wir alle, die jetzt ankamen, begrüssen. So stand auch noch mein geistiger Führer neben mir und hatte auch seine Freude, wenn da wieder jemand auf das Haus zukam. Die Mutter – wenn ich "Mutter" sage, meine ich jetzt jeweils diese geistige Mutter – ging immer auf den neuen Bruder zu, begrüsste ihn recht lebhaft und sagte, dass er jetzt ein neues Zuhause finde und seine neuen Aufgaben von hier aus erfüllen werde. So wurden wir dann einander vorgestellt.

Ich war in meinem menschlichen Leben im katholischen Glauben erzogen worden. Wenn man nämlich in die Jenseitswelt, also näher zu Gott kommt, dann spielt doch – so meint man – der Glaube, den man im menschlichen Leben gehabt hatte, eine wesentliche Rolle. Im katholischen Glauben war ich erzogen worden, aber ich hatte eigentlich in der ersten Zeit in der jenseitigen Welt gar nichts Besonderes angetroffen, das mich an das katholische Leben hätte erinnern können.

Ich war mit der Grossmutter doch eine Zeit lang zusammen gewesen; wir hatten gebetet miteinander, so wie man als Mensch betet, und die Grossmutter hatte zu mir gesagt, wir könnten in unserem Haus ebenso gut beten, wie auf Erden die Menschen in der Kirche beteten. Wir haben also in unserem Hause gebetet, wir haben keinen Tempel oder so etwas aufgesucht. Ich war ja auch verhältnismässig kurze Zeit bei ihr. Dies nur noch zur Ergänzung.

Dann, als der neue Bruder kam, wurde er uns vorgestellt, und man sagte uns auch seinen Namen, den er in der irdischen Welt getragen hatte. Die Mutter sagte ihm dasselbe: "Ja, wir werden dir dann einen andern Namen geben. Vorläufig kannst du den Namen noch behalten, den du zu Lebzeiten gehabt hast, schliesslich müsst ihr ja einen Namen tragen. Aber später werden wir dann ein Fest machen und euch den wahren geistigen Namen geben." Dieser andere, der Zweite, der da gekommen war, wurde uns vorgestellt, und es wurde erklärt, dass er im orthodoxen Glauben erzogen worden sei. Also, ich war Katholik, und er war im orthodoxen Glauben erzogen worden. Mich störte das nicht. Ich fühlte mich geborgen; ich wusste: "Jetzt bin ich ja schliesslich im Himmelreich, und da wird es wohl richtig zugehen", und ich habe mir nicht angemasst, irgendeine Bemerkung zu machen oder ein Urteil zu geben; denn mein Bruder wurde ebenso freundlich von der Mutter empfangen wie ich.

So waren wir also zu zweit, und auch er wurde begleitet von einem geistigen Führer. Wir gingen dann schnell in den Raum hinein, denn dies wurde ihm gestattet, und es interessierte ihn genauso, wie es mich interessiert hatte, wie es denn da drinnen aussieht, wo wir jetzt in Zukunft zusammenleben sollten. Er hatte, wie ich es auch getan, gestaunt, Dinge betastet und gesagt, gleich wie ich: "Wenn die da" – und damit meinte man die Eltern – "wüssten, wie schön wir es haben, würden sie nicht mehr um uns weinen." Das war seine Meinung, und das war auch meine Meinung.

Aber wir wurden herausgerufen, denn es kamen andere, und der Empfang fand nicht im Hause, sondern vor der Treppe des Hauses statt. Jetzt kamen sie, einer nach dem andern, und jeder wurde begleitet von einem geistigen Führer. Nun will ich sie aufzählen. Wir waren vorerst zu zweit – der Dritte, der mit einem geistigen Führer kam und uns vorgestellt wurde, sagte, er sei Jude gewesen, im jüdischen Glauben erzogen. Dann kam ein anderer, er sagte, er sei Mohammedaner und sei in diesem Glauben erzogen worden. Dann kam noch einer, und er sagte, dass er im protestantischen Glauben erzogen worden sei. Das hatte man also gleich gefragt, denn die Himmelswelt ist eine Welt des Glaubens. Also musste man sagen, welchen Glauben man auf Erden gehabt hatte oder in welchen Glauben man hineingeboren worden war. Vorwürfe über unsere Fehler im Leben wurden keinem besonders gemacht. Wohl jeder hatte auch seine Fehler mitgenommen, hatte manches falsch gemacht, aber man sprach gar nicht darüber.

So hatten sich dann diese geistigen Führer von uns verabschiedet, denn wir alle waren jetzt unserer geistigen Mutter anvertraut worden. Wir hätten ein schönes Zuhause, sagten sie, und wir sollten eifrig unsere Aufgaben erfüllen. In allem Weiteren würde uns vorerst unsere Mutter unterrichten. Ich hatte das Gefühl, man hatte uns nicht so ganz als vollwertig genommen, das heisst, sie hatten von uns keine grosse Rechenschaft verlangt; sie waren sehr nachsichtig mit uns, sodass wir eben das Gefühl hatten, sie haben uns eigentlich wie erwachsene Kinder angenommen. Und so war es auch. Unsere geistige Mutter war sehr liebenswürdig, sie war aber auch sehr streng. Jedem wurde gleich der Platz zugewiesen in diesem Raum, und wir hatten einen anderen, weiteren Aufenthaltsraum, den wir auch benützen konnten und der sich in der Schönheit seiner Ausstattung kaum vom anderen unterscheiden liess. Aber der gemeinsame Raum, wo wir miteinander unsere Besprechungen haben würden, war eben dieser, in den wir zuerst eingetreten waren. Jeder hatte sozusagen seinen Platz, seinen Tisch, seine eigenen Gegenstände, und jeder konnte es sich eigentlich recht gemütlich machen.

Dann hatte unsere Mutter mit uns gesprochen und gesagt, was uns oder was mir ja mein Führergeist bereits erklärt hatte, wir hätten unsere Aufgaben im Leben nicht erfüllt; nun müssten wir in der Jenseitswelt versuchen nachzuholen, und wir müssten in das Berufsleben hineingehen. Da haben wir uns angeschaut. In das Berufsleben? Ich hatte mich im Stillen gefreut auf das schöne Leben hier, obwohl man von Aufgaben sprach. Es war mir ja klar, dass die Welt nicht abgeschlossen war, da, wo ich mit meinen Brüdern zusammen war. Aber wir hatten wohl gemeinsam auf ein recht bequemes Leben gehofft. Nun fing unsere geistige Mutter an, vom Erwerbsleben zu sprechen, wir müssten jetzt ins Erwerbsleben hinaus. Dann sagte sie: "Keiner von euch hat ja einen Beruf erlernt. Es war ja gar nicht möglich, ihr seid viel zu jung. So müsst ihr eben hier einen Beruf erlernen." Wir haben uns wieder angeschaut: "Einen Beruf erlernen? Wir sind doch im Himmel", hat wohl jeder gedacht, wie ich. "Braucht es denn Berufe? Muss man denn einen Beruf ausüben?" Die geistige Mutter ist nicht auf unser Zögern eingegangen, sondern hat uns gleich gesagt: "Nun, liebe Kinder, glaubt ihr eigentlich, in dieser neuen Welt seien die Gegenstände, die man hier sieht, einfach von alleine entstanden? Was glaubt ihr? Alles, was hier ist, vom Kleinsten, vom Geringsten bis zum Köstlichsten, alles musste erarbeitet werden, für alles brauchte es arbeitende Hände; es brauchte geschickte Hände und intelligente Wesen. Wer intelligent ist, Geschicklichkeit hat, der wird eben dementsprechend die Arbeit ausführen. So müsst ihr nun einen Beruf erlernen, jeder nach seiner Fähigkeit." Und dann hatte sie uns einige Berufe aufgezählt; wir könnten darüber nachdenken, sie werde uns Zeit lassen, wir könnten uns miteinander über diese Berufe unterhalten, und dann werde sie wieder kommen und fragen.

"Wir könnten uns miteinander unterhalten" – keiner sprach sozusagen die gleiche Sprache wie der andere, jeder sprach doch eine andere Sprache. Wie konnten wir uns denn unterhalten? Ja, wie es Kinder tun: Man spricht mit den Händen, man macht Bewegungen – so konnten wir uns ja auch verständigen. Die geistige Mutter sagte: "Das Erste, was nun nottut, ist: Ihr müsst Sprachen lernen, ihr müsst lernen, einander zu verstehen. Wir werden alle Sprachen lernen, die hier von den Brüdern gesprochen werden." Die Mutter sprach alle diese Sprachen, sie konnte sich mit jedem in seiner Sprache unterhalten. So konnten wir uns mit ihr verständigen, und sie hatte dann wiederum dem andern in seiner Sprache die Antwort gegeben, wenn wir etwas fragen wollten; denn sie stand uns zu unserer Betreuung zur Seite. Sie war aber nicht etwa nur eine Lehrerin, sondern sie sollte uns Mutter sein. Sie hatte für uns recht viel liebe und tröstende Worte, und es brauchte auch Aufmunterung und oftmals etwas Strenge – aber alles ging mit grosser Liebe zu, wie bei einer Mutter.

So musste sie den ersten Unterricht für uns beginnen, und wir fingen an, diese verschiedenen Sprachen zu lernen. Das hatte sich natürlich über eine längere Zeit hingezogen, aber wir waren sehr lernbegierig und konnten recht bald so das Notwendigste verstehen, um miteinander sprechen zu können. Dann sagte sie, wir würden ja das Haus dann verlassen müssen und würden in unsere Berufe einbezogen werden. Sie zählte die Berufe auf, von denen sie glaubte, dass wir einen davon auswählen könnten. Sie zählte den Beruf eines Schusters auf. Das sagte sie jeweils in den verschiedenen Sprachen, damit alle sie verstanden. Keiner war einverstanden, diesen Beruf zu erlernen. Alle waren wohl mit einer menschlichen Erinnerung behaftet. Also Schuster, nein – nein, nein, nein, keiner wollte das. Schneider? Noch viel weniger. Die Mutter musste uns aber auf Folgendes aufmerksam machen: Wenn wir doch Wert darauf legen würden, schön gekleidet zu sein, brauche es Schuhe, es brauche Kleider. “Sie sind nicht einfach da, sie müssen erarbeitet werden”, sprach sie. “Und das Handwerk, das man in der Gotteswelt erlernen muss, ist viel vornehmer, viel schöner als das, was die Menschen ausüben. Menschen üben nur Stückwerk aus, aber in der Gotteswelt ist es anders” – und sie holte ein Gewand hervor, das ihr gehörte und das sie, wie sie sagte, nur an Festtagen anziehen würde. Sie breitete es vor uns aus und zeigte uns die Kostbarkeiten und wollte den einen oder andern natürlich für diesen Beruf gewinnen. Sie sagte, wie schön es sei, all diese Dinge so harmonisch zusammenzustellen, und man könne auch in diesem Beruf ein grosser Künstler werden.

Niemand begeisterte sich dafür. Wir wollten noch die andern Berufe hören. Dann sagte sie: "Glasmaler beispielsweise", und sie deutete auf unsere Fenster. Wir hatten wahrhaftig prachtvolle Fenster. Ein Menschenauge hat noch nie etwas in so einer Pracht gesehen – diese leuchtenden Farben, diese Bilder, so etwas Edles, Vornehmes! Ja dann hatten wir einmal diese Fenster etwas genauer betrachtet. Ich habe vorhin gesagt, für mich sei eigentlich der Gesamteindruck bedeutend gewesen; auf die Einzelheiten bin ich nicht eingegangen. Aber jetzt wurden sie uns auseinandergehalten – vom Schuh bis zum Kleid bis zum Fenster, alles sollten wir betrachten. Also die Glasmalerei hätte mich schon eher interessiert, aber ich wollte ja noch weiter hören und die andern auch. Sie fingen an zu staunen, und der eine erklärte, er habe eigentlich immer gern gezeichnet. Unsere Mutter sagte, dass dies eine grosse Kunst sei; zuerst müsse man natürlich zeichnen lernen, und die Fähigkeit dazu müsse vorhanden sein. Man werde zuerst geprüft auf diesem Gebiet, und dann müsse man natürlich auch lernen, die Farben zusammenzustellen; das sei nicht so einfach, es sei eine wirklich hohe Kunst, und es werde lange dauern, bis man diese Kunst kenne. Nun, für dieses hatte man schon grössere Aufmerksamkeit.

Dann hatte die Mutter vom Weben gesprochen. Das sei auch ein sehr schöner Beruf. Die Stoffe, die man trage, müssten gewoben werden; und sie zeigte uns an ihrem Gewand diese kostbaren Fäden, die Ornamente, die in den Stoff hineingewoben wurden. Das sei nicht so einfach, sagte sie, es brauche dazu Künstler und man müsse auch von Ideen erfüllt, inspiriert werden. Um diese Ideen zu erhalten, könne man zu Besuch gehen in andere Städte. Man könne schöne Häuser aufsuchen, um diese Inspirationen zu bekommen. Das gelte eigentlich für alles, ob für die Glasmalerei oder für das Weben – die Inspiration müsse man fördern, man müsse sie holen, und dann werde man aus eigener Kraft heraus, wenn eine Idee da sei, noch viel mehr zur Entfaltung bringen können und so ein eigenes Werk schaffen. Das hatte uns auch etwas mehr Eindruck gemacht. Da meldete sich zum Weben gleich der Mohammedaner. Er sagte, er hätte schon als Kind mitgeholfen, Teppiche zu knüpfen, und das könnte ihm noch Freude machen; für ihn werde das also kein Problem sein, sprach er zur Mutter. Und die Mutter schien damit einverstanden.

Wir wollten noch weiter wissen, was für Berufe es denn wohl in dieser himmlischen Welt gebe. Sie sagte: "Natürlich gibt es viele, viele Berufe, aber ich zähle ja jene auf, von denen ich meine, dass sie für euch in Frage kommen könnten. Denn ihr könnt einen Beruf erlernen, könnt aber später einen weiteren oder mehrere dazu erlernen; ihr braucht nicht nur einen Beruf auszuüben. Aber einen Beruf müsst ihr haben, das müsst ihr."

Man hatte dann von Architektur gesprochen; man sagte, die Häuser müssten ja auch gebaut werden, und die Mutter sprach von kostbaren, eindrucksvollen Häusern, die in der Geisteswelt errichtet würden. Also auch das sei notwendig, auch einem solchen Berufe könne man sich zuwenden. Auch für den Beruf des Gärtners oder – und das schien in der geistigen Welt gerade dasselbe zu sein – des Gartenarchitekten könne man sich interessieren, da in der Himmelswelt grosse Bedeutung auf die Gärten gelegt werde. Die Gärten würden nicht immer in ihrer Gestaltung bleiben, sondern sie würden immer wieder verändert werden. Grosse Künstler müssten auch da am Werke sein; denn man müsse grosse Ideen haben. Wenn man das Talent nicht habe, vermöge man nie ein besonderes Werk zu schaffen und dafür auch von hoher Seite ein Lob zu bekommen. Und darum gehe es ja. Was die Kunst anbelange, da müsse man das Äusserste hergeben, damit es von oben geschätzt werde und man belohnt werde, ausgezeichnet für die Arbeit – das seien dann die grossen Freuden, so erzählte sie. Sie sagte auch, dass es eben nicht so einfach sei, man könne nicht einfach sagen: “Ich will jetzt Architekt werden”, ohne dafür die Fähigkeit zu haben.

Im Weiteren gebe es Flechter; auch flechten müsse man in der göttlichen Welt. Es gebe so viele Gefässe aller Art, man müsse überhaupt so viele Gegenstände verarbeiten. Sie machte uns aufmerksam auf die schönen Tische, auf die schönen Stühle, und wir mussten sagen, es war wirklich sehr schön. “So etwas hat ein Menschenauge nie gesehen”, musste ich sagen, “die haben ja keine Ahnung von dem, was hier erarbeitet wird.” Und so antwortete die geistige Mutter: “Ja siehst du, du kannst auch diesen Beruf erlernen.” Aber er gefiel mir auch nicht. Ich war in Gedanken einfach immer noch so verbunden mit der irdischen Zeit, wo man mit den Eltern über den Beruf sprach, den man erlernen wollte, wo man abgewogen hatte, was wohl in Frage kommen könnte.

So zählte unsere geistige Mutter viele Berufe auf. Dann sagte sie uns aber, wir müssten jetzt unbedingt etwas unter dem, was sie aufgezählt hatte, finden können. “Denn”, so sprach sie, “ihr dürft nicht vergessen, dass die irdische Welt in dieser Beziehung nicht zu vergleichen ist mit der Gotteswelt. Denkt doch einmal darüber nach, über die Geschäftigkeit des Menschen. Wir brauchen kein Geld, wir brauchen keinen Buchhalter, wir brauchen keine Kassierer. Ihr müsst euch nicht mit Geld befassen; ihr müsst keine Lehre machen, um dann bei einer Bank zu arbeiten, ihr müsst keinen Handel treiben. Ihr müsst einen wahrhaftigen Beruf erlernen. So müsst ihr euch darüber klar werden, welche Berufe in der Geisteswelt nicht notwendig sind und nicht erlernt werden müssen. Ihr müsst in erster Linie jene Berufe erlernen, die die Geisteswelt braucht; ihr müsst mithelfen, die Gotteswelt in ihrer Entfaltung und ihrer Schönheit zu bewahren; ihr müsst euren Teil leisten, die Gotteswelt noch schöner zu gestalten, als sie ist." Noch schöner zu gestalten? Wir schauten uns den Raum an und fanden, dass es wohl kaum noch etwas gebe, was dieses Schöne überbieten könnte, wohl mit Ausnahme des höchsten Himmels, wo Gott wohnt. So dachten wir wohl alle, denn wir kamen uns ja wirklich wie im Himmel vor, wir fühlten uns glücklich und selig.

Die Mutter sprach dann freilich zu uns: "Ihr könnt ja keine Ahnung haben, wie es in den hohen Welten aussieht. Ihr habt das Glück, dass eure Seele unbelastet blieb; darum durftet ihr jetzt in eine solch schöne Welt einkehren. Aber dafür wird von euch erwartet, dass ihr arbeitet in der Gotteswelt, eure ganze Fähigkeit zum Ausdruck bringt. Ihr könnt euch der Musik, dem Gesang, der Malerei zuwenden; was die hohe Kunst des Menschen zu bieten weiss, könnt ihr auch hier ausüben. Ihr müsst es auch erlernen, wenn ihr glaubt, die Fähigkeit dafür zu haben."

Nun, von den andern habe ich genug erzählt; sie haben sich auch für einen Beruf entschieden. Ich habe mich auch für einen entschieden, und zwar für die Glasmalerei. Das bedeutete einen weiten Weg für mich. Ich musste anfangen und lernen zu zeichnen, ganz kleine Dinge. Ich musste dann das Haus meiner Mutter verlassen und kam in eine Werkstätte, wo andere da waren, die auch diesen Beruf erlernen wollten.

Wir hatten einen Lehrmeister, der uns im Zeichnen unterrichtete. So hatten wir allerlei Kunde zu lernen. Wir mussten lernen, die Farben zusammenzubringen, die Farben zu mischen. Wir gingen viel in die herrlichen Gärten, legten uns die Blumen zusammen und versuchten so, die unendlich vielen Abstufungen der Farben zu erlernen. Es brauchte schon eine lange Zeit, um nur die Farben kennenzulernen. Man sagte uns, Zeit spiele keine Rolle; wichtig sei, dass man das Handwerk gut und gründlich erlerne.

So hatte ich meinen ganzen Eifer da hineingesetzt, denn es ging ja nicht nur um das Zeichnen und darum, die Farben zusammenzubringen – man musste sich mit der geistigen Materie vertraut machen. Man musste also die geistigen Kräfte, diese Odstränge, zusammensetzen, man musste also zuerst die Schwingungslehre erlernen, um das geistige Glas anfertigen zu können. Es gab in allen Einzelheiten vieles, was man erlernen musste. Dann musste man versuchen, zuerst einfache Farben in das geistige Glas zu bringen, bevor es überhaupt zu den Zeichnungen kam. Für die Zeichnungen mussten diese Farben wieder durch eine höhere Schwingung, durch einen höheren Druck, hineingepresst werden. Es musste auf den Glanz geachtet werden. So gab es so vieles zu lernen, aber ich hatte Freude an diesem Beruf. Ich glaube, ich habe nach menschlicher Zeitrechnung – man sagt mir, dass es stimmt – gut zwanzig Jahre gelernt, bis ich es fertigbrachte, ein solches Fenster herzustellen, von dem man sagen kann, es steht in harmonischen Farben und Linien da – zwanzig menschliche Jahre.

Betonen möchte ich aber, dass ich mich nicht unentwegt nur diesem Berufe hingab. Wir hatten unser Zuhause bei unserer Mutter; wir kehrten jeweils zu ihr zurück, wenn unsere Lehrmeister uns entlassen hatten. Wir hatten nach einer geistigen Zeitrechnung gearbeitet und durften jeweils wieder in das Haus unserer Mutter zurückkehren. Dabei möchte ich aber betonen, dass unser Aufenthalt bei ihr zehn Jahre, nach irdischer Zeitrechnung, gedauert hat. Nachher haben wir in einem Gemeinschaftshaus unter Führung von männlichen Geistwesen gelebt. Doch diese erste Zeit war die beglückende und tröstliche Zeit, in der wir mit unserer geistigen Mutter zusammen waren. Wir mussten nicht immer arbeiten, sondern wie alle anderen Geistgeschwister hatten auch wir eine freie Zeit, in der man tun oder lassen kann, was man will. Als wir bei unserer Mutter waren, haben wir uns auch für Spiele interessiert. Sie hat uns aufgefordert dazu und uns erklärt, dass wir uns in unserer freien Zeit auch dem Spiele widmen dürften – während andere, denen es beliebte, angefangen hatten zu musizieren. Andere, die andere Berufe ergriffen hatten, fingen an zu malen; sie hatten also das getan, was ihnen in der Freizeit Freude machte.

Wir hatten aber genügend Zeit für ein wunderschönes Spiel. Ich versuche, es so gut wie nur möglich zu erklären. Es ist ein Spiel, das ich ausgeübt hatte mit meinen Brüdern, als wir bei der geistigen Mutter waren; später hatte ich mich dann anderen Dingen gewidmet – das will nicht heissen, dass man das Spiel im Allgemeinen aufgibt, dass man nicht trotzdem dann und wann solche Spiele gemeinsam ausführt, aber regelmässig ausgeführt haben wir diese Spiele in unserer Familie bei unserer Mutter. Wir hatten ja um unser Haus herum viel Raum. Es gab einen herrlichen Garten mit einem sehr schönen Rasen. Da hatten wir unser Ballspiel ausgeführt. Es ist selbstverständlich kein Spiel, das die Menschen kennen; es ist nicht jenes Spiel, das die jungen Menschen mit grosser Begeisterung spielen. Es ist auch ein Ballspiel, aber dieses Spiel spielt man mit grossen Reifen. Diese Reifen sind stufenweise im Moos oder, besser gesagt, im Rasen festgemacht. Man muss versuchen, die Bälle durch bestimmte Reifen zu werfen – da sind dann aber Brüder da, die dieses Werfen zu verhindern suchen. Es ist auch ein Spiel zum Gewinnen und zum Verlieren; es ist aber ein harmonisches Spiel, es ist kein gewaltsames Spiel, wie es die Menschen kennen. Es macht sehr viel Freude, und wenn auch eine Partei das Spiel verliert, ist man nicht traurig darüber. Man freut sich gleich wieder, sich zu revanchieren. Auch kann man selber, aus eigener Kraft heraus, Spiele erfinden; man kann sie so mit den Geschwistern ausüben. Es gibt sehr viele Spiele mit Reifen und Bällen, die sehr harmonisch sind, tänzerisch sein können und sehr spielerisch.

So haben wir uns in dieser Art vergnügt, bis wir eben das Haus der Mutter verlassen mussten.

Dann, als ich ja in das Gemeinschaftshaus ging mit den andern, war auch unser Denken etwas gewandelt worden. In der ersten Zeit in der Geisteswelt hatten wir eben noch wirklich das Gefühl, wir müssten noch bemuttert werden; wir waren noch nicht selbständig, und wir alle waren so glücklich, eine solch liebe Mutter zu haben. Später dann, als wir durch unseren Eifer und durch unser Schaffen eine gewisse Selbständigkeit erlangten und auch der eigene Wille mehr zum Ausdruck gekommen war und als eben diese Zeitspanne um war, waren wir auch von unserer guten Mutter getrennt worden. Von da an waren wir für uns selbst verantwortlich. Wir hatten aber ein schönes Zusammenleben, und so ist jeder von seiner Stätte aus seinem Berufe nachgegangen – so bin es auch ich.

Meine Grossmutter, dies möchte ich nicht unterlassen zu erwähnen, hatte ich des Öftern besuchen dürfen, als ich bei meiner geistigen Mutter war, und ich hatte ihr von meiner Tätigkeit erzählt. Wir haben auch jeweils durch unsere geistige Mutter alles Wichtige und Bedeutende, was sich in der Familie auf der Erde abgespielt hatte, erfahren. Man hat es uns erklärt, und auch ich bin jeweils zur Begrüssung gegangen, wenn Bekannte, Freunde oder Angehörige gekommen sind.

So, liebe Geschwister, habe ich versucht, euch etwas von meiner Tätigkeit in meiner neuen Welt zu erzählen. Wir oder ich bin dafür ausgesucht worden, aufgerufen worden. Man hat uns gesagt, dass man euch das geistige Leben bekannt machen wolle, dass ihr mit dem Jenseitsleben euch vertraut machen sollt; deshalb hat man mich aufgerufen, euch davon zu erzählen. So lebe ich glücklich in meiner Welt. Ich will aber nicht unterlassen, zu sagen, dass ich nicht nur meine Arbeit in dieser Weise ausführe. Wir tragen mit unserer Arbeit zur Verherrlichung Gottes bei – wir tragen bei, was in unseren schwachen Kräften liegt. Wir gehen gemeinsam zum Gebet, zum Gesang, wo wir Gott loben, ehren und preisen, und wir Brüder treffen uns, alle zusammen – der Orthodoxe, der Jude, der Mohammedaner, der Katholik, der Protestant, alle –, wir beten und singen zusammen das gleiche Gebet, den gleichen Gesang. Wir beugen alle unser Knie vor dem König, wir alle, ohne Unterschied. Wir alle glauben gemeinsam, wir alle verherrlichen Gott gemeinsam, loben und preisen ihn. Wir sind uns einig im Glauben, in der Verherrlichung Gottes; wir sind uns einig, dass jeder den andern anspornen muss, um das Höchste herauszubringen, um Gott zu erfreuen. Wir sind bemüht, mit unserer Arbeit das Beste herzugeben, um den Himmel in seiner Pracht erscheinen zu lassen. Wir wollen Gott damit die Ehre geben. Wir wollen allen Geschwistern dadurch beweisen, dass uns daran gelegen ist, dem Himmel, allen Himmeln, diesen Glanz zu geben, und dass jeder aus ganzer Kraft herausgibt, was er nur zu geben vermag. Denn jeder, welchen Glauben er einst hatte im menschlichen Leben, ist ein Kind Gottes. Jeder spricht von Gott, von seinem Vater, und wir nennen uns alle Brüder, Brüder oder Schwestern. Es gibt keine Trennung im Glauben, wir stehen alle gemeinsam im selben Glauben. Wir bilden eine Familie; in dieser Familie ist Christus unser König – und Gott unser Vater, der Schöpfer, der höchste Geist des Himmels. Das ist es, was ich euch zu eurem besseren Verständnis nahezutragen habe.

Ich kehre zurück zu meiner Arbeit, und ich überlasse euch dem Segen Gottes. Gott zum Gruss.

Erlebnisbericht des aufsteigenden Geistwesens Peter vom 2. Juni 1965 durch Mittlerin Beatrice Brunner

Theresia

Anspruchsvolle Erwartungen an das Jenseits

Erlebnisbericht vom 4. Mai 1966

Gott zum Gruss. Meine lieben Geschwister, mein Name ist Theresia. Ich lebte vor circa achtzig Jahren in Österreich. Ich möchte euch nur kurz mein Leben schildern, aber ich möchte die Verhältnisse von dazumal im Vergleich zu heute etwas beleuchten. Dann will ich euch sagen, was heute meine Aufgabe in meiner neuen Welt ist: Ich betreue heimgekommene Seelen, ich gebe Trost, wo es notwendig wird; ich habe Zugang zu den Menschen. Ich erfülle meine Aufgabe in unserem Reich.

Verdienste habe ich mir erworben, weil ich eine grosse Kinderschar aufgezogen hatte, das heisst, ich war Mutter von vierzehn Kindern. Ein hartes Leben hatte ich, hart war die Arbeit, das heisst, man hatte es nicht so leicht, das tägliche Brot zu verdienen. Ich musste mitverdienen helfen. Ich hatte das Glück, eine leibliche Schwester zu haben, die die notwendige Arbeit im Hause ausführte, und so konnte ich auch dem Verdienst etwas nachgehen. Aber was heisst Verdienst –

von Haus zu Haus, von Türe zu Türe mit einem Korb mit Waren ging ich. Wenig war es, was ich hatte. So war man froh um jeden Verdienst.

Nun versuche ich einmal das Leben von dazumal mit dem heutigen, mit eurem Leben zu vergleichen; denn es ist ja meine Beschäftigung, die Heimgekommenen zu trösten.

Ich will euch sagen, dass ich im Leben auch viele, viele Fehler gemacht habe. Das wurde mir gleich bei meiner Ankunft in der Geisteswelt gesagt. Aber man sagte mir auch: "Theresia, du hast dir Verdienste erworben durch deine Kinder, die du geboren hast; du hast so ein grosses Werk erfüllt im Heilsplan Gottes. Was aber dein Leben anbelangt, damit waren wir nicht so einverstanden; denn du warst nicht immer ehrlich, und du vermochtest sehr streitsüchtig zu sein und noch vieles dazu." Ja ich hatte wohl ein schlechtes Gewissen, aber man sagte mir, die vielen Kinder würden mir nun hoch angerechnet werden, und das war für mich der geistige Verdienst.

Nun, ich musste auch durch die Läuterung gehen. Aber man war sehr rücksichtsvoll und sehr liebevoll, und ich fand die Welt, in die ich eingekehrt war, wunderbar. Ich fand sie so herrlich, denn mein ganzes Leben lang hatte ich nie etwas so Herrliches erlebt, solche Fürsorge, solche Aufmerksamkeit. Überhaupt, die Welt, die war so wunderschön; das hatte mir gewaltigen Eindruck gemacht. Nun will ich es euch sagen, warum mir diese Welt so grossen Eindruck gemacht hatte; denn vom heutigen Standpunkt aus betrachtet, war meine damalige Welt gar nicht besonders schön. Aber von meinem Leben, das ich zurückgelassen hatte, kann ich wohl nichts Besonderes erzählen oder dass ich gut gelebt und ein schönes Leben gehabt hätte.

Man machte mir zum Vorwurf, eben, ich sei nicht immer ehrlich gewesen, und natürlich auch, dass ich streitsüchtig gewesen sei. Ich musste mit dem Korb von Haus zu Haus gehen, und es war bescheidene Ware, die man hatte, ganz bescheidene Ware. Aber das Wichtigste – viel wichtiger als die ganze Ware im Korb – war der Rosenkranz. Den Rosenkranz legte ich immer zuoberst hin. Wenn ich den Leuten meine bescheidenen Waren anbot, musste ich immer den Rosenkranz zuoberst hinlegen, und dann konnten sie nicht anders: Sie mussten mir etwas geben. Ja, wenig war es, aber ich war mit dem wenigen zufrieden. Manchmal nahm ich den Rosenkranz und wand ihn um die Hand herum – man sollte sehen, dass ich eine fromme Frau wäre. Dass ich so getan, hat mir materielle Vorteile gebracht. Man hat mir dann und wann etwas gegeben, auch manchmal etwas Brot, und so war ich ja schon damit zufrieden, oder ich bekam sonst welche Lebensmittel. So musste ich eben alles tun, um meinen Kindern das Notwendige geben zu können.

Nun, als ich mich dann in meiner Geisteswelt umsah und die Bekanntschaft mit diesen höheren Geschwistern machte, da haben sie mir das zum Vorwurf gemacht: Das wäre Falschheit gewesen von mir, nur aus Berechnung hätte ich es getan. Und ich musste sagen: "Aus Not – es war nicht Berechnung, es war Not; die Not hat mich dazu gezwungen." Aber sie nahmen meine Ausreden nicht an. Nun, ich kümmerte mich nicht so sehr darum, was jetzt diese Vornehmen mir sagten. Für mich war wichtig: Ich lebte in einer wahrhaft schönen Welt, ich hatte keine Sorgen mehr ums tägliche Brot, keine Leiden mehr – ach, was wollte ich noch. Alle waren so zuvorkommend, es war einfach herrlich.

Nun, ich habe die Aufgabe, euch den Unterschied klarzumachen zu jenen, die heute zu uns kommen und die ich trösten muss. Es fällt mir manchmal nicht leicht, diese Angekommenen zu trösten und ihnen die richtigen Worte zu geben. Aber was tu ich dann? Ich erzähle ihnen, wie es mir ergangen ist. Wenn heute jemand zu uns kommt und – sagen wir – seiner Entwicklung entsprechend auf derselben Stufe ankommt wie ich damals, dann ist er nicht zufrieden. Solche fangen an zu klagen und sagen, so etwas seien sie sich nicht gewohnt. Sie hätten ein viel schöneres Leben gehabt, ein schönes Zuhause, sie hätten alle Bequemlichkeiten gehabt, schöne Kleider und so weiter, alles hätten sie sich leisten können – und jetzt diese Bescheidenheit. Nein, damit könnten sie sich nicht abfinden. Und dann sage ich ihnen: "Weisst du, ich war auch einst da angekommen, wo du jetzt stehst, aber für mich war diese neue Welt ein grosses Erlebnis”, und ich muss ihnen erklären: “Dazumal, als ich gelebt habe, da war noch grosse Armut. Und wir waren überhaupt nicht so anspruchsvoll, wir trugen jahrzehntelang denselben Rock.”

Wenn wir heute die Menschen betrachten, sei es das weibliche Geschlecht, dann müssen wir sagen: Dieser Staat, den sie machen! Dieser Putz, den sie aufwenden! Und wenn sie dann zu uns kommen, ist doch nichts mehr gut genug. Sie möchten denselben Staat und denselben Putz machen, und da müssen sie feststellen, dass nichts mehr von dem vorhanden ist. Ein einfaches Gewand tragen sie. Und dann sage ich ihnen: “Zu meiner Zeit war es so, dass man nicht jeden Tag einen neuen Rock anzog und die Männer ein sauberes Hemd; zu meiner Zeit hatten die Männer mindestens vier Wochen lang dasselbe Hemd getragen.” Und wenn sie jetzt in der neuen Welt sind, verlangen sie dieselben Bequemlichkeiten, und diese Bequemlichkeiten finden sie da nicht. Und ich muss ihnen wieder sagen: “Zu meiner Zeit war es so: Wenn man krank war, musste man die Schmerzen einfach ertragen. Nur die ganz feinen und reichen Leute konnten sich einen Arzt besorgen, und auch dann wurde denen nicht immer geholfen. Aber unsereins ging doch nicht zum Arzt; dann musste man eben sterben, das Leben dauerte nicht so lange wie heute. Und die Schmerzen musste man einfach ausstehen. Kam man dann in die geistige Welt und war von Schmerzen befreit, wie war man froh darüber – froh war man, die Schmerzen los zu sein! Und man fühlte sich auch so frisch; die Kleider waren viel schöner als zu Lebzeiten." Man hatte also nicht solche Ansprüche gestellt, wie sie heute gestellt werden, wenn Verstorbene heimkommen.

Ich habe, es ist noch nicht so lange her, ein besonderes Erlebnis gehabt: Einer kam heim, und er trug eine ziemlich schmutzige Weste oder einen Rock, besser gesagt. Er stand an einem Brunnen, benetzte seine Hände und versuchte seinen Rock von den Flecken zu reinigen. Diese Flecken konnte man nicht mehr definieren – ob es Blut war, ob es Rost war, es waren einfach scheussliche Flecken, sein ganzer Rock war voll davon. Da stand er am Brunnen und glaubte, seine Flecken loszuwerden. Ich ging auf ihn zu und fragte ihn, was er denn da mache. Und er erwiderte, etwa gar nicht besonders freundlich, obwohl ich ihm ja nur helfen wollte: "Du siehst doch! Ja siehst du's denn nicht, was ich für einen schmutzigen Rock habe? Es wäre besser, du würdest mir ein Mittel verschaffen, um diese Flecken loszuwerden." Da antwortete ich ihm: "Weisst du, diese Mittel zum Fleckenentfernen, wie du sie in deinem Leben gehabt hast, haben wir nicht. Wir haben aber auch Mittel, um die Flecken wegzubringen, aber dies geschieht auf eine andere Art, als du es dir vorstellst." Ich solle ihm helfen, diese Flecken wegzubringen, er müsse sich schämen – er sei sich zeit seines Lebens nie gewohnt gewesen, so schmutzig umherzulaufen, in so einem fleckigen Gewande, wie er hier habe. Überhaupt, er könne sich gar nicht vorstellen, woher die Flecken kämen; und dieses Gewand oder dieser Rock gehöre gar nicht ihm, es müsse ein Irrtum, eine Verwechslung sein. Ich klopfte ihm auf die Schultern und sagte: "Lieber Bruder, es ist absolut keine Verwechslung, es ist dein Rock, er gehört dir." Er staunte mich nur so unwillig an: "Hilf mir lieber, meine Flecken zu entfernen." Ich sagte ihm: "Mit Wasser bringst du diese Flecken niemals weg, auch in dieser neuen Welt nicht; dafür gibt es andere Mittel." – "Welche Mittel?", wollte er wissen. Ja, da würde ein ganz anderes Leben gefordert. So schnell sei das gar nicht gesagt, erwiderte ich ihm, ich könne ihm dies nicht so am Brunnen erklären, wir müssten schon viel länger miteinander ins Gespräch treten, damit ich ihm klarmachen könnte, auf welche Weise er wieder einen sauberen Rock bekäme.

Ich machte ihm dann Andeutungen, wie er es ja auch gehört habe, als er eingetreten sei und man zu ihm von seinen grossen Fehlern gesprochen habe. Diese Flecken an seinem Rock seien nichts anderes als eben das belastete Leben. Dass dieser Schmutz jetzt auf seinem Rocke sei, das sei ganz selbstverständlich in dieser Welt; denn dieser Schmutz würde erst dann weggehen und sein Äusseres sich erst dann verbessern, wenn er sich den neuen Verhältnissen in dieser neuen Welt anpassen würde. Dann sagte er, er habe so viele schöne, saubere Gewänder gehabt und so ein schönes Haus und alles Drum und Dran und jetzt befinde er sich nur im Elend und im Schmutz. Ich antwortete: “Ja, du warst doch auch ein Christ. Hast du es denn nicht gewusst, dass alles, was auf Erden im Glanze liegt, nichts ist, gar nichts? Wenn sich einer auch in das schönste Gewand stürzt, er aber eine hässliche Seele und eine Kälte in seinem Herzen hat, so könnte er auch nichts dazu beitragen, um sein geistiges Gewand zu verbessern.” Er wollte es nicht so recht verstehen, er wollte sich nicht zufriedengeben mit diesen Worten und sagte: “Ich will nichts anderes als wieder zurück, es gefällt mir hier nicht. Ich will wieder in meine Welt, wo ich so lange gewirkt und gelebt habe. Da hab ich meine Bequemlichkeiten, da kann ich unter meinesgleichen gehen, da fühl ich mich wohl. Aber hier, in diesem Schmutz, da fühl ich mich nicht wohl, und wenn ich mich umsehe: Alle, die da sind, die sind gleichsam so ungepflegt, ungezogen. Ich will mich nicht mit diesen abgeben.” Ich erwiderte ihm: “Du kannst machen, wie du willst. Wenn es dir gut scheint, kannst du ja wieder zurückgehen. Du kannst ja dann schauen, wie weit du kommst. Aber ich mach dich darauf aufmerksam: Du trägst keinen irdischen Leib mehr, und gebunden bist du nicht mehr an die irdischen Gesetze; gebunden bist du jetzt an die geistigen Gesetze der neuen Welt, in die du eingegangen bist.” Er entgegnete, vorläufig könne er sich nicht mit dieser neuen Welt abfinden, und er verabschiedete sich von mir und zog dann eben in seine Welt zurück, woher er gekommen war. Sein Verlangen nach dieser Welt, die er verlassen hatte, war so gross, dass er von ihr wieder angezogen wurde wie von einem Magneten; und er ging wieder unter die Seinen. Unter den Seinen konnte er nur eine bestimmte Zeit leben, dann wurde er geholt. Man machte es ihm verständlich, dass er wieder zurückkehren müsse.

So habe ich allerlei erlebt. Die einen klagen um den Besitz, den sie verlassen haben oder der ihnen entschwunden ist. Wenn man zu ihnen kommt, dann fangen sie an zu erzählen, welchen Beruf sie gehabt, was sie geleistet hätten, was für Ansehen sie unter den Menschen gehabt – solches erzählen sie, sie sprechen von ihrem Besitz. Und da muss ihnen immer wieder gesagt werden: “Ja nützt dir das in dieser neuen Welt etwas, was du zurückgelegt hast?” Und sie müssen doch einsehen, dass es für sie kein Vorteil ist, was sie in ihrer einstigen Welt zurückgelassen haben. Aber sie wollen sich immer darauf berufen, was für ein Ansehen sie gehabt hätten. Und jedem, der ihnen begegnet, erklären sie, was sie zurückgelassen, was sie geleistet hätten, und sie glauben, der andere hätte dann Respekt und Achtung vor ihnen. Dann erleben sie die grosse Enttäuschung: Es gibt ihnen niemand den Respekt und die Achtung – sie sind alle gleich. Das schmerzt diese Heimgekommenen, sie können sich damit einfach nicht abfinden.

Man macht sie schliesslich auf das innere Leben aufmerksam, und man sagt ihnen: “Ja du hast doch wohl auch gewusst, dass es noch eine andere Welt gibt.” Sie antworten: “Ja darüber haben wir nicht nachgedacht, wir haben uns nicht damit beschäftigt”, und sie klagen uns an, es wäre an uns gelegen, massiver ins Leben des Menschen einzugreifen; man hätte es ihnen deutlich machen müssen, dass es nach dem Tode nicht aus wäre, dann hätte sich mancher besonnen, was er tue. Da müssen wir eben sagen: “Ha, das wäre eine ganz billige Eroberung der göttlichen Welt! So billig gibt Gott seinen Himmel nicht her.”

Wir müssen ihnen dann erklären: “Ihr lebtet ja in einer Zeit, wo ihr immer wieder auf die christlichen Festtage aufmerksam gemacht wurdet; und ihr hattet doch auch eure Gebote. Aber Gott war euch viel zu weit entfernt.” – “Ja, es gehörte in der Gesellschaft nicht zum guten Ton, von Gott zu reden, man hätte sich lächerlich gemacht”, so sagen sie es uns. Und dann sagen wir auch: “Es gehört eben auch nicht zum guten Ton, wenn wir uns mit euch so besonders unterhalten. Wir lassen uns auch Zeit. Zum guten Ton gehört erst die Unterhaltung einige Stufen weiter oben.” Und so gibt man es ihnen zu verstehen, dass man die Unterhaltung recht bald abbricht und sie nicht sogleich wiederholt.

Obwohl ich ja meine Aufgabe als Trösterin dieser Seelen gehabt habe, urteilte ich immer wieder von Fall zu Fall. Die einen schienen so ziemlich hartnäckig zu sein in ihrer Einstellung, und sie hatten noch so viel Menschliches mit hinübergebracht, und so musste man sich auch dementsprechend mit ihnen unterhalten, während andere bereit waren, sich den neuen Verhältnissen anzupassen. Und die hat man auch ganz anders behandelt.

Das Schwere aber für die Heimgekehrten ist immer wieder, sich dieser neuen Welt anzupassen, sich in diese Ordnung einzufinden, denn sie tragen noch so viele menschliche Gefühle in sich. Die Seele ist auch noch nicht frei von den menschlichen Gedanken und von den Leidenschaften. Sie hat doch die Leidenschaften mitgenommen. Nicht der Körper ist Träger der Leidenschaft – der Körper ist nichts, er ist doch vergänglich. Der Träger der Leidenschaften oder der Tugenden, das ist die Seele. Die Seele, sie lebt, sie kann nicht getötet werden, sie stirbt nicht mit dem Leib. Sie steht auf, sie legt den Leib nieder. Denn wenn es ums Sterben geht, um das Ablegen der schwer gewordenen Hülle, dann sehnen sich die Seele und der Geist nach der Wirklichkeit, sie werden angezogen von dieser neuen Welt. Auch wenn die Seele und der Geist noch so eingehüllt sind in das menschliche Denken, in das Verlangen, das dem Menschen eigen ist, so ist etwas, was doch in ihnen ist und sie in jene Welt hineindrängt.

Es ist doch eine innere Kraft vorhanden, es ist etwas, was nur eine schwache Spur von sich herauslässt; aber diese schwache Kraft hat die Möglichkeit, doch das Verlangen zu steigern, in diese neue Welt einzukehren und sich mit dieser neuen Welt zu befreunden.

Es ist für die Seele so etwas wie ein Traumerlebnis. Wenn sie dann in die Geisteswelt eingekehrt ist, befindet sie sich ganz besonders in der ersten Zeit manchmal in einem solchen Zustand. Einerseits will sie sich mit der neuen Welt befreunden, anderseits ist das Verlangen, in die alte Welt zurückzukehren, grösser. Manchmal sind es die Leidenschaften, die nicht erloschen sind, die einfach zum Ausdruck kommen. Diesen Leidenschaften in der neuen Welt, in der Geisteswelt, Ausdruck zu geben, bringt für jede Seele Schwierigkeiten. Man kann wohl zeitweise in den gleichen Begierden und Leidenschaften oder wie man es sagen will, leben. Man kann ja wieder zurückkehren ins Erdendasein, und man kann denselben Lastern frönen für eine bestimmte Zeit. Man kann es aber nicht einfach tun, wie man will. Kann man sich nicht loslösen von diesen Lastern und Leidenschaften, dann wird man mit sanfter Gewalt gelöst und zurückgeführt.

So geht es dann den Seelen, die sich zu Lebzeiten nie mit einem höheren Gedanken beschäftigt haben. Da kann ja diese schwache Kraft, dieses leise Verlangen nach etwas Höherem und Besserem nicht so zum Ausdruck kommen. Wohl sind viele klug genug, um zu erkennen, dass sie in der neuen Welt unter einer anderen Macht stehen, dass andere Verhältnisse da sind, und sie wollen sich diesen Verhältnissen anpassen; denn sie sehen, es gibt kein Ausweichen. Jene, die den Willen haben, sich zu ändern, die kommen am schnellsten vorwärts. Aber heute ist es nicht so ganz einfach. Wenn jene zurückkommen, die in ihrer Welt so viel Bequemlichkeiten hatten, sich alles leisten konnten, und plötzlich sind sie in einer Welt, die ihnen nichts zu bieten hat, das heisst vorübergehend ihnen nichts Gleichwertiges bietet, da sind sie unglücklich, zutiefst unglücklich. Da muss man ihnen wieder sagen: "Ja in welcher schönen Zeit seid ihr geboren worden, denn eure Welt war doch schön", oder: "Da, wo du gelebt hast, war es schön. Du hattest Brot genug, brauchtest nie Hunger zu haben. Weil du nie Hunger haben musstest, weil du dich nicht fragen musstest: 'Wo muss ich nun mein Haupt zum Schlaf hinlegen am morgigen Tag?', bist du nicht zufrieden in dieser neuen Welt, denn du verlangst ja dieselben Bequemlichkeiten."

Aber in jener Zeit, wo ich lebte, musste man Hunger haben; es gab Tage, wo eine Mutter nichts essen konnte, nur damit die Kinder genug bekamen. Und wenn man Schmerzen hatte, krank war, gab es kein Pulver und keine Tabletten; die Schmerzen musste man tragen. Ach, wie froh war man, von jenen Schmerzen befreit zu sein und nun in einer Welt leben zu dürfen, wo der Leib – jetzt der geistige Leib – nicht mehr zu leiden braucht. Und jene, die in einer Welt lebten, wo die leichtesten Schmerzen durch Mittel überwunden werden konnten, sie mussten so wenig wie möglich an Schmerzen, an Unbehagen ertragen. Ja da wachsen die Ansprüche, und man will Schöneres haben; das, was man gehabt hat, hat man gehabt, und man will Besseres haben.

Den Heimgekommenen da die richtige Antwort zu geben und sie richtig zu führen, ist nicht so einfach. Und wenn ich wieder sage und die Menschen darauf aufmerksam mache: In eurer Welt, da, wo ihr lebt, habt ihr es schön; ihr habt Kleider, so viel ihr wollt, ihr könnt euch in eine Farbenpracht hüllen, wenn ihr wollt – und wenn ihr zurückkommt und dann in einer Einsamkeit und Düsterkeit leben müsst, dann fühlt man sich zutiefst unglücklich, denn man hatte Schöneres gehabt, und man verlangt noch Schöneres. Gut haben es jene, die gläubigen Herzens waren, die eine Verbindung und eine innere Bindung zu unserer Welt hatten und die das Gute taten, die die Gebote kannten, die genau wussten, was sie tun müssen, die daran dachten, dass das Leben vorübergeht und dass nach dem irdischen Leben andere Gesetze, andere Verhältnisse massgebend werden. Gut haben es die, die sich vorbereiten für die Zukunft; sie können dann in die schöne Welt eingehen, sie erhalten dann Schöneres, als sie im menschlichen Leben gehabt haben. So erlebt jeder diesen Himmel, den er sich zu Lebzeiten verdiente.

Für uns ist es eine Freude, einen Heimkommenden begrüssen zu dürfen und ihm sagen zu können: "Wir freuen uns, dass du für uns eingestanden bist." Es ist ja nicht selbstverständlich, dass man für uns einsteht, gar nicht selbstverständlich ist es; denn die Menschen glauben, sie würden sich blossstellen, wenn sie von der andern Welt reden, von Geistern, vom Himmel, von Gott. Und wer dies getan hat, wer das Bekenntnis zum Ausdruck gebracht hatte – am richtigen Ort, zur richtigen Zeit –, der wird dafür seinen Lohn empfangen. Dann brauchen diese auch nicht unglücklich zu sein über ihre Gewandung, die sie tragen. Wohl ist sie am Anfang nicht so makellos, so vorzüglich. Manches gibt es zu beanstanden an der Kleidung, überhaupt an der äusseren Erscheinung. Aber die höheren Geschwister sind gerne bereit, zu sagen, was zu tun ist, um seine Erscheinung zu verbessern. Dann muss man sich eben danach ausrichten, auf den Dienst am Nächsten. So kommen die göttlichen Gesetze zum Ausdruck, und man muss sie lernen.

So machen diese Heimgekehrten dann die Bekanntschaft mit höheren Geistern. Aber ehe eine solche Unterhaltung zustande kommt, erlebt man noch allerlei von seinesgleichen, was sie zu klagen haben; von ihrem Unglück ist ständig zu hören. Der eine hat keinen besonderen Besitz zurückgelassen, und er hatte nicht besonderes Ansehen; und der andere, er hat es eben gehabt, und dann will er dieses seinem Nächsten zum

Ausdruck bringen und glaubt, dafür eine besondere Behandlung zu bekommen – und die erhält er nicht. So ist es für manche Seele schwer, sich in dieser neuen Welt einzufinden.

Darum, liebe Geschwister, habe ich die Aufgabe gehabt, euch davon zu erzählen. Und ich möchte euch sagen: Kehrt einmal im Geiste zurück, achtzig, hundert oder noch mehr Jahre. Wie viel Elend gab es da! Ihr sprecht untereinander vom Hunger dieser Welt, von Völkern, die Hunger leiden. Ja, das ist es, und früher war der Hunger noch grösser. Ihr könnt euch satt essen, ihr müsst nicht Hunger leiden. Wenn einer aber hungers stirbt und er seine Augen in der anderen Welt öffnet, so ist er zufrieden – auch wenn diese Welt nicht diese Bequemlichkeiten hat und ihm zu bieten weiss. Aber es ist für ihn dennoch eine bessere Welt, denn er muss in dieser neuen Welt nicht Hunger leiden, keine Schmerzen ertragen – er hat jene Probleme nicht mehr, die er als Mensch gehabt.

So ist es des Menschen Aufgabe aufwärtszustreben. Es werden heute von den Heimgekehrten viel grössere Ansprüche gestellt als zu meiner Zeit. Denn wir hatten nichts; wir lebten schon in Armut und grösster Bescheidenheit und haben schon so einen Teil der Läuterung im menschlichen Leben getragen durch unsere Armut. Die Menschen in der heutigen Welt können selten einen Teil der Läuterung im menschlichen Leben abverdienen, denn sie kennen den Weg der Läuterung nicht, den sie durchschreiten müssten – sie wollen den schönen und bequemen Weg gehen. Und wenn jene von heute heimkehren, werden an sie grössere Anforderungen gestellt. Der Aufstieg wird ihnen nicht so leicht gemacht. Sie müssen im geistigen Reiche mehr im geistigen Sinne wirken, bis sie eine Stufe aufsteigen dürfen – mehr als jene, die hungers sterben. Diese werden getröstet, ihnen werden die Tore des Himmelreiches aufgetan, und ihnen wird der Beistand zum Aufstieg gegeben. An diejenigen, die im Überfluss gelebt haben, werden grössere Anforderungen gestellt, und die Tore werden nicht so aufgetan, denn sie hatten ein besseres Leben. Sie hatten in ihrer Welt so vieles erlebt, was ihre Bewunderung hätte hervorrufen müssen, sodass sie der Frage nach dem Woher all dessen, nach der Kraft und der Möglichkeit dazu hätten nachgehen sollen. Und weil dies nicht oder wenig getan wird, sind die Anforderungen grösser.

Das ist meine Aufgabe, liebe Geschwister, die ich erfüllen musste an euch, es euch zu sagen und dass ihr nicht enttäuscht sein sollt, wenn eure Welt, in die ihr dereinst einkehrt, nicht so viele Bequemlichkeiten und Schönheiten bietet wie eure jetzige Welt. Bedenkt einmal: Ihr könnt wunderbare Musik erleben, ihr könnt die schönen Künste erleben, wie ihr es euch wünscht hier in eurer Welt – zu meiner Zeit war das eine Sache nur für feine Leute. Wie viel grösser aber ist die Bewunderung von jenen, die in Armut und Bescheidenheit die Welt verlassen hatten und nun erleben dürfen, was sie in ihrem menschlichen Dasein entbehren mussten. Ihr müsst nicht entbehren, ihr könnt die schönen Künste erleben – ob ihr sie gleich im Himmelreich erleben werdet, ist wieder eine andere Frage.

So, liebe Geschwister, ich habe genug gesagt. Ich kehre zurück in meine Welt und stehe wieder bereit, meinen Dienst, meine Fürsorge einem Heimkehrenden zu geben. Und ich werde dem nächsten sagen, dass ich hier war und es mir möglich wurde, solche Worte an Menschen zu richten. Aber nicht alle glauben, nicht alle glauben, die hier sind. Umso grösser das Staunen, wenn es so weit sein wird. Gott zum Gruss.

Erlebnisbericht des aufsteigenden Geistwesens Theresia vom 4. Mai 1966 durch Mittlerin Beatrice Brunner

Sebastian

Verpasste Glückseligkeit

Erlebnisbericht vom 6. Juni 1962

Gott zum Gruss. Liebe Freunde, ich habe den Auftrag, zu euch zu sprechen und euch von meiner ersten Zeit in der Geisteswelt, von meinen grossen Eindrücken zu erzählen. Ich möchte gleich beginnen mit meinen Erlebnissen, als ich in die geistige Welt hinüberging, und so könnt ihr daraus eure Lehren ziehen. Ihr könnt zur Einsicht kommen, dass ich vielleicht so gelebt habe, wie es zum grössten Teil, sagen wir, einigermassen gottausgerichtete Menschen tun, die eben auch ihre Fehler und Schwächen haben und diese nicht als solche erkennen. Ich habe es erst in der anderen Welt erfahren, was der Geisteswelt Gottes von Bedeutung ist und somit was für Gott von Bedeutung ist.

Als ich hinüberkam, waren meine Eltern bei der Begrüssung dabei, und sie sagten mir, sie hätten versucht, für mich die Wohnung zu bereiten – sie hätten es versucht. Nun durfte ich mich kurze Zeit mit meinen Eltern unterhalten. Daneben standen viele, von denen ich glaubte, sie noch nie gesehen zu haben, die mir einfach fremd waren. Die Eltern erzählten mir kurz, sie hätten zusammen ein schönes Häuschen und hätten bereits Vorbereitungen getroffen, denn sie hätten viel für mich und meine Familie gebetet. Da man sie in Kenntnis gesetzt hatte, dass ich als erstes ihrer Kinder zurückkomme, trafen sie auch für mich die nötigen Vorbereitungen. Sie hatten den Garten, den sie besassen, auf diesen Zeitpunkt hin sorgfältig gepflegt und geschmückt und, wie sie sagten, für mich speziell einen Raum bereitgestellt und von den schönen Gegenständen im Haus genommen und in diesen Raum gebracht, damit ich ein schönes Zuhause finden würde. Meine Eltern waren ja zu Lebzeiten um uns Kinder immer besorgt gewesen, und sie wollten es auch in der jenseitigen Welt so tun. Sie sagten mir dann, es sei ihnen aber erst im letzten Moment eigentlich klar geworden, dass ich nicht in ihr Haus einziehen könne. Denn die Engel, die jeweils zu ihnen auf Besuch kamen, hätten sich über diese Vorbereitungsarbeiten erkundigt. Sie würden eben den Sohn erwarten, hätten sie ihnen geantwortet. Die Engel hätten sich darüber erstaunt gezeigt und angedeutet, dass es ja gar nicht unbedingt so sei, dass der Sohn in das Haus der Eltern ziehe. Dann aber war den Eltern kurz vor meinem Eintritt in die Geisteswelt deutlich erklärt worden, dass sie diesen Raum, den sie für mich bereitgestellt hatten, wieder selbst in Anspruch nehmen könnten und die Dinge wieder zurückstellen und so hinstellen sollten, wie sie gewesen seien; ich dürfe nicht in das Haus einziehen. So sagten es mir die Eltern, und darüber waren sie freilich etwas traurig, denn sie lebten doch in der Vorstellung, dass die Familie auch in der jenseitigen Welt zusammenleben dürfe, und sie fanden, dass ihr Haus gross genug sei, um noch jemanden aufzunehmen. Dabei möchte ich betonen: Meine Eltern waren sehr gute, sehr fromme Menschen gewesen; daher konnten sie mir das sagen.

Die Engel, die bei dieser Erzählung dabeistanden, erklärten mir, es sei noch nicht so weit, dass ich in das Haus meiner Eltern einziehen oder sie besuchen könne. Dann aber kamen zur Begrüssung – und man liess mir gut Zeit für diese Begrüssung – noch andere, mit denen ich zusammengelebt hatte; sie freuten sich, dass ich auch zurückgekommen war. Man wechselte einige oberflächliche Worte, denn ich selbst war ja so benommen und beeindruckt von all dem, was mir neu gegenüberstand. Dann liess man mich in Ruhe. Meine Eltern zogen sich zurück, ebenso die andern, und sie gaben mir zu verstehen, dass sie mich jetzt nicht mehr beanspruchen durften.

Da bemühten sich zwei Engel um mich. Ganz besonders einer war es, der die Hauptgespräche mit mir führte, während der andere dastand, jeweils nickte und seinem göttlichen Bruder die Zustimmung gab. Da wurde mir schon etwas bange, denn ich ahnte und musste es ja erleben, dass mit dem Tode das Leben nicht aus ist, sondern es eben weitergeht und man jetzt zur Rechenschaft gezogen wird. Ich tröstete mich mit dem Gedanken: “Vor mir sind ja unendlich viele dahingegangen, und auch sie mussten ins Gespräch kommen mit diesen höheren Wesen; sie wurden abgeurteilt oder verurteilt oder gelobt.” Also wollte ich mich einfach auch bereitstellen. Man sollte mit mir zu Gericht gehen, wie es mit allen andern ja auch geschieht.

Dann sagte der Engel: “Ja, wir müssen einmal über dein Leben reden, das du hinter dich gebracht hast. Wir haben Kenntnis von all deinem Tun in deinem Leben, und wir finden es”, so fing er an, “sehr schade, dass du nicht mehr geistige Reichtümer zusammengelegt hast, denn du siehst ja nun: Von all dem, was du erworben hast, konntest du nichts mitnehmen. Du denkst: ‘Ja ein so ganz schlechter Mensch war ich auch nicht.’ Aber du weisst nicht, mit welchen Massstäben man vom Geistigen aus misst.” Dann sagten sie mir, sie möchten jetzt einmal von den Vernachlässigungen sprechen, sie möchten einmal von den Verlusten reden, die ich mir selbst zugefügt hätte: “Das, was wir dir jetzt vorhalten, ist keine Belastung für dich; es ist keine Sünde geworden. Aber es ist schade, dass du es nicht verstanden hast, es zu erfüllen.”

Dann erinnerten sie mich an eine Begebenheit, und ich erlebte es so deutlich wieder, wie es dazumal war. Es gab also für mich nicht etwa ein Besser-Hinstellen der Dinge, sondern ich konnte alles in Tat und Wahrheit genau erleben. So gab es für mich keine Entschuldigung und keine weiteren Erklärungen. Der Engel sagte mir: “Einmal kam ein Bettler zu dir. Er bat dich um einen Rock; er hatte wirklich fast nichts mehr, um sich zu bekleiden. Es graute dir aber vor diesem Menschen, als er in deine Nähe kam, und du hast ihn abgewiesen; du hast ihm keinen Rock gegeben.” Und ich erlebte es ja, ich sah diesen Bettler vor meinen Augen, und ich hörte meine eigene Stimme, wie ich sagte: “Ich habe keinen Rock übrig für dich. Den, den ich besitze, muss ich schonen, und den kann ich dir nicht geben.” Ich wandte mich ab von ihm, lief weg. Jetzt, vor diesen beiden Engeln, versuchte ich zur Entschuldigung zu sagen: “Ja ich konnte doch nicht meinen Rock geben, denn ich hätte mir ja auch wieder einen anschaffen müssen, und ich hatte doch Kinder, für die ich sorgen musste.” Da sagte der Engel: “Du hättest die Mittel wohl aufgebracht, dir einen neuen Rock zu kaufen; du hättest gut den schönsten Rock geben können. Siehst du, das ist es, was wir meinen. Du hast dich, weil du ihn abgewiesen hast, nicht versündigt, aber du hast dein geistiges Erbe ausgeschlagen; denn hättest du ihm tatsächlich einen Rock oder etwas gegeben, dann hättest du dich im Geiste bereichert. Du hättest teilhaben können am göttlichen Erbe. Ich will es dir erklären: Menschen verteilen ihr Hab und Gut in der Hauptsache unter ihren Verwandten, unter den Angehörigen. Diese sind es, die in den Besitz des Zurückgebliebenen kommen; oder ein Mensch kann einen guten Freund als Erben auserwählen. Also, dieses Erbe fällt einem einfach zu. Man muss dafür nicht arbeiten, man muss keinen Gegendienst leisten. Es fällt einem zu infolge des Erbrechts oder der Güte eines Menschen. So ist es mit dem göttlichen Erbe, von dem ich dir erzähle. Das ist etwas, was einem auch zufällt, ohne dass man dafür persönlich in der jenseitigen Welt besondere Leistungen zu erfüllen hat. Die Leistungen vollbrachte man eben im Menschenleben, und so bekommen all jene, die es verstehen, im Leben für das Reich Gottes zu wirken, ihr Erbteil. Dieses fällt ihnen zu."

Der Engel nahm sich Zeit für mich, um mir die Dinge lang und breit zu erklären, und ich hatte Zeit zuzuhören. Er erklärte weiter: "Christus sprach doch: 'Mein Reich ist nicht von dieser Welt.' Würden die Menschen den wahren Sinn dieser Worte erfassen, müssten sie einsehen, was unter diesem Reich zu verstehen ist, dass es nicht irdische Güter sind, sondern das, was Christus empfohlen hat zu tun. Es ist das, was eben in diesem geistigen Reich von Bedeutung ist, was für die Welt bedeutungslos ist. Denn er sagte ja: 'Mein Reich ist nicht von dieser Welt.' Also muss doch die Herrlichkeit von seinem Reich ganz anderer Art sein als das Reich auf Erden. Im Gebet, das Jesus Christus lehrte, sind die Worte enthalten: 'Dein Reich komme zu uns.' Erkenntnis soll zum Menschen kommen, damit man es versteht, was mit diesem anderen Reich gemeint ist, das eine ganz andere Bedeutung, ganz andere

Werte hat. Das ist es: Hättest du den Rock gegeben und dir einen neuen gekauft, dann hättest du etwas von diesem anderen, geistigen Reiche erben können; du hättest etwas erworben von dieser andern Welt. Du hast es unterlassen. Aber siehe, ich sagte dir, du wirst dafür nicht bestraft, du hast keine Ungerechtigkeit begangen. Aber du hattest eine Herzenskälte, und du dachtest zu sehr für dich."

Ja, das war wohl eine meiner Schwächen. Ich hatte diesem Bettler nichts gegeben, ich wusste es. Aber im Stillen dachte ich mir: "Der Engel wird doch wohl auch das sehen, was ich an Gutem getan habe." Aber er sprach lange nicht von dem, sondern er fuhr weiter und sagte: "Du hattest einen Schwager, und er hatte eine Schar Kinder. Dein Schwager ist durch einen Unfall invalid geworden, und er bat dich einmal, du möchtest ihm ein Darlehen geben, er habe Gelegenheit, für sich und seine grosse Familie ein eigenes Häuschen zu erwerben. Du hast trotz der Bitte deiner Frau Nein gesagt. Du sagtest" – und ich hörte meine eigenen Worte wieder, die ich zu meiner Frau gesprochen hatte –: "Ach, er wird uns das geliehene Geld nie zurückgeben können. Wir könnten es ihm ebenso gut schenken, und das kommt nicht in Frage. Ich habe ja meine eigenen Kinder, das sollst du wissen, wir haben für sie zu sorgen. Er muss eben selbst schauen, wie er weiterkommt." Und der Engel sagte: "Ja, du hast ihn abgewiesen, und das stand in deinem freien Ermessen;

du musstest ja gar nicht geben. Aber du hättest geben können, auch wenn du wusstest, dass du dieses Geld nie mehr zu Gesicht bekommst. Dies wäre ganz gleich gewesen; es war doch der Bruder deiner Frau, er war dir doch ein Allernächster. Du hast es aber nicht verstanden, und du hast ihn abgewiesen. Du wusstest, wie er und seine Familie manchmal Not gelitten haben, und du hast dich nicht um ihn gekümmert. Dies wird dir ja nicht als Schuld angerechnet, aber es ist wieder so: Du gehst des Erbes verlustig; du hast wiederum keinen Anteil an diesem göttlichen Erbe, das verteilt wird unter jenen, die für die andere Welt leben und wirken, und du hast eben das nicht getan." Ja, auch dieses musste ich wieder erleben, zurückversetzt in jene Zeit: Ich sah mich selbst, ich sah den Schwager, wie er zu mir kam und mich bat, und ich hörte es, wie ich ihn ablehnte, und ich hörte die Diskussionen und sogar die Uneinigkeiten mit meiner Frau – das alles musste ich wieder erleben. Der Engel sagte dann zu mir: "Du hast in deinem Leben nie Not gehabt. Du hast es ja verstanden, Handel zu treiben." Ich hatte mit allerlei Dingen gehandelt, mit Obst und mit Getreide, mit Tieren und mit Fellen, sozusagen mit allem, was es gab; ich handelte mit dem, was mir in die Hände gespielt worden war. Der Engel deutete darauf hin: "Du hättest also gut helfen können. Du hast es unterlassen. Es ist schade." Und er erinnerte mich an meine Eltern, die so gut gewesen waren. Durch ihre Güte und durch ihren geistigen Reichtum, den sie auf Erden angesammelt hätten, seien sie auch zu einem geistigen Besitz gekommen. Er erklärte es mir: "Der geistige Besitz wird einem nicht umsonst gegeben, sondern er muss erworben werden. Man muss ihn in geistiger Form erwerben oder eben schon zu Lebzeiten sogenannte Gutschriften für ihn, für dieses Erbe, haben." Ich wusste um die Güte meiner Eltern, aber ich berief mich darauf, dass ich ja für meine Kinder hatte sorgen und ihnen eine angenehme oder eine bessere Zukunft schenken wollen. Der Engel sprach weiter zu mir: "Wir können dir ja noch viele solche Dinge aufzählen. Wir wollen dir nur zeigen, dass nichts, gar nichts verschwunden ist von dem, was du gedacht und was du gehandelt hast. Alles kannst du ja wieder erleben."

Dann wies er mich auch noch darauf hin, dass in meiner nächsten Umgebung ein Blinder gewohnt hatte, der Körbe und derlei Dinge flocht, und dass ich ein einziges Mal von diesem Blinden einen solchen Korb erworben hätte. Auch dieses sah ich wieder, auf welche Art und Weise es geschehen war. Ich hatte einen Korb gekauft und ihn viel zu teuer gefunden; ich hatte lange geklagt, dass der Korb viel zu teuer gewesen wäre und der Blinde mich übervorteilt hätte. Ich hatte geschworen, ihm nichts mehr abzukaufen, denn ich hätte anderswo viel billiger zu diesem Korb kommen können. Dazu sagte der Engel: "Ja, du hast ihm diesen Korb abgekauft, und es blieb dabei. Du hast dir sonst deine Dinge, die du brauchtest, anderswo angeschafft, weil du das Gefühl hattest, billiger dazuzukommen. Diesen Blinden hast du nicht unterstützt; ihm mochtest du nichts gönnen, damit er auch sein tägliches Brot verdiente." Und er sagte wiederum: "Wir können dich auch dafür nicht strafen, denn du kannst als Mensch deine Dinge anschaffen, wo du willst, und wenn du findest, dass du zu viel bezahlt hast, werden wir da nicht eingreifen, denn du hast kein Gesetz verletzt. Aber es geht um etwas ganz anderes: Du hättest diesen Blinden unterstützen können, damit er sein tägliches Brot gehabt hätte, und du hast es aus Geschäftsgier oder aus Habsucht nicht getan. Warum wolltest du ihm dieses geringe Mehr nicht gönnen? Weil du nur für dich gesorgt hast, weil du in erster Linie dir selbst der Nächste warst – darum gabst du ihm nichts. Schade", sprach der Engel. "Denke einmal, wir könnten dir doch so viel Reichtum zukommen lassen, hättest du auch auf diese Art und Weise etwas getan. Es ist schade."

Ja, ich sah es ein, es war schade. Aber in dieser andern Welt, in der Geisteswelt, ist es ganz anders. Sie macht einem einen ganz anderen Eindruck; sie hat ja eine ganz andere Bedeutung. Man kämpft ja nicht mehr um den Besitz wie auf Erden, man muss sich kein Geld zur Seite legen. Die Verhältnisse sind ganz anders, und man bedauert es, dass man als Mensch nicht einsichtiger gewesen ist und man sich so an diesen

Dingen festgehalten hat, die ja doch vergänglich sind, die einem später nutzlos sind, die einem nichts bedeuten. Man hinterlässt es andern, und den andern wird es wieder zum Ärgernis und vielleicht wieder zur Last. Also, man rafft es einfach zusammen und denkt nicht, dass all dies vergänglich ist; und das andere, das Unvergängliche, jene Werte, kennt man nicht oder zu wenig. Man sieht es ja nicht, man ist so sehr beeindruckt von der täglichen Geschäftigkeit, und man will nicht überall der Wohltäter sein. Man ist eben kein guter Christ im wahren Sinne; man ist viel mehr an das irdische Reich gebunden als an das Reich Gottes, um das man täglich beten sollte.

Nun, so sprach der Engel eben auf mich ein und erklärte mir die bedeutungsvollen Verluste, die ich gehabt hatte; dabei wäre es doch etwas Leichtes gewesen, zu diesem Gewinn zu kommen. Tatsächlich wäre es leicht gewesen – das kann man wohl sagen, wenn man in dieser anderen Welt lebt. Aber er sagte dann: "Wir wollen nun auch von deinen Fehlern reden. Bis jetzt haben wir von dem gesprochen, was du verloren hast, was du leicht hättest gewinnen können. Du hattest auch deine Fehler, aber ebenso deine guten Seiten. Die Fehler waren wohl die, dass du dich zu sehr an das irdische Gut gebunden hast und dich nicht so leicht davon lösen konntest." Aber anderseits wollten sie genauso darauf hindeuten, dass ich auch meine guten Seiten gehabt hatte und es für mich ebenfalls sehr bedeutungsvoll sei, was ich an Gutem geleistet habe. Ich suchte meine guten Taten. Ja ich wusste, dann und wann hatte ich auch einmal etwas Gutes getan. Aber eigentlich war ich so durcheinander, es kam mir sozusagen nichts in den Sinn, denn dieser Engel war ja mit mir so ins Gericht gegangen. Er erzählte so von den Verlusten, dass ich das Gefühl hatte: "Ich habe ja gar nichts gewonnen, ich habe ja alles verloren!"

Dann machte er mich auf etwas aufmerksam, das ich längst vergessen hatte; er erklärte mir: "Erinnerst du dich? Einmal hatte man nachts heftig an deine Tür gepocht. Anfangs wurdest du unwillig, hast dich dann aber doch angekleidet und Nachschau gehalten. Man kam zu dir und bat dich, du möchtest in das nächste Dorf fahren und einen Arzt holen – der Lehrer sei plötzlich erkrankt. Du machtest dich ohne Überlegen mitten in der Nacht auf; es war kalt, und du gingst in das andere Dorf und holtest den Arzt. Du hast den Arzt zu diesem Lehrer gebracht, und er konnte ihm beistehen. Du brachtest ihn auch wieder zurück. Damit hast du doch eine gute Tat ausgeführt." Ja tatsächlich, das hatte ich vergessen; ich wusste es nicht mehr. Diese beiden Engel, die da vor mir standen, freuten sich so darüber, als hätten sie den grössten Reichtum gewonnen für das, was ich geleistet hatte. Sie sprachen immer wieder zu mir: "Wir freuen uns, das war eine christliche Tat. Das ist das Wahre, so sollte es sein." Sie lobten mich lange, lange dafür, und ich hatte das Gefühl, sie seien wirklich gerecht. So wie sie mich getadelt hatten, wie schade es sei, dass ich nicht zu geistigem Reichtum gekommen, so wussten sie es aber auch zu schätzen, dass ich da etwas Besonderes getan hatte. Also hatte ich ja auch etwas Gutes getan, und im Stillen freute ich mich und vergass die Verluste, von denen sie vorher erzählt hatten.

Dann erwähnten sie: "Hättest du nicht auch Gutes getan, wärst du ja nicht hier, wo du jetzt bist." Sie erklärten mir, alles werde aufgedeckt, alles, was längst vergessen sei, bis weit in die Jugend zurück. Über all die Dinge spreche man; man sage genau, ob man dafür verantwortlich sei oder nicht, ob man es erwartet habe, dass man dieses oder jenes löse oder zum Guten ausführe. Über all diese Dinge wird gesprochen.

Da sagte der andere, der sonst so schweigsam danebenstand: "Oh, ich möchte auch noch etwas betonen, etwas, was er Gutes geleistet hat. In seiner Gemeinde ist doch durch seine Befürwortung ein Waisenhaus gegründet worden. Auch wenn er selbst persönlich dazu kein Geld gab in dem Sinne, wie wir es sonst verstehen und wie wir es sonst erwarten, so hat er aber doch viel und gut darüber gesprochen. Er hat es doch so weit gebracht: Man gründete ein Waisenhaus, und es wurden viele solche armen Kinder, die keine Eltern mehr hatten, aufgenommen, und sie erhielten dort ein Zuhause und einen guten Vater, der ihnen beistand." So sprach dieser Engel. Ja, ich hatte damals meine Zustimmung gegeben; ich war dafür eingestanden, dass in unserer Gemeinde auch so ein Haus sein sollte, wo diese armen, verlassenen Geschöpfe, wo diese Waisenkinder ein Zuhause hätten. Ja, ich hatte dafür gesprochen, das ist wahr, und mein Wort hatte doch weithin etwas gegolten, denn ich war immerhin eine Persönlichkeit, das heisst, man beachtete mich, weil ich mir etwas irdisches Gut zusammengebracht hatte und eben handeln konnte. Man wollte es mit mir nicht verspielen; und da hatte ich eben die Möglichkeit, mich durchzusetzen, denn man hörte auf mich. Das ist wahr, das stimmt.

Aber auch darüber, dass dies nun im Geistigen seine Belohnung finden sollte, hatte ich mir natürlich weiter keine Gedanken gemacht. Aber dann dachte ich: "Ja, das ist nun eben das Gegenstück zu den anfangs erzählten Verlusten; das sind nun die Dinge, die ich getan – und das andere ist das, was ich unterlassen habe. Ja natürlich, das stimmt." Da lobten sie mich wieder und sagten, wie gut es auch für die Zukunft sei, dass dieses Waisenhaus gebaut wurde; auch wenn vieles noch nicht so sei, wie es sollte, so sei aber ein Anfang dazu gemacht, und das sei nur auf meine Fürsprache hin geschehen. Sie sagten, dass ich dafür auch meine Belohnung habe. Nun, ich erwartete im Stillen, dass man jetzt eben von diesem Reichtum sprechen würde, denn ich wollte doch allzu gerne etwas von diesem Reichtum sehen; denn anfangs hatte ich ja das Gefühl, mit diesem Reichtum sei ein Haus gemeint, es sei doch die Umgebung gemeint, es sei etwas Greifbares. Aber von dem sagten sie nichts, sie sagten einfach: “Ja, du hast dich verdient gemacht, und hättest du das nicht gemacht, wärst du jetzt nicht hier, wo du stehst.” Aber ich sah da kein geistiges Erbe, so, wie ich es gerne gesehen hätte.

Dann erzählte man wiederum etwas und sagte: “Hier ist noch einmal etwas, was der Erwähnung bedarf. Einmal warst du abends spät von deinem Handel nach Hause gefahren mit deinem Fuhrwerk. Es regnete arg und stürmte, und da sahst du eine Frau mit einem Kind auf der langen Strasse. Sie hatten keinen Schutz, kein Obdach gegen Sturm und Regen. Du hast angehalten, sie aufgenommen und sie mit ins nächste Dorf geführt. Das ist auch etwas”, sprach der Engel Gottes. “Siehst du, diese Dinge zählen doch bei uns. Wie viel Erleichterung hast du dieser Frau und ihrem Kind durch diese Tat gegeben! Das ist wahrlich wiederum eine christliche Tat, die du ausgeführt hast.” Ich habe bei Weitem nicht daran gedacht, dass der Himmel Kenntnis hat von diesen Dingen, denn ich hatte ihnen doch keine Bedeutung zugemessen. Ja, man hatte mal einem eine Gefälligkeit erwiesen, aber dass das von so einer Bedeutung sein soll, das war mir als Mensch nicht bewusst. Jetzt musste ich erkennen, dass im Himmel nach diesen Dingen gesucht wird, nach diesen Gefälligkeiten, nach diesen Liebenswürdigkeiten, nach diesen Diensten, die man am Nächsten ausführt. Die

Engel sagten: “Dafür dass du das getan hast, wirst du auch deine Belohnung finden, und später kannst du dann schon in das Haus deiner Eltern gehen, doch erst später. Zuerst müssen noch viele andere Dinge bereinigt werden, die Dinge, die du falsch gemacht hast.”

Ja nun wurden sie etwas ernster und sagten: “Du hast gehandelt. Mit deinem Handel verdientest du ganz ordentlich. Aber wir möchten dir auch sagen: Einmal hast du einem Obst abgekauft ...” – “Oh, nicht nur einmal ist es geschehen”, sprach der andere, “das war ja in seiner Wesensart, er hat es immer so getan.” – “Oh ja”, verbesserte sich der Engel, “es stimmt; es geschah nicht nur einmal, es lag in seiner Wesensart. Du hast jeweils die Ware, die sie dir anboten, als mindere Qualität bemängelt; du sagtest ihnen, du könntest daran nicht viel verdienen, weil es Ware minderer Art, minderer Qualität wäre, und du bezahltest ihnen so wenig wie möglich. Dann aber bist du mit dieser Ware gegangen und hast sie als beste Ware verkauft. Du zogst dir so viel Verdienst daraus, dass wir von uns aus sagen: Dies geht nicht mehr mit rechten Dingen zu, das ist etwas wie Wucher. Man kann nicht am einen Ort sagen, die Dinge seien nichts wert, und sie am anderen Ort als beste Qualität und von bester Art anpreisen. Das ist nicht mehr in Ordnung, das ist Betrug. Das geht nicht.” – “Das ist Unterschlagung”, sprach der andere. “Oh, das grenzt an Wucher.” Und so sprachen sie sich miteinander aus; jeder hatte wieder ein anderes Wort dafür. Ich sah es ja, ich war ja zurückversetzt in jene Zeit, und sie sagten mir dabei: "Siehst du diesen armen Bauern, siehst du sein armseliges Zuhause, siehst du, wie er darauf angewiesen ist, etwas Geld zu bekommen, damit auch er seinen Verpflichtungen nachkommen kann? Und du hast ihm so wenig gegeben, du hast ihm eine so geringe Entschädigung gegeben. Aber du, weil du gut sprechen konntest und es dir lag zu handeln, verdientest ganz gut damit – du hast zu viel verdient, und mit dem, was zu viel ist, hast du dich belastet, mit dem sind wir nicht mehr einverstanden. Das ist es, das ist deine Wesensart. Du hast nicht umsonst dieses Gut zusammengebracht, nicht in allen Dingen hast du es ehrlich erworben, nicht in allen Dingen."

So wussten sie von vielem zu erzählen, und sie erklärten, dass auf dieser meiner Wesensart eigentlich mein ganzer Handel beruhte, dass ich sozusagen bei all den Dingen, die ich kaufte, die Ware so nieder schätzte und dann zu teuer verkaufte. Damit waren sie nicht mehr einverstanden; sie sagten: "Das muss in Ordnung gebracht werden, denn das liegt in deiner Seele. Es liegt in der Tiefe deiner Seele, dass du vom andern so viel wie möglich willst und so wenig wie möglich zahlst und, wenn es in deinem Besitz ist, es als kostbar verkaufst und anpreist. Das ist nicht mehr in Ordnung, das müssen wir dann noch in Ordnung bringen."

Dann sagte er: “Damit du weisst, dass wir alle Dinge sehen, wie sie geschehen sind, möchten wir dir noch etwas vor Augen führen, was du falsch getan, womit du dich belastet hast.” Und ich wusste: Alles können sie sehen, und alles decken sie auf. Da sagte der eine: “Du warst noch jung, noch nicht zwanzig Jahre alt, und da hast du einmal einem Nachbarn eine Ziege gestohlen. Du hattest die Absicht, diese Ziege anderswo zu verkaufen. Dieser Verlust ist aber aufgedeckt worden; deine Kollegen sahen dich und verrieten dich. Dann hast du die Ziege wieder zurückgebracht und behauptet, du hättest sie nicht stehlen wollen. Du hattest so viele Ausreden dafür; du habest dich nur erfreuen wollen, nur einen Scherz machen wollen und dergleichen. Du musstest die Ziege wieder zurückbringen, und du wurdest von deinem Vater bestraft.” – “Ja”, sprach ich, “ich habe es getan. Aber ich war ja noch so jung, und ich habe sie wieder zurückgebracht.” Der Engel sagte: “Du hast sie zurückgebracht, das stimmt. Aber ob du sie nun zurückgebracht hast oder nicht – du wolltest sie dem andern nehmen, du hast dich schon in Gedanken versündigt. Du wolltest, dass sie in deinen Besitz kommt, und das genügt; dafür wirst du auch bestraft.” Die Engel sagten aber: “Wir anerkennen es, dass du daraus deine Konsequenzen gezogen hast, denn du hattest dir geschworen, nie mehr etwas zu nehmen auf diese Art und Weise.” Ja, das hatte ich mir geschworen, das wusste ich; ich würde das nie wieder tun. "Ja", sprach der Engel, "in der Weise wolltest du es nicht wieder tun, aber du hast es auf eine andere Weise verstanden, zu etwas zu kommen, zu dem zu kommen, was dir Freude bereitete – zu deinem Geld."

Ja, so sahen sie alle meine Fehler, und es war noch nicht genug. Sie erzählten auch von diesen und jenen Gesprächen, die man am Tisch geführt hatte in Anwesenheit der Kinder und die ein Vater nicht zu führen hat vor seinen Kindern. Und manche Stunde der Uneinigkeit, die ich mit meiner Frau hatte, wurde mir auch vorgeführt. Also, ich sah wieder alles, was ich falsch gemacht hatte; und am Schluss, als alles das an mir so vorübergegangen war, musste ich mir sagen: "Habe ich wirklich den Himmel verdient? Ich habe ja so vieles falsch gemacht." Ich hatte das Gefühl, dass der Himmel für mich, als ich Mensch war, so unendlich weit weg war, dass ich, obwohl ich ein Christ war und obwohl ich betete und zur Kirche ging, doch keine engere Verbindung zum Himmel hatte, dass es mir doch am Glauben, an der Überzeugung fehlte. Das bedauerte ich, denn ich sah es ein, und ich sagte es dem Engel: "Siehst du, es gab nichts, was mich so besonders überzeugen konnte, an den Himmel zu glauben." Wenn es auch viele gute Menschen gab, die, so wie meine Eltern, gut und gerecht lebten und viele gute Taten ausführten, so meinte ich, das seien gewisse Menschen, die dies fertigbrächten. Wer aber glaubt, eine

Ader für das Geschäftliche zu besitzen, kommt oft nicht mehr ins Reine; er entfernt sich dann von dieser Innigkeit, er entfernt sich vom Göttlichen.

Wenn aber jemand stark genug ist, seine Tätigkeit wirklich ehrlich auszuführen, dann wird das auch eine Belohnung geben für ihn – wenn er in seiner Tätigkeit ehrlich und treu allen gegenübersteht und er sich klar wird darüber: "Betrachtet nun die Geisterwelt Gottes mein Handeln als verständlich, als normal, oder findet sie, dass ich diese oder jene Menschen übervorteile?" Wenn man andere übervorteilt, dann schreitet auch die Geisterwelt ein. Ich hatte ja davon keine Ahnung. Ich glaubte doch, der Himmel kümmere sich nicht darum, wie teuer ich meine Ware verkaufe; das könne dem Himmel gleichgültig sein, wenn ich so als Mensch in meiner Umgebung meine Aufgaben erfülle. Nun musste ich sehen, dass der Himmel sich für die kleinsten Dinge interessiert hat, die in meinem Leben geschehen waren.

Dann sagten sie: "Ehe du zu deinen Eltern zu Besuch kannst, geht der Weg in die Läuterung. Zunächst einmal müssen deine Gefühle, deine Anschauungen noch etwas geändert werden. Wir sind gerecht mit dir gewesen. Wir haben dir gesagt, was uns an deinem Leben missfällt, aber auch, woran wir grosse Freude und grosses Gefallen haben. Du siehst, du hättest viel mehr erreichen können." Und sie deuteten auf jene Begebenheiten hin: Hätte ich jenem Bettler etwas gegeben, hätte ich ihm einen Rock gegeben, hätte ich jenen Blinden unterstützt, hätte ich jenen Schwager unterstützt – dann, so sagten sie, wäre ich nicht hier, sondern viel weiter oben, und das sei schade. Aber nun sei ich eben hier und müsse jetzt von hier aus meine Läuterung durchmachen, damit ich das nächste Mal dann besser zu leben vermöge und gestärkt sei, grössere Erkenntnisse habe und genau erkenne, was zu tun sei und was nicht. Sie sagten mir weiter, sie müssten mich lange darüber belehren, damit ich es begreife, dass das irdische Gut nicht denselben Wert habe wie das geistige. Sie erklärten mir, dass ich wohl jetzt als Geist auch die geistigen Werte erkenne, aber würde ich wieder eingekleidet werden in einen irdischen Leib und allem Irdischen gegenüberstehen, wäre es wieder dasselbe: Ich könnte wiederum dem Irdischen nicht entsagen und würde mich wiederum nach jenen Verdiensten ausrichten. Um diese Gefahr zu vermindern, müsste jetzt – für eure Begriffe – ein Leben in der Geisteswelt durchgestanden werden, damit ich mich an die geistigen Verhältnisse anpasse, die geistige Ordnung in allen Dingen kennenlerne. Erst dann, viel später, wenn ich zu diesen Erkenntnissen gekommen sei, würde mir das Tor zu einem neuen Erdenleben wieder geöffnet, um mich aufs Neue zu prüfen.

So bin ich noch im geistigen Reiche, stehe diesen himmlischen Boten zu Diensten und erfülle meine Aufgaben nach bestem Wissen und Gewissen. Ich versuche, allein diese geistigen Gesetze in Erfüllung zu bringen; ich möchte so gut wie nur möglich meine übergrosse Wertschätzung der irdischen Werte verlieren lernen. Ich möchte wenigstens die Gefühle in der Weise aufbauen, dass das Geistige für mich von grosser Bedeutung wird und ich erkenne, dass in diesem Geistigen eben diese Taten, über die man so oberflächlich hinweggeht, von grosser Bedeutung sind. Es ist so bedeutungsvoll, ob man sich mit dem andern einigt, ob man ihm die Hand reicht, ob man den Frieden in seiner nächsten Umgebung erhält, ob man alles tut, um ihn zu erhalten, ob man wirklich sich bemüht, die Mitmenschen zu verstehen.

So, liebe Geschwister, habe ich euch etwas von meinen ersten Eindrücken erzählt, und so möchte ich mich von euch verabschieden und euch zu bedenken geben, dass es vielen von euch gleich ergehen wird wie mir. Man wird von den grossen Verlusten sprechen, dass man viel vom geistigen Erbe verloren habe, dann wird man auch von euren guten Taten reden. Aber zuletzt wird auch von den Fehlern gesprochen, und es sind deren gewöhnlich nicht wenige. So möge euch Gott die Kraft geben, zur richtigen Einsicht zu kommen, das Richtige zu erkennen. Gott zum Gruss.

Erlebnisbericht des aufsteigenden Geistwesens Sebastian vom 6. Juni 1962 durch Mittlerin Beatrice Brunner

Kathrin

Unfalltod auf einer Hauptstrasse

Erlebnisbericht vom 6. März 1968

Gott zum Gruss. Meine lieben Geschwister, ich habe den Auftrag, zu euch zu reden. Ich schildere meinen Weggang von dieser Welt und meine Eindrücke in der ersten Zeit meiner Einkehr.

Ich bin eines plötzlichen Todes von dieser Welt abberufen worden. Zum Wochenende fuhr mein Mann mit mir und beiden Kindern weg, und da ereignete sich das folgende Unglück: Wir waren auf einer Hauptstrasse gefahren, und es war nicht allzu lange Zeit verstrichen seit unserem Weggang von zu Hause, da kam mit grosser Wucht ein Auto auf uns zu. Ich erinnere mich noch an die Worte meines Mannes, der sagte: "Mensch, was is' in dir gefahren!?" Ganz aufgeregt sahen wir das Unglück, das auf uns zukam, denn in rasendem Tempo fuhr dieser Wagen auf uns zu. Und wir, das heisst mein Mann, sah keinen Ausweg – es ging so rasch, und schon war der Zusammenstoss da. Mehr wusste ich nicht, ich hatte noch die letzten Worte meines Mannes vernommen, die ich eben gesagt habe. Dann war Folgendes geschehen: Meine kleine Tochter, die auch Kathrin hiess, und ich waren sofort tot. Das andere Kind hiess Lisbeth, und mein Mann hiess Wilhelm – mein Mann war schwer verletzt, Lisbeth hatte keine Verletzung.[1]

Nun, als Erstes hörte ich die Worte, die um uns oder um mich gesprochen wurden – sehen konnte ich aber nichts, ich vernahm nur, dass es hiess: "Die beiden sind tot. Das grössere Kind ist unverletzt, und der Mann scheint schwer verletzt zu sein." Das hörte ich und noch vieles Weitere; aber ich kann mich dieser Worte nicht mehr so genau erinnern. Aber ich hörte auch, wie man sagte: "Es ist am besten, man führt sie gleich ins Leichenhaus." Da konnte ich meine Augen auftun – denn zuerst hörte ich nur, aber ich sah nichts. Als sich meine Augen auftaten, erschrak ich. Ich lag ja auf einer Bahre, leblos, und etwas entfernt die kleine Kathrin. Ich war noch in gebückter Stellung, und plötzlich fühlte ich mich von Händen betastet, die mich aufrichteten. Dann aber hörte und sah ich, wer um uns war: Es war die Polizei da und die Sanität, es waren Wagen da, es waren Leute da, und immer hörte ich: "Die beiden sind tot." Und dann sagte ich: "Nein, ihr meint doch nicht mich, ich bin doch nicht tot", und ich wiederholte immer: "Ich bin doch da, ich bin doch nicht tot!"

[1] Wie später erklärt wurde, ereignete sich dieser Autounfall etwa acht Jahre vor dem Bericht von Kathrin in der Nähe Hamburgs; ihr Mann war Berliner.

Da sprach mich eine Gestalt an, die mir fremd war und die, wie es mir schien, nicht zu den Leuten gehörte, die um mich waren; denn sie sah nicht so menschlich aus wie die andern. Diese Person sagte zu mir: “Doch, du bist gestorben, du bist umgekommen. Du siehst ja deinen Leib hier, er ist tot.” Ich erwiderte: “Das stimmt doch nicht, ich bin doch da, ich lebe doch.” Und da sah ich auch das Kind, und man sagte mir: “Siehst du, auch die kleine Kathrin ist tot.” Ich antwortete: “Es ist unmöglich, das kann doch gar nicht stimmen, denn ich bin da, und ich lebe – was wollt ihr denn behaupten, dass ich tot bin.”

Da sah ich aber, wie man meinen Körper in das Auto einlud und dazu noch die kleine Kathrin, und ich stand noch an Ort und Stelle. Ich sah den Wagen wegfahren, und ich sah auch, wie man meinen Mann wegfuhr. Ich blieb noch lange Zeit an diesem Unglücksort. Aber dann allmählich waren die Leute weggegangen, und ich stand noch allein da. Dann wurde es mir doch bewusst: “Ja, du bist doch umgekommen.” Ich erinnerte mich ja: Da war ein Auto auf uns zugekommen, und wir waren ja sehr beunruhigt darüber. Aber ich konnte es nicht fassen, dass ich tot sein sollte, da ich ja anwesend war, da ich ja sprechen konnte. Wie sollte ich denn tot sein? Das konnte ich nicht verstehen. Dann klärte man mich auf: “Dein Geist ist aus deinem Leib entwichen. Dein Leib wird der Erde übergeben; aber die Seele, das, was dich lebendig macht, das kehrt ins

Reich der Lebendigkeit zurück." Dann sagte ich: "Lasst mich doch, ich möchte wissen, wie es meinem Manne ergeht, ich will zu meinem Mann." Man antwortete mir: "Wenn es dir beliebt und du deinem Manne folgen willst, kannst du das tun." Und ich erklärte: "Wenn ich wirklich tot bin, dann muss ich mich auch um die Zukunft meines Mannes kümmern", und ich folgte dann den Spuren des Autos und fand ihn im Spital.

Ich kümmerte mich auch um Lisbeth, und ich überlegte: "Was geschieht nun mit Lisbeth?" Da musste ich feststellen, dass meine Schwester sich ihrer annahm. Meine Schwester nahm die Lisbeth zu sich, und sie waren sehr traurig und weinten, weil ich und die kleine Kathrin gestorben waren. Ich begab mich in das Haus meiner Schwester und wollte sehen und hören, was alles vor sich ging. Und so erlebte ich dann auch meine eigene Beerdigung. Nun kehrte ich zeitweise ins Krankenhaus zurück, zeitweise ins Haus meiner Schwester.

Und da musste ich immer wieder zum Friedhof gehen, wo mein Grab war. Man hatte die kleine Kathrin und mich in dasselbe Grab gelegt. Ich sah nun, wie die Leute von Zeit zu Zeit oder regelmässig immer wieder die Gräber ihrer Angehörigen aufsuchten. Und da wartete ich auch darauf, wer denn kommen würde und jetzt einen Besuch bei meinem Grabe machen würde. Es kam meine Schwester, aber sonst waren es nur wenige. Meine Eltern kamen auch dann und wann, aber nicht so oft. So zog es mich immer wieder in das Spital, wo mein Mann lag. Mich bekümmerte so sehr seine Zukunft, aber es plagte mich auch, was mit meiner kleinen Lisbeth geschehen sollte. Und ich weinte und klagte.

Als ich da wieder auf dem Friedhof war, kam mir ein fremdes Wesen entgegen und bat mich, ich möchte doch jetzt diesen Ort verlassen; ich sollte jetzt ins geistige Reich eintreten, wo ich auch hingehöre. Dann sagte ich, ich würde gerne dahin mitkommen, doch ich hätte auf Erden ja noch Aufgaben zu erfüllen. Ich war aber von grosser Unruhe geplagt; ich wusste nicht recht, was ich tun sollte. Sollte ich nun diesem Wesen Gehorsam leisten? Ich überlegte: "Ja, ich kann ja mal mit ihm gehen." Und so ging ich mit diesem Wesen. Es führte mich nun an einen für mich ganz fremden Ort, und es fragte mich: "Möchtest du dich denn nicht um deine kleine Kathrin kümmern?" Ja gewiss, das war auch mein Wunsch, ich wollte wissen, wie es der kleinen Kathrin ergeht. Aber ich war so voller Unruhe. Das eine Mal sagte ich, dass ich zur Kathrin gehen möchte, das andere Mal wollte ich zu meiner Schwester, wieder ein anderes Mal zu meinem Manne – ich war einfach durcheinander, ganz unruhig.

Das sah dieses Wesen und bot mir an, ich möchte ihm folgen in sein Haus. Dort könne ich mich etwas ausruhen und etwas stärken; in der Zwischenzeit würde sich vieles beruhigen, und für die Gesundung meines Mannes werde von der geistigen Welt schon gesorgt; seine Verletzungen seien nicht lebensgefährlich, und der kleinen Lisbeth würde es auch gut ergehen – ich müsse mich nun unbedingt mit den neuen Verhältnissen abfinden. Dann sagte ich: "Ja, das will ich." Aber es zog mich doch immer wieder in meine Wohnung auf Erden zurück. Ich glaubte, ich müsste dort zum Rechten sehen, obwohl mein Mann nicht zu Hause war – er lag immer noch im Spital.

Da begleitete mich ein für mich fremdes Wesen und gab es mir immer mehr zu verstehen, dass es eigentlich sinnlos sei, dass ich mich noch mit diesen Dingen befasse. Es seien genügend höhere Geistwesen da, die jetzt um das zukünftige Leben meiner Hinterbliebenen besorgt sein werden. So liess ich mich dann wieder überreden, und dieses Wesen führte mich dann zu meiner kleinen Kathrin, dahin, wo sie lebte.

Nun hatte ich erwartet, dass die kleine Kathrin, wenn sie mich zum ersten Mal wieder sehen würde, sofort nach mir rufen und nach mir verlangen würde. Aber sie lächelte nur, als sie mich sah, und nahm weiter keine besondere Notiz von mir. Ich war darüber enttäuscht. Sie war doch mein Kind, und ich erwartete, dass es seine ganze Anhänglichkeit mir gegenüber zeigte. Ich stellte aber auch fest, dass das Haus und die Umgebung, wo das Kind lebte, sehr schön waren und dass es ihm und allen andern, die hier lebten, wahrhaftig an nichts fehlte. Sie hatten so viele Dinge zum Spielen, und es waren sehr vornehme Wesen da, die sich mit all diesen Kindern unterhielten. Sie sangen, spielten und musizierten mit ihnen. Die Kinder trugen farbenprächtige Kleidchen, hatten Blumenkränzchen um ihre Köpfchen, die häufig auch zum Spiele angezogen wurden. Und meine kleine Kathrin war ganz begeistert von dieser grossen Abwechslung an Spielen und Spielsachen, die da geboten wurden, sodass sie kein besonderes Verlangen nach ihrer Mutti hatte. Sie freute sich an diesen schönen Wesen, die mit ihr spielten. Diese schönen Wesen waren ebenfalls ganz bunt angezogen. Nach meiner Auffassung war es zu bunt, ich hielt es für etwas geschmacklos; aber es war ja eben eine andere Welt. Diese Wesen hatten zum Teil auch Schmuckstücke an den Armen und waren mit farbigen Bändern geschmückt, der halbe Arm und die Beine waren geziert damit, und auch um den Hals trugen sie Ringe. Die Kleinen, die da spielten, hatten an diesen Spielgefährten oder Pflegerinnen die grösste Freude.

Meine Kathrin war vier Jahre alt, aber da hatte es auch jüngere Kinder. Mit diesen Kleinen spielten diese nach meiner Auffassung allzu bunt gekleideten Wesen. Diese Pflegerinnen waren ganz auf sie abgestimmt, sie waren so zärtlich und so liebevoll. Und diese Kinder – nur die Kleineren durften es – zogen ihnen die Bänder ab, nahmen die Ringe von den Armen, von den Beinen und spielten selbst damit. Also musste ich dann erkennen, dass diese bunte Aufmachung eigentlich als Spiel für die Kleinen gedacht war. Da konnte ich mit der

Zeit auch verstehen, warum diese Kleinen keine Sehnsucht mehr nach ihrer Mutti hatten, denn es wurde ihnen ja so viel Abwechslung, so viel Spielzeug geboten. Es waren auch kleine Tiere da, die ihnen zur Verfügung standen, und die sogar mit ihnen spielten. Und so schienen diese Kinder eben überglücklich zu sein, und es wurde mir verständlich, dass meine kleine Kathrin keine Sehnsucht nach ihrer Mutti hatte.

Ich sah also, Kathrin war wohlversorgt; sie hatte ein solch schönes Leben in so schöner Gesellschaft und genoss auch eine gute Erziehung. Dieses ist mir ganz besonders aufgefallen: die so angenehme Atmosphäre. Es war hier kein Hasten, kein Unwille, es ging alles so ruhig, ja gemütlich, so friedvoll – es war so, als würde die Zeit überhaupt keine Rolle spielen. So konnten diese Kleinen in Frieden gedeihen und wachsen, sie hatten wahrhaftig den Engelsfrieden um sich. Also musste ich mir um Kathrin keine Sorgen machen. Aber meine Sorge galt doch der Lisbeth und meinem Mann.

Ich glaubte nun, es wäre meine Aufgabe, eine Frau für Wilhelm zu suchen, denn Lisbeth musste doch wieder eine Mutti haben. Und so ging ich wahrhaftig auf die Suche. Ich erinnerte mich an meine Freundin – sie hatte eine Schwester, und ich glaubte, diese Schwester könnte eine Frau für Wilhelm sein. Aber ich musste feststellen, dass diese betreffende Person schon einen Bräutigam hatte. Und nun glaubte ich, diese beiden auseinanderbringen zu dürfen, denn ich war so egoistisch. Dazumal sah ich dies natürlich nicht ein, denn mir ging es nur um meine Familie, um meinen Mann, um mein Kind. So glaubte ich, dass die Schwester meiner Freundin die richtige Person wäre.

Dann versuchte ich, mich einmal an diesen Bräutigam heranzumachen. Wie man das macht, habe ich andern Geistwesen abgeschaut. Ich habe mich ja in diesem Erdenreich auch umherbegeben, bin von einem Ort zum andern gegangen, zu meinen Bekannten, und ich habe mich in der Stadt umgeschaut. Ich wollte mich ja überzeugen, ob ich wirklich gestorben war, indem ich feststellen wollte, wie es denn die andern machten – ob sie alle so gehorsam wären und jetzt als Geist im geistigen Reiche lebten oder ob sie nicht auch das Verlangen hätten wie ich, zu sehen, was sich auf der Erde abspielt, und zum Rechten zu schauen.

Da erlebte ich viele Dinge, und ich wollte mich in all diesen Dingen auch vergewissern. Ich sah also allerlei, ich sah böse Gestalten mit einem bösen Einfluss auf den Menschen – sie näherten sich ihm und suchten ihn zu beeinflussen, für eine bösartige Idee zu gewinnen. Ich sah, wie diese Böswilligen den Menschen vom rechten Wege abbringen wollten und es auch taten. Anderseits sah ich aber auch die vornehmen Wesen, die Engelsgestalten, die sich dem Menschen näherten. Sie näherten sich ihm gerade dann, wenn einer von den Böswilligen so lange bei einem Menschen verweilte und auf ihn eingeredet hatte. Da kam der Engel und mahnte den Menschen und versuchte, ihm die üblen Gedanken auszureden. Da sah ich, wie ein Mensch manchmal unsicher wurde und wie er – wie es in der menschlichen Sprache heisst – ein schlechtes Gewissen bekam. Denn das eine Mal tat er das, was der Bösartige ihm zuflüsterte, dann kam der Gute, sprach es ihm aus, und dann wusste er nicht: “Soll ich dieses, soll ich jenes?” Er war in Unsicherheit geraten. Da stellte ich fest, dass es eigentlich immer auf den Menschen selbst ankam. Er musste immer entscheiden, zu was er sich entschliessen wollte. Es schien mir genau so, wie wenn Menschen zusammen sind und der eine dieses sagt, der andere das Gegenteil, und da weiss der dritte eigentlich nicht, wem er Glauben schenken soll, was recht und was unrecht ist, und er am Schluss selbst die Entscheidung treffen muss, was er glaubt, was richtig ist oder was er tun muss. Genauso machten es die Geistwesen: Sie sprachen auf den Menschen ein und beeinflussten ihn, doch die Entscheidung lag immer beim Menschen selbst.

Dann machte ich die Feststellung, dass es ja immer darauf ankam, zu was der Mensch neigte, wie sein Wesen war. Das hatte ich genau beobachtet, denn ich wollte meine Lehren daraus ziehen; ich wollte ja etwas erreichen. So beobachtete ich diese Dinge und sah, dass die einen Menschen gutgläubig waren und sich rasch überreden liessen, während andere willenlos waren. Ich sah aber auch welche, die starrköpfig waren.

Ich sah, wie Engel Gottes auf solche Menschen einredeten und versuchten, sie zu überzeugen, und wie deren Starrköpfigkeit es nicht zuliess, das, was ihnen gesagt wurde, anzunehmen. So konnte man auf der ganzen Lebenslinie eines Menschen ein und dieselbe Beobachtung machen. Wenn ein Mensch zum Beispiel eine gewisse Grosszügigkeit in allen Dingen zeigte, so konnte ein Geist mit dieser Grosszügigkeit rechnen – dass, wenn er diesen Menschen für etwas gewinnen konnte, dieser auch hierin die Grosszügigkeit zum Ausdruck brachte. Also kam es immer auf die eigene Art, auf das wahre Wesen des Menschen an. So versuchten denn die Geister, ihnen eben zuzusprechen – das taten die guten wie die bösen. Die guten versuchten, jemanden von seiner Meinung abzulenken, abzubringen, wenn diese falsch war; und die bösen versuchten das Ihre, wenn sie sahen, dass ein Mensch dazu neigte, eben das Gute zu tun, das Gute zu fördern.

Ich habe nun mit der Zeit festgestellt, wie man vorzugehen hat, um Menschen zu überzeugen, um sie für eine Idee zu gewinnen. Ich war aber nicht die Einzige, die Menschen diese Aufmerksamkeit schenkte, um die Lehren daraus zu ziehen. Andere taten es auch – und jeder, der das tat, hatte in irgendeiner Weise etwas im Sinn und wollte es für seinen persönlichen Vorteil ausnutzen. Und so kannte ich ja auch das Wesen meines Mannes, und ich glaubte, dass er wohl beeinflussbar wäre.

Zuerst aber versuchte ich einmal, zwischen den beiden Brautleuten Unfrieden zu stiften, denn ich wollte sie auseinanderbringen. Die Schwester meiner Freundin sollte die Frau meines Mannes werden, und da konnte ich diese beiden nicht in der Harmonie und in der Liebe unterstützen. So habe ich eine verbotene Taktik angewandt, weil ich glaubte, dass es zu meinem persönlichen familiären Vorteil wäre. Dann aber, als ich darangegangen war, diesen Mann mit Eifersucht zu erfüllen und dafür zu sorgen, dass er seiner Braut Vorwürfe machte, da wurde ich gemahnt, dass sich dieses nicht gehöre. Es sei weder gerecht noch sei es meine Aufgabe, so etwas zu tun, und ich würde bestraft werden, wenn ich so eine Ungerechtigkeit begehe. Ich hätte nicht das Recht, zwei Menschen, die in Harmonie miteinander lebten, mit Gewalt auseinanderzubringen und zu beeinflussen. Wenn ich ein guter Geist wäre, würde ich das nicht tun. Wenn ich nun trotz der Mahnung meinen Einfluss weiter geltend mache, dann würde mir der Weg zum Kinderparadies, zu meiner kleinen Kathrin, künftig gesperrt.

Dann klagte ich und sagte, ich müsste unter allen Umständen eine Frau für meinen Mann suchen. Man belehrte mich aber, dass das nicht meine Angelegenheit sei. Mein Mann werde selbst eine Frau suchen, ohne mich. Ich beharrte auf meiner Meinung, doch ich sagte: "Gut, ich will diesen Verlobten nicht weiter belästigen und beeinflussen." Aber sooft es mir möglich war, hielt ich mich in der Nähe der beiden auf. Es war mir wohl bewusst, dass ich meinen Einfluss auf sie nicht geltend machen durfte, aber ich glaubte doch, dass es irgendwie Gelegenheit gebe, meinen Mann auf die Schwester meiner Freundin aufmerksam zu machen. Und so habe ich mich dann mit meinem Mann beschäftigt. Ich habe sein Denken beeinflusst, ich habe ihm immer wieder in Erinnerung gerufen, er solle doch an die Schwester meiner Freundin denken. Ich versuchte es auf diese Weise und glaubte, damit nichts Unrechtes zu tun. Aber ich musste feststellen, dass mein Mann gar kein Interesse an der Schwester meiner Freundin hatte. Wohl dachte er durch meine Kraft und Beeinflussung an sie, aber nicht mit dieser Absicht, wie ich sie hatte.

Dann kam die Zeit, da mein Mann aus dem Spital entlassen wurde. Er hatte ziemlich lange dort verweilen müssen; und was sich also in der Zwischenzeit abgespielt, habe ich euch ausführlich erklärt. Nun konnte also mein Mann wieder nach Hause, aber meine Tochter blieb noch bei meiner Schwester. Jetzt schien es für meinen Mann ganz selbstverständlich zu sein, sich eine neue Frau zu suchen. Er hatte seine Bekannten und seine Freunde von früher, und so kam er auch in Gesellschaft von jungen Mädchen. Aber mir schien keine gut genug für ihn zu sein, und ich versuchte, ihn immer wieder davon abzulenken. Nun aber musste ich feststellen, dass er den festen Gedanken und den festen Willen gefasst hatte, ein ihm bekanntes Mädchen zu heiraten. Damit war ich nicht einverstanden.

Nun ging ich auf meinen Mann zu – ich war immer wieder von Zeit zu Zeit in seiner Nähe, ich war ja noch an ihn und an das Haus und an alles, was auf der Erde war, gebunden; ich war ja noch nicht so lange tot. Dann aber wurde ich ganz energisch gerügt, und man verbot mir jetzt den Eingang in das Haus meines Mannes. Man gab es mir deutlich zu verstehen, dass es nun das letzte Mal sei, dass ich mich mit diesen Gedanken befasst hätte. Es sei nicht meine Angelegenheit, eine Frau für meinen früheren Mann zu suchen. Er habe nach seinem eigenen Willen zu entscheiden und habe für seine Wahl selbst die Verantwortung zu tragen – mich gehe das gar nichts an. Ich war etwas betrübt darüber, aber ich musste mich diesem strengen Befehl fügen, ich musste gehorchen; denn man sagte mir, es wäre das letzte Mal, dass man mich gemahnt habe. Wenn ich nicht gehorchen würde, würde mir als Strafe der weitere Zutritt zum Kinderparadies geschlossen sein. Also dachte ich: “Gut, ich überlasse es jetzt Gott und seinen Helfern, dass sie den richtigen Weg suchen und ihn bereiten.” Und so sagte ich: “Ich vertraue auf Gott und seine Hilfe, und ich werde nicht wieder zurückkehren, bis es mir erlaubt wird.” Mit diesem Entscheid schien man mit mir zufrieden zu sein.

Dass es mir aber nicht so ganz ernst war, sahen diese höheren Geistwesen wohl, und sie baten mich, ihnen zu folgen. Ich hätte es unbedingt nötig, mich etwas auszuruhen, denn es sei doch etwas viel Kummer gewesen, der über mich gekommen sei – dafür hätten sie Verständnis. Seit dem Unfall sei ja erst eine kurze Zeit verstrichen, und ich sei noch zu sehr mit dem Geschehen verbunden. Ich müsse nun versuchen, mich etwas davon zu lösen. So empfahlen sie mir, mit ihnen zu gehen und mich für eine bestimmte Zeit in einem Hause aufzuhalten, wo ich mich ausruhen könne. Sie würden mir eine Stärkung geben, und ich würde schlafen können – und nach dem Schlafe würden all diese Dinge anders aussehen. Und so gehorchte ich, denn ich fühlte mich schwach und unsicher. Denn ich wollte doch immer wieder zurück – es zog mich einfach zurück; und anderseits wollte ich doch auch gehorsam sein. Also ging ich mit diesen Engelwesen. Sie führten mich in ein Haus hinein, in einen grossen Raum. Es war eine angenehme Atmosphäre darin, und ich nahm einen so wohltuenden Geruch wahr. Man gab mir eine Stärkung, die ich gerne entgegennahm, und dann konnte ich schlafen.

Wie lange ich geschlafen hatte, wusste ich nicht – nach dem Erwachen kümmerte ich mich nicht mehr um die Zeit. Ich fühlte mich ganz anders, frei und froh; ich fühlte mich nicht mehr gebunden an das, was ich zurückgelassen hatte. Wohl lag die Erinnerung noch in meinem Denken, aber ich hatte nicht mehr eine solche Sehnsucht wie vorher. Ich fühlte mich durch diesen

Schlaf wahrhaftig gestärkt. Als ich erwachte, wurde mir wieder eine Erfrischung dargeboten, und meine Kraft wurde noch mehr gestärkt. Und jetzt wollte ich mich dieser neuen Welt anpassen.

Natürlich hatte ich nicht vergessen, wo sich meine kleine Kathrin befand. Ich wollte wissen, ob sie auch des Schlafes bedurft hatte. Man bejahte es und sagte: "Aber es war nicht so wie bei dir. Als sie von der Erde zu uns kam, gab man ihr auch eine Erfrischung und eine Beruhigung, doch sie schlief nur kurze Zeit. Dann wurde sie betreut, wie du es gesehen hast. Du konntest dich ja selbst überzeugen, dass sie sich ganz wohl fühlt. Aber da sie noch so klein ist, bedarf sie noch dann und wann des Schlafes, und so wird sie auch zur Ruhe gebettet von den Engeln Gottes."

Also sollte ich mich nicht weiter um sie kümmern. Ich sah ja, wie alles in bester Ordnung war. Auch meine Sorge um meinen Mann und um die Kleine, die ich auf Erden zurückgelassen, war nicht mehr so gross. Ich fühlte wohl noch eine grosse Anhänglichkeit zu ihnen, aber es war ja so: Als ich aus meinem Schlaf erwachte, da standen meine bereits früher verstorbenen Angehörigen bei mir, die mich begrüssten, die sich freuten und sich bereit erklärten, bei den Meinen zum Rechten zu sehen und mir dann und wann von ihnen zu berichten. Sie redeten mir zu, ich solle doch ruhig bleiben und mich glücklich fühlen in meiner jetzigen Welt; ich müsse mich nicht mehr um all das kümmern, was ich zurückgelassen. Dafür seien nun die Engelwesen zuständig, die in der Ordnung Gottes stünden und zum Rechten sehen würden.

So hatte ich Vertrauen, und die Freude über die Begrüssung meiner Verwandten war gross. Ich lud sie ein, mich ins Kinderparadies zu meiner Kathrin zu begleiten. Ich erzählte ihnen von der dortigen Pracht, wie diese Kindlein gehegt und gepflegt werden und wie sie gar keine Sehnsucht nach ihren irdischen Eltern hätten, da ihnen so viel Abwechslung geboten werde.

Dann sprach ein Engel zu mir über meine zukünftige Betätigung. Er sagte, ich müsse auch in eine Arbeit eingereiht werden, und da ich als junge Mutter ein Kind im Kinderparadies hätte, würde man mir empfehlen, auch in einem Kinderparadies tätig zu sein. Da müsse man auch zum Rechten sehen, und all die vielen Gegenstände und Spielsachen, die für die Kleinen benötigt würden, müssten auch angefertigt werden. Wenn ich mich zu einer solchen Aufgabe bereit erkläre, könne ich dort eine Arbeit übernehmen. Ich erkundigte mich sogleich: “Darf ich dann in der Nähe meiner Kleinen sein?” Darauf sagte man mir: “In allernächster Nähe gerade nicht, aber du hast immer wieder Gelegenheit, sie beim Spiel und auch bei ihrem Unterricht zu beobachten. Denn sie wird wachsen, und sie wird in der Schule unterrichtet werden. Man kann nicht immer nur in Spiel und Freude leben. Wenn die Kinder heranwachsen, grösser werden, führt man sie in ein anderes Kinderparadies, mit grösseren, gleichaltrigen Kindern zusammen, um sie gemeinsam zu unterrichten und zu erziehen."

Ich stimmte dem allem zu. Es war mir recht so, wenn ich nur von Zeit zu Zeit die Kleine sehen durfte, wie sie heranwuchs und wie sie lebte. Und da war es für mich noch eine grosse Freude, mit meinen Verwandten zusammen diesen Besuch zu machen. So haben wir uns dabei ausgiebig unterhalten. Ich durfte wiederum erfahren, dass meine Kleine nicht etwa Sehnsucht nach ihrer Mutti hatte, sondern dass sie sich ganz wohl fühlte. Man sagte mir auch, dass sie nicht mehr allzu lange in diesem Paradies verweile, sondern recht bald in ein anderes geführt und dort mit Gleichaltrigen unterrichtet würde. Aber ich war schon zufrieden, ich durfte sie ja sehen, und sie hatte wahrhaftig eine sorgfältige Erziehung.

Meine Angehörigen erzählten mir von ihrer Tätigkeit und von ihrem Frieden, den sie in der geistigen Welt gefunden hatten, und dass sie hochbeglückt seien, jetzt hier zu wohnen. Wir versprachen, uns dann und wann gegenseitig zu besuchen. Und dann mussten wir uns ja auch wieder verabschieden. Doch meine Angehörigen brachten mir dann von Zeit zu Zeit Nachricht von dem, was auf Erden geschah. Ich hatte mich wohl gelöst von alldem, doch hatte ich immer wieder darum gebeten, dass meine kleine Lisbeth, die ich zurückgelassen, eine gute Mutti bekam. Und so waren es meine

Verwandten auf Erden, ganz besonders meine Eltern, die sich um ihre Enkelin kümmerten. Und dann, später, brachte man mir auch die Nachricht, dass mein Mann sich wieder verheiratet und Lisbeth zu sich genommen hatte, dass die Grosseltern ihren guten Einfluss auf die Frau ausübten. Die Grosseltern hielten mein Kind auch dazu an, sich seiner Mutti im Himmel zu erinnern, sie nicht zu vergessen.

So bekam ich immer wieder Nachricht, wie es den Meinen auf Erden erging. Und so übe ich noch meine Tätigkeit aus, abwechslungsweise einmal in dem Kinderparadies, wo die ganz Kleinen sind, dann werde ich wieder in einem anderen benötigt, wo meine Aufgabe etwas anderer Art ist. So habe ich ja eine wunderschöne Aufgabe. Diese Tätigkeit übe ich also noch aus. Was meiner noch wartet, weiss ich nicht. Ein Geist Gottes sagte mir, es gehe jetzt zuerst darum, mein ganzes Wesen mit Liebe und Opferbereitschaft zu erfüllen, und dafür eigne sich für mich das Kinderparadies besonders gut. Da könne man sich eben in seinem Wesen den dort wirkenden Engeln angleichen. Man könne hier so viel erlernen und beeinflusst werden von der grossen Ruhe, Hingabe und Aufopferung. Davon sollte ich erfüllt werden, dann hätte man für mich später eine dementsprechende Aufgabe, wo ich das, was ich in diesem Himmel erfasst habe und wovon ich durchdrungen wurde, zur Entfaltung bringen könnte. Mein ganzes Wesen sollte also von grosser Hingabe und Zärtlichkeit erfüllt werden. Und das ist es, was ich euch zu berichten hatte: vom Leben, das ich jetzt lebe und das mich beeindruckt, und wie es mir ergangen ist, wie ich anfangs nicht glauben konnte, dass ich gestorben war.

Und wenn es euch interessiert, zu erfahren, wie lange es her ist, seit ich durch den Unfall in die geistige Welt kam – ich persönlich konnte es nicht berechnen, weil ich kein Zeitmass mehr habe wie ihr, aber man erklärte mir, nach eurer Zeitrechnung wären es erst circa acht Jahre her.

So wartet auf mich, wie ich glaube und man es mir andeutete, eine wichtige und schöne Tätigkeit, die ich im Heilsplan Gottes erfüllen darf. So möchte ich mich von euch verabschieden mit einem "Grüss euch Gott".

Erlebnisbericht des aufsteigenden Geistwesens Kathrin vom 6. März 1968 durch Mittlerin Beatrice Brunner

Magdalena

Pflegemutter bevorzugte ihre eigenen Kinder

Erlebnisbericht vom 7. November 1962

Gott zum Gruss. Meine Lieben, mein Name ist Magdalena. Ich hatte sechs Kinder und ein verwandtes noch dazu – sieben Kinder zählte unsere Familie. Mein Mann sorgte vorbildlich für sie. Das Kind, das wir angenommen haben, war das Kind meines Schwagers. Er war frühzeitig zusammen mit seiner Frau gestorben, und so haben wir uns entschlossen, dieses Kind zu den unseren zu nehmen und es gemeinsam mit den andern zu erziehen.

Ich gab meinen eigenen Kindern den Vorzug in allen Dingen. Ich bekam öfters Vorwürfe vonseiten meines Mannes, dass ich diesem Kinde, das wir angenommen – es hiess Erika –, nicht meine volle Liebe gab, nicht dieselbe Aufopferung und Hingabe wie den eigenen Kindern. Manches Mal hatte mich mein Mann ausgescholten deshalb. Ich hatte von diesem Kinde mehr verlangt als von meinen eigenen, und die Kinder selbst hatten dies, als sie noch heranwuchsen, ausgenutzt. Sie haben immer diese Erika als die Schuldige hingestellt. War etwas geschehen, wollte niemand dazu stehen – Erika hatte es getan. So wurde diese Erika manches Mal ungerechterweise bestraft. Nun, später, als sie herangewachsen war, verabschiedete sie sich von uns. Sie hatte sich selbständig gemacht und ging ihren eigenen Weg. Was das Materielle betrifft, hatten wir uns ihr gegenüber nichts zuschulden kommen lassen. Wir hatten sie angezogen wie unsere Kinder, wir hatten ihr genügend Essen gegeben, sie hatte dasselbe wie die unseren. Aber in der jenseitigen Welt machte man mir den Vorwurf, dass es meinerseits an der Liebe zu diesem Kinde gemangelt habe, und man sagte mir, dass ich dieses gutmachen müsse.

Ja, ich war darüber etwas enttäuscht, dass man mir solche Vorwürfe machte, denn ich glaubte doch, eine gute Tat ausgeführt zu haben. Ich musste dann aber in der geistigen Welt erkennen lernen, wie man in Liebe vergilt, wie aber Lieblosigkeit und ungerechte Behandlung auch bestraft werden.

Als ich in die jenseitige Welt kam, standen mir meine eigenen Eltern gegenüber und erhabene Gestalten, die sich mir als Engel Gottes vorstellten. Sie sprachen zu mir und erklärten: "Du siehst, du lebst weiter im Reich Gottes; deine Eltern haben dich nun begrüsst. Du hast sechs Kinder grossgezogen – das ist eine schöne, grosse Tat von dir und von deinem Manne. Ihr musstet viele Opfer bringen und eine grosse Hingabe leisten. Ihr hattet noch ein Kind zu euch genommen, das Kind des Verwandten, des Bruders deines Mannes. Den Lohn für die Aufnahme dieses Kindes bekommt dein Mann, denn er war die treibende Kraft dafür, dieses Kind in die Familie aufzunehmen, und er arbeitete auch für dieses Kind. Er tadelte dich, wenn du lieblos und ungerecht warst. Er versuchte dem Kind den Vater zu ersetzen, Vater zu sein. Aber du hast ihm nicht die Mutterliebe gegeben, wie du sie den Deinen gegeben hast. Es ist schade, dass du das unterlassen hast. Hättest du diese Aufgabe voll und ganz erfüllt, wäre dein Lohn unendlich gross gewesen. Du hast sechs Kinder grossgezogen, viele Sorgen sind über dich und über deinen Mann gekommen, viele Probleme waren zu lösen – sechs Kinder waren dein Eigen und eines noch dazu. Wir sind aber nicht einverstanden mit der Erziehung, die du deinem verwandten Kinde gegeben hast. Das muss nun in der geistigen Welt gutgemacht werden, damit du in einem späteren Leben den Gewinn daraus nehmen kannst. Wir wollen versuchen, dir diese Läuterung allein hier, in der geistigen Welt, zu übertragen." Denn – so sagten sie mir – es bestehe auch die Möglichkeit, dass man zur weiteren Gutmachung mit den Belastungen in ein erneutes Erdenleben hineingehen müsse. Weil ich aber Mutter von so vielen Kindern gewesen sei und auch meine Arbeit an der Nichte erfüllt hätte, würden sie mir einen leichteren Weg der Läuterung geben.

Dieser leichtere Weg war folgendermassen – man erklärte mir von allem Anfang an: "Dein ältester Sohn wird recht bald auch in die geistige Welt einkehren." Ich wusste es, er war krank, und meine Besorgnis galt auch diesem ältesten Sohne. Ich selber hatte ziemlich alt werden dürfen, fast achtzig Jahre. Man erklärte mir, dass zuerst mein Mann in die geistige Welt zurückkommen werde und dann der älteste Sohn. Man sagte mir, ich dürfe beim Empfang meines Mannes dabei sein, hingegen nicht beim Empfang meines ältesten Sohnes – überhaupt würde ich bei keinem meiner Kinder dabei sein dürfen, wenn es in der jenseitigen Welt empfangen werde. Das sollte sozusagen die Strafe sein für die Lieblosigkeit, die ich meiner Nichte gegenüber zum Ausdruck gebracht hätte.

Am Anfang habe ich es noch nicht richtig verstanden, ich habe es noch nicht erkennen können, welchen Schmerz dies bedeuten wird, denn ich hatte mich ja noch nicht so mit allen Gepflogenheiten vertraut gemacht in dieser neuen Welt. Ich wusste ja noch nicht, welche Freude es ist, wenn man eines seiner Lieben empfangen und auch begleiten darf.

Also empfing ich dann meinen Mann. Die Engel sagten ihm Worte des Lobes für seine grosse Arbeit, die er geleistet. Sie erklärten, dass wir beide nicht zusammenleben dürften in dieser neuen Welt; mein Mann werde seinen eigenen Weg gehen, aber später sollten wir wieder vereint werden. Doch zuerst sollte ich das, was ich im Leben vernachlässigt hätte, jetzt in der geistigen Welt nachholen – ich sollte etwas von Liebe lernen.

Nun aber, als ich in die geistige Welt eingetreten war, da eröffnete man mir etwas, was ich im menschlichen Leben nie für möglich gehalten hätte. Ich hatte ja nie an eine solche Verbindung zur geistigen Welt geglaubt. Wohl habe ich gedacht, dass es einen Himmel gibt und einen Ort, wo eine Seligkeit zu erleben wäre; aber in welcher Art und Weise, darüber habe ich mir überhaupt keine Vorstellungen gemacht. Ich hatte auch gebetet, auch mit den Kindern zusammen, aber eine Vorstellung von dem, was geschehen wird nach dem Ableben, habe ich ja keine gehabt. Und nun sollte ich über das, was alles geschieht im Geistigen, in Staunen versetzt werden.

Jetzt zeigte man mir die Bilder oder das Geschehen, in welcher Art und Weise die himmlischen Boten verlassenen Menschen beistehen oder sich jener Kindlein annehmen, die frühzeitig ihre Eltern verloren haben. So durfte ich es erleben wie in einem Film, es spielte sich alles vor meinen Augen ab. Und ich hatte nur zu staunen. Ich konnte daraus auch viel lernen. So versuche ich jetzt, euch das Erlebte in dieser Art und Weise zu schildern, wie ich es gesehen und so lebendig erlebt habe.

Ich sah diese Erika, wie sie als kleines Kind mit knapp zwei Jahren zu uns kam. Nun sah ich auch mich selbst, wie ich sie in ihr Bettlein legte, aber wie ich nicht viel Worte für sie aufwandte, da ich ja noch meine andern Kinder zu besorgen hatte – wie ich da länger an den

Betten meiner Kinder gestanden war als bei diesem Kinde. Ich hatte drei Kinder in einem Zimmer, und so mussten die grösseren ihr Auge dann wieder auf die kleineren richten. Da ich mich bei meinen eigenen Kindern länger aufhielt, so habe ich eben nur kurze Zeit aufgewandt für die kleine Erika.

Jetzt aber sah ich mich selbst aus dem Zimmer schreiten. Kaum hatte ich dieses Zimmer verlassen, da sah ich, wie durch die Wände hindurch Geistwesen kamen. Sie hatten einen Körper wie Menschen, sie waren aber anders gekleidet. Ihre Gewänder waren sehr duftig, und die Gestalten waren sehr fein im Gegensatz zu meiner eigenen Gestalt, die ich nun sah im Raum – wie ich sozusagen mit festen Schritten auf dem Boden hin und her ging und von einer Tür zur anderen schritt, sie zuerst öffnen musste, um ins andere Zimmer zu gelangen. So sah ich, wie diese Geistwesen durch die Wände hindurchschritten und dass sie eigentlich gar nicht an diesen Boden gebunden waren, auf dem ich in menschlicher Gestalt stand; sondern sie schwebten teilweise über dem Boden. Es war so, als brauchten sie diesen Boden nicht, um auf ihm zu stehen, sondern sie schwebten. Sie schwebten durch den Raum, sie neigten sich nieder über die Bettchen – sie taten es bei meinen Kindern so, und sie taten es bei dieser kleinen Erika. So sah ich das. Ich hatte ja jeweils mit den Kindlein gebetet, und jetzt wurde mir klar, dass sie von den Schutzengeln behütet werden, dass also diese Schutzengel zu den kleinen Kindlein kommen, einmal auf der rechten, einmal auf der linken Seite stehen, einmal mit ihren Händen über die Decke streichen, ihre Köpfchen streicheln, sich an ihren Haaren zu schaffen machen und dergleichen. Und diese Kindlein, die ja meistens recht bald einschlafen, sie selbst ahnen nichts davon, was mit ihnen geschieht.

Dann aber musste ich staunen. Ich sah, wie sich bei den Kindern der geistige Leib vom irdischen loslöste – mir schien, als wäre ein doppelter Mensch da. Die Engel nahmen dann diesen geistigen Leib zu sich, nahmen ihn auf ihre Knie und liebkosten ihn. Ich musste auch sehen, dass sie mit diesem kleinen Geistkörper einfach auf und davon schwebten – wohin, das wurde mir nicht weiter gezeigt. Aber ich sah auch, wie sie nach verhältnismässig kurzer Zeit wieder zurückkamen und diese Kindlein in ihren Armen hielten, im Zimmer auf und ab gingen, als wollten sie sie in den Schlaf wiegen. So musste ich also sehen: Die Engel trugen in ihren Armen das Kindlein, während es doch eigentlich im Bettchen schlief. Wie das möglich ist, darüber wurde ich dann später aufgeklärt. Über diese Zusammenhänge – dass es eben der Geistkörper ist, der sich vom irdischen Leibe gelöst hat – brauche ich euch nicht aufzuklären, wie man mir sagte.

Nun aber zur Hauptsache: Ich sah jetzt meinen Schwager kommen und meine Schwägerin; sie kamen zu ihrer kleinen Erika. Zuvor war es ein Engel gewesen, der zu ihr gekommen ist, sie aufgehoben und auf die Knie genommen hat, mit ihr im Zimmer auf und ab gegangen ist und sich dann auf einen Stuhl gesetzt hat. Jetzt sah ich, wie mein Schwager und meine Schwägerin auf demselben Wege in das Zimmer kamen wie vorher der Engel. Und ich hatte das Gefühl, dass die beiden noch viel jünger und viel schöner aussahen, als sie wirklich in ihrem Leben gewesen waren. Sie waren überglücklich, bei ihrem Kinde zu sein. Und so hat dann der Engel den geistigen Leib des Kindes das eine Mal in die Arme der Mutter, das andere Mal in die Arme des Vaters gelegt. Der eine Elternteil, der gerade seine Hände frei hatte, ist dann zum irdischen Leib des Kindleins hingegangen und hat, genau wie die Engel es getan hatten, mit den Händen über das Köpflein gestrichen, über die Haare, über die Augen. Sie haben das Köpflein geküsst, sie haben die Decke glatt gemacht, sie haben mit dem Kindlein gesprochen, so an seinem Bettlein – und ihnen schien das kein Wunder und nichts Sonderbares zu sein. Also ich selbst hatte nur zu staunen. Da lag das Kindlein im Bett, und der eine trug es zugleich in seinem Arm. Ich sah, dass auch die Eltern von Erika mit ihr im Zimmer auf und ab gingen, während der Schutzengel sich jetzt entfernte. Doch zuvor hat er die Runde gemacht bei allen meinen Kindern, ist vom einen zum andern gegangen, hat da in das Bett geschaut und ist dann wieder durch eine Wand verschwunden.

Dieses Geschehen zeigte man mir nicht nur einmal; ich konnte es immer wieder beobachten, wie sie gekommen und wieder gegangen sind. Und so sah ich auch meinen Schwager und meine Schwägerin mit ihrem Kindlein – wie sie kamen, wie sie gingen. Dies zeigte man mir aus verschiedenen Zeitabschnitten. Die Kinder wuchsen ja, und man zeigte mir, wie diese Tätigkeit der Engel ununterbrochen ausgeübt wurde – immer kamen sie, und immer kamen der Schwager und die Schwägerin; immer holten sie das Kindlein und brachten es wieder zurück.

Da aber zeigte man mir Folgendes: Aus der Zeit, als die kleine Erika vielleicht drei bis vier Jahre alt war, zeigte man mir ein weiteres Bild, oder da öffnete man mir sozusagen ein Tor. Ich durfte jetzt sehen, wohin die beiden Verwandten ihr Kind führten, während ich nicht erleben konnte, wohin die Engel mit meinen eigenen Kindern gingen – aber wie es dieser Erika erging, das sollte ich jetzt sehen.

Der Schwager und die Schwägerin nahmen sie fort; sie trugen sie fort, das eine Mal trug sie der Vater, das andere Mal die Mutter. Der Weg ging in einen, wie es mir schien, nahen Wald. Die Umgebung erschien mir so herrlich. Man hörte die Vögel, wie sie ihre Laute von sich gaben, und ausserhalb dieses Waldes hatte es herrliche grüne Wiesen. Sie gingen nicht tief in den Wald hinein, sondern hielten sich am Waldrand auf oder gingen mit diesem Geistlein jeweils in den Wald hinein und dann wieder hinaus. Sie sind mit ihm hin und her gegangen, und es schien mir, als suchten sie etwas. Sie sprachen mit dem Kindlein, doch konnte ich die Worte nicht hören. Man erklärte mir aber später, was sie mit dem Kindlein gesprochen hatten. So gingen sie wieder in den Wald hinein, und ich sah es deutlich, sie suchten etwas. Was war es? Sie suchten nach einem Tierlein – es war ein Reh, das kommen sollte, auf das sie warteten.

Und so kam es dann auch, dieses schöne Reh. Sie setzten Erika neben das Tierchen hin, und sie durfte es streicheln. Es schien, als könnte sie mit ihm reden, denn das Reh war nicht wild. Diese Tiere, dies möchte ich betonen, verlieren ja in der geistigen Welt jede Wildheit, sie sind zahm. Und so kam auch dieses Reh eben zu Erika heran. Man streichelte es, man hat sich mit ihm unterhalten. Das ging dann eine Zeit lang, und dann wurde das Geistlein wieder zurückgeführt; es musste ja wieder in diesen Raum hineingeführt werden und musste wieder Besitz nehmen von seinem irdischen Leibe. So wiederholte sich dieses immer wieder.

Dann aber sah ich einmal, wie mein Schwager und meine Schwägerin mit einem Kränzlein zu ihrem Kind kamen, das sie ihm auf das Köpfchen legten. Dieses Kränzlein war mit Blättern und vielen farbigen Beeren geziert. Es waren Beeren in Rot, Weiss, Grün, tiefem Blau, Gelb, Orange. Ein so schönes Kränzlein hatten sie für ihr Kind gemacht. Daneben trug die Mutter in ihren Händen noch ein weiteres Geschmeide, das aus denselben farbigen Beeren gemacht war. Sie flüsterten jetzt dem Kindlein zu, für wen dieses Geschmeide sein sollte. Zuerst haben sie aber das Kindlein selbst gefragt: "Was glaubst du, wem dieses Geschmeide gehört?"

Ich glaube, nicht wieder näher ausführen zu müssen, dass nun diese beiden, wenn sie zu ihrem Kinde kamen, seinen geistigen Leib zu sich nahmen, um ihn wieder wegzuführen, wieder an jenen Ort hin bei diesem Walde, damit das Kind wieder mit dem Rehlein zusammenkommen konnte. Die Eltern erklärten, dass sie dieses Geschmeide eigentlich als Halsband für das Reh gedacht hätten und dass Erika ihm dieses Geschmeide selbst um den Hals legen dürfe. Und so geschah es. Man nahm das Kindlein wieder mit, ging wieder an den Waldrand und wartete. Es ging jeweils nicht allzu lange, bis dieses Reh gekommen ist. Voller Freude ist es zu Erika und ihren Eltern hingehüpft, als hätte es schon längst auf sie gewartet. Dann übergaben die beiden ihrer Erika das Geschmeide, und sie durfte es dem Rehlein um den Hals legen. So verweilten diese beiden eine Zeit lang wieder mit ihrem Kindlein vor dem Walde. Dann musste das Reh wieder zurück in den Wald, und die beiden Eltern mussten ja ihr Kind wieder zurückbringen.

So durfte ich dieses beobachten. Längere Zeit hindurch war es immer wieder derselbe Weg, immer wieder zu diesem Waldrand, wo man dieses Tierlein in Empfang nahm. Mein Schwager und meine Schwägerin gaben ihrem Kindlein Liebe und grössere Aufmerksamkeit, als dass ich es ihm eben geben konnte.

Dann liess man mich einen weiteren Blick tun. Man hatte mir erklärt, dass ich nicht in allen Einzelheiten über alles Geschehen unterrichtet werde; aber ich hatte nun die Gewissheit, dass Erika immer von ihren Eltern betreut worden war, dass diese immer zu ihrem Kinde gehen durften und es beschützten und führten. So ist Erika herangewachsen. Man zeigte mir dann ein Bild aus einer späteren Zeit, als die beiden Verwandten wiederum zu ihrem Kind kamen und es mit sich nahmen. Erika war da in einem Alter von zehn bis zwölf Jahren. Nun aber ging der Weg nicht mehr zu diesem Walde hin, zu diesem Reh. Das war jetzt vorüber, denn ich sah auch: Nicht nur das Kind an und für sich, das heisst der menschliche Leib, war herangewachsen, sondern auch der geistige Leib war gewachsen; sie waren gleich in ihrer Grösse. Ich glaubte, dass auch die Intelligenz oder der geistige Fortschritt von beiden derselbe war – so wie ich das Kind kannte im Leben, so wie es sich ausdrückte, sich bewegte, so war auch dieser Geist.

Ich sah also, wie man dieses Kind wieder fortführte. Jetzt aber ging der Weg durch schöne Alleen zu einem prachtvollen Garten. Es war eher ein Park, der mit viel Grün angelegt und zu den Seiten nur mit Blumen geziert war. Hier sah ich deutlich wiederum Tiere, die zu meinen Verwandten herankamen. Und so durfte ich auch sehen, wie mein Schwager und meine Schwägerin voller Freude ihre Erika nahmen und sie auf ein Pferd setzten und mit ihm in diesem Park umhergingen. Ich sah, welch grosse Liebe und welch grosse Freude von diesen beiden Verwandten ausgingen zu ihrem Kinde und wie dieses Geistkind – wenn ich es so nennen darf – beglückt und voller Freude war, so betreut zu werden. Ich hatte auch gesehen, wie dieser Geist jeweils – wenn das Kind einschlief und er sich vom irdischen Körper lösen konnte – voller Spannung und voller Freude umherblickte und die beiden erwartete, um in diese andere, schöne Welt geführt zu werden.

Es war aber nicht nur ein Pferd, sondern es waren zwei Pferde. Ich glaube, sie waren kleiner als Pferde nach euren Begriffen, sie waren etwa so gross wie ein Pony. Diese Pferde schienen mir aber viel, viel schöner zu sein als Pferde auf Erden. So sah ich nun, dass es also auch im geistigen Reiche solche Tiere gibt, in ihrem geistigen Leibe, und dass man sich an ihnen erfreuen kann. So durfte ich sehen und erleben, wie mein Schwager und meine Schwägerin ihre Aufmerksamkeit ihrem Kinde und diesen Tieren schenkten und wie sie es immer wieder an denselben Ort hinführten. Sie mussten jeweils nur einen Schritt in diesen Park machen, und schon kamen diese Pferde im Galopp auf sie zu.

Nun erklärte man mir auch, wie die Eltern mit ihrem Kinde gesprochen haben und wie sie diesen Pferden einen Namen gaben, wie sie bereits schon dem Rehlein einen Namen gegeben hatten. Ich möchte den Namen des Rehs noch nachholen: Sie haben ihm den einfachen Namen "Sonnenschein" gegeben. Denn dieses Reh war für diese Eltern ein Sonnenschein, wie es für sie auch ein Sonnenschein war, ihr Kindlein zu haben. Und es war für sie auch ein Sonnenschein, dem Kind eine Freude zu machen; denn diese Liebe, diese Freude hatte es im menschlichen Leben nicht erhalten, aber im Geiste sollte es diese Liebe empfangen dürfen.

So gab man auch den beiden kleinen Pferden einen Namen. Das eine wurde "Silberfuss" genannt, weil es mit Silber geschmückt war. Es hatte silberne Ringe um seine Fesseln, und um den Hals hatte es ein Geschmeide aus Silber. Das andere Pferd trug auch ein Geschmeide um seinen Hals, und dieses war aus frischen Blumen gebunden, aus schönen roten Rosen. Dieses Pferd nannten sie "Rosenduft". Und mit diesen Namen haben sie jeweils diese Tiere gerufen: Silberfuss und Rosenduft. So freute sich das Kind, denn das eine Mal ritt es auf dem einen, dann wieder auf dem andern Pferd. Ich durfte es sehen, wie sie da zusammen waren und sich freuten.

Nun aber darf ich noch etwas beifügen, ehe ich es unterlasse. Diese beiden Pferde gehörten Engeln Gottes, und sie hatten die Tiere in der Weise geschmückt.

Es waren diese Engel Gottes, die es in Verbindung mit dem Schutzgeist des Kindes gestattet haben, dass dieses Kindlein in der Zeit, wo sein Körperchen ruht, das Spiel mit diesen Pferden aufnehmen darf. Nach dem Spiel wurden die Tiere jeweils wieder zurückgeführt zu ihren Betreuern und zu ihren Engeln, in deren Diensten sie sozusagen stehen. Solches geschieht also auf eine Abmachung der geistigen Welt hin.

So zeigte man mir nun dieses Bild und erklärte mir: "Auf diese Weise haben deine Verwandten Erika behütet und betreut." Sie haben sie aber zeitweise auch dann betreut und geführt, wenn der geistige Leib im irdischen Leibe eingehüllt war, also wenn dieses Menschenkind sich auf der Erde bewegte und seinen Aufgaben nachging, sein Leben lebte. Auch da hatten diese beiden Eltern das Kind sehr oft betreut. Dabei muss ich erwähnen, dass die beiden ihr Kind abwechslungsweise betreuten und es nur ausnahmsweise den Tag über begleiten durften.

Dies ging so bis zu einer gewissen Zeit – man sagt mir, bis Erika sechzehn Jahre alt war. Dann mussten die beiden ihr Kind verlassen, und es wurde in die Obhut des Schutzgeistes und der andern Betreuer übergeben. Den beiden Eltern wurde erklärt: "Jetzt habt ihr eine schöne Zeit bei eurem Kinde verbracht, ihr habt es begleitet und behütet. Aber jetzt müsst ihr euch euren eigenen Aufgaben zuwenden, jetzt ist die Zeit mit eurem Kinde vorüber. Ihr dürft es nur noch an den

Feiertagen besuchen, die im Himmel und auf Erden gefeiert werden – ansonsten müsst ihr nun eure Aufgabe in der geistigen Welt erfüllen."

Anfangs waren sie darüber etwas betrübt, doch waren sie dankbar und froh, dass ihnen so viel Gelegenheit gegeben worden war, mit ihrem Kind zusammen zu sein, und sie seinem Geist die fehlende Liebe geben durften. Etwas von dieser Liebe, die die Eltern dem geistigen Kinde geben konnten, war doch verankert worden in der Seele dieses Menschen. Denn Erika wuchs wahrhaftig zu einem liebenswürdigen Menschen heran. Als sie uns später verliess, war sie von liebenswürdiger Wesensart. Obwohl ich mir später Vorwürfe machte, doch etwas ungerecht zu Erika gewesen zu sein, habe ich mich anderseits damit entschuldigt, dass es wohl mein Verdienst gewesen wäre, dass das Kind so gut geraten ist, da die Strenge, die ich ihm gegeben, es so geformt und so weit gebracht hätte. Nun musste ich aber sehen, dass es nicht meine Arbeit im Besonderen war, die da ihre Früchte zeitigte, sondern es war die Frucht jener Liebe und jenes Beistandes, den die in der jenseitigen Welt lebenden Eltern ihrem Kinde geben durften.

So wurde ich also in dieser Beziehung belehrt. Ich sah nun, dass die jenseitigen Wesen die Menschen begleiten und dass sie sich ganz besonders jenen Menschen nähern, die verlassen sind und sich einsam fühlen; diesen versuchen sie Trost zu geben und beizustehen. Sie versuchen es, wenn der Mensch in seinem Alltag steht. Doch manchmal gelingt es ihnen nicht, und so stehen sie bereit, wenn sich der Mensch zur Ruhe legt und sich sein Geist vom irdischen Leibe löst. Dann werden sie mit diesem Menschengeist reden. Sie werden ihm Mut zusprechen und Hoffnung machen, und wenn dann dieser Mensch am Morgen erwacht, ist bei manchem etwas von seiner Traurigkeit gewichen – nicht bei allen, aber auch diese finden, dass der Schlaf ihnen so viel erquickende Kraft gegeben hat, und so werden sie dann eben wieder mit etwas mehr Mut und Hoffnung die nächsten Tage erwarten und erleben. Sie ahnen nicht, was in der Stille geschehen ist – dass eben dem geistigen Leibe, dem Geiste selbst, diese Aufmunterung und dieser Trost gegeben wurde.

Man belehrte mich auch darüber, dass es bösartige einsame Menschen gibt, deren Geist man diesen Beistand nicht geben kann. Wohl versucht man, auch sie zu trösten und ihnen Hoffnung zu machen, aber ihr Geist – da es sich ja um den Geist eines Erwachsenen handelt – wendet sich ab und will diese tröstenden Worte nicht. Solchen kann dann die jenseitige Welt nicht beistehen. Die Belehrungen oder die Kraft, die man ihnen geben will, vermögen nicht durch den Leib zu dringen; es kann also nicht in das Bewusstsein des Menschen kommen, weil er eine abweisende Haltung einnimmt zu diesen Belehrungen. Andere dagegen sind hingebungsvoll und voller Freude, dass man sie betreut. Sie können auch in einem einfachen Leben glücklich leben, eben deshalb, weil sie oder weil ihr Geist eine solch wunderbare Führung, eine solch wunderbare Stärkung erlebt, sodass sie eben nie traurig sein können. Auch wenn es ihnen noch so schlecht geht, sind sie immer wieder mit Hoffnungen erfüllt. Und das ist darauf zurückzuführen, dass ihr Geist sich anlehnt an das Geistige, das ihm da übermittelt wird. Das noch nebenbei.

Nun zu mir persönlich. Man hatte mir also diese Bilder gezeigt. Es war ein Rückblick in jene frühere Zeit, als Erika noch klein war und heranwuchs. Ich sah und erlebte diese Bilder in der geistigen Welt, nachdem ich als alter Mensch von der irdischen Welt abgetreten war. Erika war zu diesem Zeitpunkt ja schon selbst in einem gewissen Alter und lebte auf Erden in rechten Verhältnissen. Jetzt sagte man mir, meine Lieblosigkeit müsste nun gutgemacht werden. Man würde mir wohl gutschreiben, dass ich die Erziehung der Kinder auf mich genommen und dabei auch viele Entbehrungen gehabt hätte; das würde mir wirklich gutgeschrieben. Aber man betonte, ich dürfe nicht beim Empfang meiner heimkehrenden Kinder dabei sein. Erst dann, wenn das letzte Kind in die jenseitige Welt eingetreten sei, dürfe ich sie alle begrüssen und mit ihnen zusammenkommen – dann wäre auch meine Schuld gutgemacht.

Meine Läuterung oder meine Arbeit ging in folgender Art weiter – wie ich betonte, sollte ich nicht im Besonderen so empfindlich bestraft werden, aber es war für mich doch eine Strafe, wenn ich von den andern hören musste, dass wiederum eines meiner Lieben in die geistige Welt eingetreten war und ihm gesagt wurde: "Die Mutter ist auch da, aber sie darf noch nicht kommen." Nur der Vater war da beim Empfang, wenn die Kinder zurückkehrten. Was man mir dann aber zugestanden hatte, war, dass mein Mann mich besuchen konnte. Er hatte mir jeweils die Grüsse der Kinder gebracht und mich über sie unterrichtet, und so habe auch ich ihm meine Grüsse mitgegeben.

Ich wollte mich jetzt in das Unvermeidliche fügen. Ich wollte jetzt, wenn es das Gebot Gottes sei, dass ich auf diese Weise zu sühnen habe, diesen Verzicht auf mich nehmen, denn ich sah nun, was ich falsch gemacht hatte. Nun aber sollte ich die Liebe lernen, ich sollte meine Aufmerksamkeit allen geben können, ohne Unterschied der Person. Man wollte mich lehren, dass man nicht nur jenen liebt, der einem besonders zugeneigt ist, sondern dass man seine Zuneigung und seine Liebe ohne Unterschied jedem geben können muss.

So führte mein Weg in ein Haus, wo solche heimgekehrten Seelen zusammenlebten, die sich noch nicht in der jenseitigen Welt zurechtfinden konnten. Es waren Seelen, die man trösten musste, die noch das Gefühl hatten, am Leibe krank zu sein und die es einfach nicht begreifen konnten, dass sie alles zurücklassen mussten, dass sie von ihren Kindern weggehen, sich von lieben Menschen trennen mussten – sie konnten sich einfach nicht mit dem Gedanken vertraut machen, dass nun jene Zeit vorüber war und sie jetzt im Jenseits sind und eine ganz neue Zeit begonnen hat, wo sie anders zu wirken haben. Da sollte ich hingehen, und da musste ich nun meine Gefühle der Liebe und des Mitleids zum Ausdruck bringen können.

Anfangs fiel es mir freilich schwer. Ich musste mich vom einen zum andern begeben und sollte so jedem Trost bringen. Ich hatte die Aufgabe, jedem zuzuhören, was er mir sagen möchte, denn jedes erklärte mir sein Leid aus seiner Welt, aus dem es gekommen. Ich sollte jetzt Verständnis haben für das Leid eines solchen Heimgekehrten, ich musste ihm Trost geben – und nicht nur Trost, ich musste versuchen, ihm Liebe zu spenden, Aufmerksamkeit zu geben. Ich musste nun versuchen, alle edlen Gefühle aus mir herauszunehmen; ich musste mich also üben darin.

So hatte ich vieles erlebt und gehört, von dem vielen Leid vernommen, das diese Heimgekehrten mitgebracht haben in die neue Welt hinein – vom Leid, das eigentlich nicht mehr in die neue Welt gehört, das man hätte zurücklassen müssen in der alten Welt, das man eben hätte ablegen müssen mit dem irdischen Körper. Aber es waren nicht alle so weit, anders denken zu können. Es war sehr oft zu sehen, dass jene Wesen Mühe hatten, die in relativ jungen Jahren von der Welt weggehen mussten, die so vieles zurücklassen mussten und sich nicht davon trennen konnten. Doch alle, die sich da zusammenfanden, waren keine schlechten Menschen gewesen. Sie waren gläubig gewesen, aber sie hatten auch ihre Schwächen gehabt auf irgendeine Art und Weise. Und diese wollte man dann später mit ihnen bereinigen. Doch zuerst wollte man ihnen geistige Gesundung bringen. Sie sollten anders denken können und sollten Vertrauen fassen in diese neue Welt und zu denen, die sie betreuten.

So musste ich vom einen zum andern gehen und musste lernen zuzuhören, musste Verständnis haben. Ich sollte aber nicht nur zuhören, ich musste ihnen auch Trost und Hoffnung geben können und sie mit viel Liebe betreuen. Wenn ich dann glaubte müde zu sein von all dem Gehörten und meine Aufgabe nicht mehr weiter erfüllen zu können, weil zu viel auf mich zukam, dann waren es die Engel Gottes, die wieder zu mir kamen und mit mir über jeden Einzelnen sprachen, den ich betreuen musste, und mir sagten: "Auf diese Weise musst du mit ihm reden, auf diese Weise musst du ihm antworten, und das musst du fragen, und das musst du erzählen." Und so lernte ich es. Ich lernte Geduld, und ich konnte die Liebe geben, ich konnte mich so jedem Einzelnen widmen.

Ich musste diese Aufgabe so lange ausführen, bis man mir die Nachricht brachte, dass das letzte von meinen Kindern in die geistige Welt eingekehrt sei.

Mein Mann brachte mir dazumal diese Nachricht, zusammen mit einem Engel Gottes. Dann wurde mir erlaubt, diese Stätte zu verlassen. Ich durfte jetzt auch – nur vorübergehend, wie man mir erklärte – mit meinem Mann zusammen sein. Wir sollten jetzt eine Zeit miteinander geniessen voll der Freude und des Glücks, wir sollten uns für eine gewisse Zeit mit unseren Kindern zusammenfinden, die alle zurückgekehrt waren. Danach würden unsere Wege wieder getrennt werden, und jedes müsste dann seinen weiteren Weg beschreiten, den Weg, der aufwärtsführt, zu neuen Aufgaben und Zielen. So wurde es mir erklärt.

Und so erlebte ich eben die geistige Welt mit ihrer Läuterung. Ich hatte nicht so eine empfindsam schwere Läuterung. Dennoch war es für mich eine schwere Zeit, da ich darauf verzichten musste, mit meinen Lieben zusammenzukommen. Ich hatte aber Trost gefunden in meinen Aufgaben. Ich war voller Zuversicht, und ich war froh, zu sehen, dass ich jetzt ein wahres, nützliches Werkzeug in dieser Haushaltung Gottes war; und ich wollte mich da bewähren. Ich sah auch, dass ich noch vieles, vieles dazuzulernen hätte, damit man voll und ganz mit mir zufrieden sei.

Nun, ich habe noch unterlassen, zu sagen, dass auch wir gewisse Zeiten – wenn man nach euren Begriffen von Zeit sprechen darf – zur freien Verfügung hatten. Es war eine freie Zeit, in der wir uns dem Gebete widmen konnten und etwas leisten durften, was nach unserem Belieben war – aber alles nur in einem gewissen Rahmen. So hatten wir ja auch eine Freiheit. Aber wir alle, die da in diesen Aufgaben standen, hatten unsere sogenannte Freiheit ausgekostet und waren in einen nahe gelegenen Tempel gegangen, um uns dort der Verehrung Gottes hinzugeben. Wir haben gebetet und gesungen, wir haben Gott gelobt und gepriesen für seine Herrlichkeit, die wir nun zu einem Teil erleben durften.

Dann wurde mir erklärt, ich würde später in Weiteres eingeweiht werden. Und so geschah es auch. Ich empfing dann weitere Belehrungen und erfülle nun in diesem Sinne im Dienste des Nächsten meine Aufgabe.

So habe ich nun versucht, euch zu berichten, wie es mir ergangen war, was ich erlebt und wie ich alles gesehen hatte – vielleicht habe ich mich manchmal etwas zurückhaltend ausgedrückt oder habe manchmal nicht die richtigen Worte gefunden. Doch möge nun dieses alles für euch zur Belehrung sein, und möget ihr euch eure Gedanken machen über all das, was ich euch sagen durfte. So habe ich euch doch auch Zeugnis gegeben von der wunderbaren Verbindung der göttlichen Welt zu den Menschen – dass also die Jenseitigen und die Engelsboten den Menschen nicht nur begleiten, wenn er voll und ganz in seinem irdischen Leibe ist, sondern dass es auch eine Begleitung gibt, wenn sich der Geist vom Körper löst. Wir alle sind auch bereit, ein jedes, das seinen irdischen Leib ablegt, zu empfangen, zu betreuen und zu führen. Denn das wahre Leben ist das Leben des Geistes.

Nun, liebe Geschwister, Gottes Segen möge über euch alle kommen, und möget ihr unter seinem Segen wirken. Gott zum Gruss.

Erlebnisbericht des aufsteigenden Geistwesens Magdalena vom 7. November 1962 durch Mittlerin Beatrice Brunner

Julius

Der ungetreue Sachwalter

Erlebnisbericht vom 4. Juli 1962

Gott zum Gruss. Meine Lieben, ich habe den Auftrag, zu erzählen, was ich in der ersten Zeit erlebte, als ich den irdischen Körper abgelegt hatte. Ja, als ich meine Augen im Jenseits geöffnet hatte, da war ich gleich voller Ängste. Ich habe nicht damit gerechnet, in dieser Art und Weise weiterzuleben, und nun hatte mich das Gewissen oder das Gedächtnis begleitet; alles, was ich im Leben getan, kam mir wieder zum Bewusstsein, kam mir in Erinnerung.

Jetzt aber: Ich hatte etwas im Leben getan, das ich nicht hätte tun dürfen, und das war mein erster Gedanke beim Erwachen. Nun ist es doch so, dass man weiterlebt und für alles, was man getan, zur Rechenschaft gezogen wird. Und es ging mir nur noch um eines: diese Schuld so rasch wie möglich gutzumachen. Ich hatte in der ersten Zeit keine Bedenken, die Möglichkeit dazu zu haben; denn wenn ich mich schon zurückerinnern konnte an all diese Dinge, die ich getan hatte, warum sollte es mir dann nicht möglich sein, eben etwas zu tun und die Dinge zu erledigen und in Ordnung zu bringen?

Vor mir standen sie, diese vornehmen und erhabenen Wesen, und redeten nicht viel mit mir. Sie sagten nur, ich solle mich vorbereiten, ich würde zur Rechenschaft gezogen werden für alles, was ich getan hätte; sie würden mich dann nach einer gewissen Zeit rufen. Jetzt aber hätte ich noch Freiheit und könne tun und lassen, was mir passe.

Ich überlegte: "Das ist ja wunderbar." Mein erster Gedanke war: "Das ist eben doch wahrlich Gottes Güte. Er gibt einem noch Gelegenheit, die Dinge in Ordnung zu bringen." Es war mir klar, dass ich in einer Welt war, wo Gott die Herrschaft ausübt, und es schien mir ganz verständlich, dass hier in Erfüllung ging, was man gelehrt worden war, nämlich: Gerechtigkeit, Liebe, Nachsicht, Wohlwollen. Ich sah nun ganz deutlich den Weg vor mir, den ich gekommen war. Man hatte mich in dieses Jenseits geführt, und ich war da erwacht in einer Stätte, die ich genauso schön fand wie die Erde. Doch konnte ich mir die Dinge nicht so recht erklären und sie nicht unterscheiden; ich befasste mich auch viel zu wenig damit, sondern für mich gab es jetzt nur einen Gedanken: "Das, was du falsch gemacht hast, musst du schnellstens wieder in Ordnung bringen, und du musst so schnell wie möglich diesen Weg wieder zurückgehen, den du gekommen bist."

Dieser Weg war beleuchtet, ich konnte mich gar nicht irren. Wohl sah ich auch noch verschiedene andere Wege, die wohl an ganz andere Orte hinführten, aber sie waren für mich jetzt nicht von Bedeutung. Von Bedeutung war für mich der Weg, auf dem ich hergekommen war. So ging ich diesen Weg, und er führte in mein Dorf, wo ich gelebt, wo ich jene Tat vollbracht hatte. Mein erster Gang war zur Bank, wo ich all meine Wertsachen und mein Geld aufbewahrt hatte. Um es euch gleich verständlich zu machen: Als Mensch genoss ich ein Ansehen, man hatte Vertrauen zu mir. So kam einst eine Frau zu mir, übergab mir einen gewissen Geldbetrag und sagte: "Ich gebe dir diesen Betrag, gib mir dafür einen guten Zins. Sollte ich krank werden, dann will ich dieses Geld wieder haben, und zwar ohne lange Wartefrist; wenn ich es brauche, musst du es mir geben. Bist du damit einverstanden? Und brauche ich dieses Geld nicht und sterbe" – die Betreffende hatte keine Angehörigen –, "so musst du dieses Geld einem wohltätigen Zweck zuführen."

Die Frau starb plötzlich, und niemand wusste etwas von dem Geld. Man wusste wohl, dass sie Geld besass, aber es wusste niemand, dass sie es bei mir hinterlegt hatte. Und ich hatte nicht die Kraft, dieses Geld einem wohltätigen Zweck zuzuführen, sondern ich betrachtete es gleich als das Meine. Ich hatte es vorher so eingerichtet, es wusste niemand etwas von diesem Geld; denn diese Frau hatte es mir ja auch aus gewissen Gründen, aus einer gewissen Berechnung übergeben – sie wollte daraus ihren Vorteil haben. Aber ich habe dann dieses Geld zu dem meinigen geschlagen, und ich fand es in Ordnung. Manchmal plagte mich im Laufe des Lebens das Gewissen; doch dann hatte ich alle Entschuldigung dafür. Manchmal gab ich auch etwas einem bedürftigen Menschen und sagte mir dabei: "Das habe ich jetzt im Namen dieser Frau gegeben." Aber das war nur ein Bruchteil von dem, was der Betrag ausgemacht hatte.

Nun, jetzt wollte ich nur eines: Auf dem schnellsten Weg musste dieses Geld diesen wohltätigen Zwecken oder einem wohltätigen Zweck zugeführt werden. Das schien mir durchaus möglich zu sein. Ich hatte Zugang in der Bank zu diesen Wertschriften, zu dem Gelde. Ja, ich konnte sogar meinen Namen finden in den Büchern, aber ich wollte mich nicht in erster Linie damit beschäftigen. Ich ging zu einem Bankbeamten hin, den ich noch kannte, klopfte ihm auf die Schultern und sprach zu ihm: "Du musst diesen Betrag nun einem wohltätigen Zweck zuführen."

Er tat nicht dergleichen, als ob er mich hörte und spürte. Ich habe ihm fest auf die Schultern geklopft, ich habe an den Haaren gezogen – nicht dergleichen hat er getan. Dann versuchte ich es auf eine andere Art. Ich nahm ein Formular [die geistige Substanz davon] und schrieb darauf, was ich von ihm wollte: "Ich will, das ist mein Wunsch, dass dieser Betrag einem wohltätigen Zweck zugeführt wird." Dieses Formular habe ich ihm vor sein Antlitz gehalten. Er tat nicht dergleichen.

Ich legte dieses Formular vor ihm auf das Pult – doch er nahm nur ein Buch und legte es direkt darauf. Also hat er es wiederum nicht gesehen. Dann, als er das Buch weggelegt hatte, ging ich ihm nach und führte ihm das Formular immer vor den Augen hin und her; ich sagte ihm immer wieder meinen Namen, dass er sich doch an mich erinnern sollte. Nichts dergleichen geschah. Also musste ich die grosse Enttäuschung erleben, dass der Mensch nicht sieht, was ein Geist bei ihm tut – er sieht ihn nicht. Ich hatte diesen Mann gerüttelt, es hat nichts geholfen. Ja ich hatte das Gefühl, dass meine Hände durch seinen Leib hindurchgingen. Es half nichts.

Was sollte ich tun? Denn ich wollte unter keinen Umständen wieder zurückgehen, ehe diese Dinge erledigt sind. Denn ich wollte mich vor diesen andern, vor diesen vornehmen und erhabenen Wesen, nicht schämen. Was sollten sie mir sagen? Man hatte mir gesagt, ich werde dann zur Rechenschaft gezogen, aber jetzt hätte ich noch etwas Freiheit. So glaubte ich, diese Freiheit wäre so zu deuten, dass ich die Dinge noch erledige. Nun konnte ich es ja nicht, und da dachte ich: "Nun werde ich doch bestimmt diese Frau sehen, und sie wird mir Vorwürfe machen. Was wird mit mir geschehen? Ich habe unterschlagen. Nein, diesen Weg zurück werde ich nicht gehen, ehe ich das auf irgendeine Art erledigt habe, sonst könnte ich doch in dieser anderen Welt noch viel mehr bestraft werden." Und dann blieb ich einfach in dieser Bank, sie wurde meine Wohnstätte.

Ich habe ständig die Bankbeamten bedrängt, in der Hoffnung, sie würden mich hören, sie würden das, was ich geschrieben habe, doch lesen können. Ich habe unzählige Blätter beschrieben und habe sie überall hingelegt in der Hoffnung, einer werde es lesen können. Nichts. Niemand nahm sie in die Hände. Also ich wusste: Sie sehen es nicht, sie sehen es nicht. Und so wurde es mir klar: "Der Mensch kann die geistige Materie nicht sehen und nicht fassen, während der Geist die irdische Materie durchdringt." Ich konnte durch die Menschen hindurchgehen, auch die Möbel oder die Mauern waren kein Hindernis – nichts dergleichen, man konnte durch alles hindurchgehen, es gab kein Hindernis. Ja, es war schon etwas Sonderbares, dies zu erleben. Wenn man von all diesen Dingen keine Ahnung hat, steht man neuen Gesetzen gegenüber und weiss sich nicht zu helfen. Und niemand ist da, der einem hilft.

Wohl sah ich andere auch, die sich in diesem Hause festgesetzt hatten. Da war zum Beispiel ein Mann, der war in einer Ecke und starrte vor sich hin. Bei ihm musste auch etwas nicht in Ordnung sein. Andere sah ich auch mit dem Gelde hin und her wirken. Sie beschäftigten sich mit Büchern und dergleichen, studierten die Akten und was weiss ich – aber es ging ihnen gleich wie mir, und sie alle hatten gleich wie ich gehofft: "Man kann die Dinge noch erledigen, man kann es bestimmt noch erledigen."

Aber es ging zu lange … Niemand kam, niemand kümmerte sich um mich. Doch musste ich erkennen, dass dann und wann so eine vornehme Gestalt – und damit meine ich einen Engel Gottes – auch in dieses Haus kam und einen an der Hand nahm und mit ihm denselben Weg in die jenseitige Welt zurückging, den dieser nach dem Ablegen seines irdischen Leibes zum ersten Mal hinaufgegangen und auf dem er dann auch wieder hinuntergekommen war. Es wurden also jeweils welche geholt, sie mussten fort. Ich dachte mir: "Nur das nicht! Ich möchte nicht geholt werden." Ich hoffte immer noch, dass diese Dinge erledigt werden könnten.

Aber dann hielt ich es nicht mehr länger aus in diesem Hause und ging durch das Dorf. Ich suchte nach andern, die ich im Leben gekannt hatte und die auch in die jenseitige Welt eingegangen waren. Ich wollte nach Bekannten Umschau halten. Aber es waren so viele Gesichter zu sehen. Die einen sahen sehr gut aus, andere weniger, und welche sahen aus wie die Bettler oder wie die Vagabunden. Dann betrachtete ich mich selbst und dachte: "Wie sehe wohl ich aus?" Meine Schuld drückte mich. Ich hatte mich doch bemüht, sonst recht zu leben, aber dieser Versuchung hatte ich nicht widerstehen können. Ich hatte dem ja auch keine so grosse Bedeutung zugemessen und nicht gedacht, dass man dies in der andern Welt eben sehen kann und dass alles offenbar wird.

Nun wanderte ich, und da kam ich zum alten, mir so gut bekannten Dorfbrunnen. Da sass, ich sage es jetzt so, eine Magd auf der Kante dieses Brunnens und schaute immer in die Tiefe. Sie schaute immer in den Brunnen hinein. Ich kannte sie nicht, ich hatte sie zu Lebzeiten nie gesehen. Ich wusste nicht, wie lange sie schon da auf diesem Brunnen sass. Ich ging zu ihr hin und fragte sie: "Was suchst du? Hast du etwas verloren?" Dann fing sie an zu stöhnen und zu weinen und sagte: "Ja, siehst du mein Kind nicht?" – "Welches Kind?" – "Mein Kind ist hier im Brunnen ertrunken." – "Dein Kind? In diesem Brunnen? Der Brunnen ist doch nicht so tief. Wie alt war denn dein Kind?" – "Es war vielleicht zwei Stunden alt, und es ist hier ertrunken." Da war mir klar, was sie gemacht hatte. Da fragte ich sie weiter: "Und was gedenkst du zu tun? Was suchst du jetzt?" – "Ja ich glaube immer, das Kind zu finden. Ich möchte es herausnehmen." Aber es war doch kein Kind im Brunnen, und ich sagte es ihr: "Es ist doch kein Kind hier! Was siehst du?" – "Doch, das Kind muss im Brunnen sein, und ich möchte, dass es wieder in meinen Armen ist." Dann sagte ich: "Ja, das wird dir wohl nicht gelingen. Dein Kind hat man längst aus dem Brunnen genommen; es ist bestimmt nicht hier." Da machte ich mir meine Gedanken und dachte zugleich: "Welch scheussliche Tat hast du vollbracht!"

Sie starrte weiter auf den Grund des Brunnens und glaubte, ihr Kind zu finden, um es wieder herausnehmen zu können.

Dann ging ich weiter und dachte nur: "Ach, sie ist auch wieder zurückgegangen, genau an jene Stätte, wo sie ihre Untat ausgeführt hatte, und sie möchte sie auch ungeschehen haben. Sie glaubt auch, das Rad zurückdrehen und einfach die Tat ungeschehen machen zu können. Man lebt doch; warum kann man dann nicht – zur besseren Überzeugung gekommen, eine solche Tat nicht zu tun – sie ungeschehen machen?" Es ist ihr auch nicht gelungen. Aber ich dachte nur: "Armes Ding", und bin dann weitergegangen.

Da kam ich an einen Feldweg. Ich war ja in diesem Dorf auf und nieder gegangen und hatte allerlei gesehen. Doch ich erzähle jetzt nur von den Begegnungen mit jenen, die mir einen bedeutenden Eindruck gemacht haben, bei denen ich stehen geblieben bin und mit denen ich mich unterhalten habe.

So war einer mitten im Feld oder auf der Wiese und grub mit den Händen die Erde hervor. Ich ging auch zu ihm hin und habe mich erkundigt und ihn gefragt: "Was tust du da?" – "Ich muss den Markstein wieder zurücksetzen", sprach er. "Ja, warum musst du das tun?" – "Weil ich ihn verschoben habe. Ich muss ihn wieder an die alte Stelle zurücksetzen. Ich will mich doch vor den andern nicht schämen, dass ich nachts den Markstein versetzt habe." Ich fragte ihn: "Ja, glaubst du, dass es dir gelingt?" – "Ich werde diesen Platz nicht verlassen, ehe ich diesen Stein an der Stelle habe, wo er hingehört." – "Ja", dachte ich mir, "auch du, auch du ..." Ich kannte ihn nicht. Wie lange mochte er denn schon mit seinen Händen die Erde ausgraben? Ich erkundigte mich bei ihm: "Wie lange gräbst du denn schon hier mit deinen Händen? Hast du denn kein Werkzeug?" – "Nein, ich brauche kein Werkzeug, ich habe kein Werkzeug, ich interessiere mich nicht für das Werkzeug. Dieser Markstein muss auf dem schnellsten Wege wieder zum alten Platz zurück." Der Gute konnte es eben auch nicht verstehen, dass er diesen Stein überhaupt nicht fassen konnte. Er konnte ihn ja gar nicht mehr versetzen, es ging ja nicht mehr. Er hatte nicht diese Kraft, um den irdischen Gegenstand, diesen Markstein, zu versetzen; das konnte er nicht tun. Und ich sagte zu ihm: "Glaubst du nicht, dass diese Arbeit umsonst ist?" – "Nein", sprach er, "sie ist nicht umsonst, es wird mir schon gelingen. Und wenn ich hundert Jahre hier bin, das spielt keine Rolle. Ich gehe nicht eher zurück, bis es mir gelungen ist." Auch wieder einer, der glaubte gutmachen zu können – genau wie ich.

Ich ging weiter, und da kam ich zu dem schönen Bächlein, das mir im Leben so gefallen hatte. Es war so schön, es ging mitten durchs Dorf. Da sah ich auch einen, er sass am Rand dieses Bächleins. Als er mich erblickte, winkte er mir schon von Weitem zu. Und ich dachte: “Nun endlich einer, der mich kennt!” Und wahrhaftig war es einer, den ich kannte. Er war aber schon lange vor mir in die geistige Welt hinübergegangen. Er war auch erstaunt, mich zu sehen, und sagte: “Was tust du hier? Wonach erkundigst du dich?” Und ich sagte: “Ich will nur so zum Rechten sehen. Ich will sehen, wie das Dorf aussieht von unserem geistigen Standpunkt aus, mit unserem geistigen Auge betrachtet.” Ich sagte ihm nicht, warum ich auf der Wanderung war.

Ich fragte ihn: “Ja warum sitzt du da? Und wie lange? Du bist doch schon” – ich sann zurück – “vor etlichen Jahren hinübergegangen.” – “Ja”, sprach er, “mag sein. Über die Zeit weiss ich nicht mehr Bescheid, ich interessiere mich auch nicht dafür. Aber es gefällt mir hier.” – “So? Ja, es ist schön”, dachte ich. Und dann plötzlich streckte er seine beiden Hände aus, formte sie wie zu einem Becher und nahm von dem Wasser auf und sagte zu mir: “Versuch doch einmal das Wasser, koste es! Ist es nicht herrlich, dieses Wasser?” Und ich sagte: “Ja, freilich. Aber mich dürstet es nicht, was soll ich hier dieses Wasser trinken?” – “Oh doch”, er beharrte darauf, “versuch doch einmal das Wasser!” Und ich dachte: “Ich kann es ja tun, wenn du unbedingt willst.” Unsere Hände gingen ja – wie soll ich es sagen? – durch dieses Wasser hindurch; wir konnten es ja gar nicht festhalten, es war ja auch wieder irdische Materie. Aber ich versuchte dann doch, meine Hände in diesem Wasser hin und her zu schwadern und etwas davon in den Mund zu nehmen. Und ich sagte: “Doch, ich glaube, das Wasser ist gut. Ich kann mich an nichts anderes erinnern, als dass das Wasser gut ist.” – “Nicht wahr?”, sprach er, “das Wasser ist doch gut.”

Da kam mir plötzlich etwas in den Sinn. Ach, es ist schon lange her, aber ganz plötzlich erinnerte ich mich, wie ein Blitz kam es zu mir: Es hiess einmal, der Bach sei vergiftet, und dieses Wasser sei in einen Brunnen des Nachbarn Soundso gelaufen, und es seien dort soundso viele zu Schaden gekommen. Aha, schon wieder etwas! Und ich sagte ihm: “Untersuchst du das Wasser, ob es nun wieder gut ist?” Er staunte und sagte: “Ja, das Wasser war ja immer gut!” Und ich sagte zu ihm: “Nein. Ich weiss wohl, warum du da bist. Du hast doch einmal Gift in dieses Wasser geführt, und zwar so viel, dass es jenen geschadet hat!” Ja, er musste es zugeben. Er hatte diesem schönen Bächlein, das so klar war, nicht nur Gift, sondern allerlei Dinge zugeführt, die den andern, Menschen und Tieren, Schaden zugefügt hatten.

Ich fragte ihn: “Was gedenkst du jetzt zu tun? Ich weiss doch ganz genau, ich erinnere mich noch daran, was du getan hast mit diesem Bach.” Er war in Hass und Unfrieden gewesen mit gewissen Menschen. Nun antwortete er mir: “Ja ich möchte, dass das Wasser wieder ganz klar ist.” Und ich sagte ihm: “Du brauchst dich gar nicht mehr darum zu kümmern, das Wasser ist doch wieder klar, ganz klar. Aber deine Tat, die du vollbracht hast, die bleibt bestehen." – "Nein, nein, nein", sagte er, "dem ist nicht so! Das Wasser ist wieder so frisch, und so viele profitieren wieder von diesem herrlichen Bächlein – und das, was du sagst, das stimmt nicht."

Ich dachte: "Ja dann, meinetwegen", und ich verliess ihn wieder und sagte: "Gut, du bleibst nun am Rande dieses Bächleins, bis du auch zu besseren Erkenntnissen kommst." Es war mir erneut ein Beweis; auch er will nicht wieder zurück, ehe diese Dinge ihre Erledigung gefunden haben. Aber wie? Unter den Menschen konnte er es nicht erledigen. Die Menschen, die zu diesem Zeitpunkt lebten, interessierten sich nicht mehr für das, was vor dreissig Jahren geschehen war. Nun, er blieb am Rande dieses Bächleins und wartete und wartete.

Dann ging ich weiter, und ich sah jetzt, dass so viele belastet waren. Da und dort trug der eine eine Schuld, und sie hatte nun ganz anderes Gewicht. Es war nicht so wie auf Erden, wo es einen vielleicht quälte oder man sich doch ein Gewissen gemacht hatte. Jetzt, wo man doch geglaubt hatte, befreit und erlöst zu sein von allem Unangenehmen und von allen Untaten, von allen Sünden, ist man gebunden an die Schuld, die man auf sich geladen hat. Man bindet sich selbst daran. Genauso war es bei mir. Ich hatte nicht so viel Kraft, wieder dahin zurückzugehen, wo ich meine geistigen Augen geöffnet hatte, und zu sagen: "Das habe ich getan, und ich warte auf eure Strafe." Nein, ich glaubte, die Dinge in Erledigung bringen zu können. Auch die Magd hatte nicht so viel Kraft, zu sagen: "Ich habe mein Kind umgebracht. Ich bin bereit zu sühnen." Nein, sie ging zum Brunnen hin und wartete und glaubte, dass es doch eine Befreiung gebe für sie oder eine Erlösung auf irgendeine Art – aber dort beim Brunnen und nicht in der jenseitigen Welt, da, wo sie nach dem Ablegen ihres irdischen Leibes hingestellt worden war. Es war allen so gegangen wie mir.

Dann wanderte ich noch weiter, und ich war eigentlich deprimiert, traurig, nicht nur über mich selbst, sondern über alle andern auch. Ich war traurig, dass man als Mensch nicht die Kraft hat, richtig zu handeln, wie man sollte. Und ich fing an zu überlegen: "Wo hat es denn gefehlt, dass man es einfach nicht fertiggebracht hat, nach den wahren christlichen Grundsätzen zu leben?"

Es führte mich der Weg weiter, ich schlenderte so dahin. An das Dorf grenzte ein schöner Wald, und da glaubte ich, doch etwas Ruhe in diesem Walde zu finden. Aber es waren viele in diesem Wald. Die einen schienen mir ganz fröhlich zu sein, als wären sie nur kurz hier, für einen gewissen Aufenthalt. Dann begegnete ich aber einem, der lief hin und her. Ich kannte ihn nicht, aber ich ging auf ihn zu – denn dieses Benehmen war mir nun vertraut, und ich fragte: "Was suchst du hier im Wald?" Er antwortete mir: "Dasselbe möchte ich von dir wissen. Was suchst du hier im Wald?" Und ich sagte: "Nichts als Ruhe, Ruhe, und ich will nachdenken." Er sagte dasselbe: "Ich will auch nur nachdenken, ich will nur meine Ruhe." Aber er sah nicht danach aus. Er ging so nervös und so eilig hin und her, er war die Unruhe selbst. Dann habe ich mich zuerst etwas entfernt. Ich versuchte ja, über all diese Begegnungen nachzusinnen und Erklärungen dafür zu finden. Ich suchte auch nach dem Weg zurück, wie man ihn so angenehm wie möglich zurückfinden könnte. Aber es wollte mir gar nichts Richtiges in den Sinn kommen.

Dann ging ich wieder zu jenem Ruhelosen zurück und sagte: "Du suchst hier keine Ruhe, das ist mir klar, und du wirst sie auch nicht finden." Da fragte er mich: "Hast du Schrot oder Kugeln bei dir?" Ich sagte: "Nein. Wo soll ich Schrot und Kugeln hernehmen? Ich brauche weder Schrot noch Kugeln, ich brauche nichts dergleichen." – "Ja dann ist es gut, wenn du solche Dinge nicht bei dir hast." Dann erkundigte ich mich bei ihm: "Warum fragst du mich? Hast du etwa solche Dinge bei dir?" – "Nein", sprach er, "jetzt nicht mehr." – "Ah, jetzt nicht mehr. Aber du hattest es gehabt?" – "Ja", sprach er, "ich hab es gehabt, und ich möchte es eben nicht mehr haben!" – "Was willst du damit sagen?" – "Ich möchte die Flinte wegwerfen." – "Warum willst du die Flinte wegwerfen?" – "Weil ich das nicht möchte geschehen sehen." – "Ach! Hast du jemand umgebracht?" Da war er etwas still und sagte dann: "Habe niemand umgebracht." – "Oh doch, du hast jemand umgebracht, sonst würdest du nicht hier in diesem Walde stehen." Dann erwiderte er: "Ja, ich habe einen umgebracht." – "Und jetzt, was machst du?", fragte ich. – "Ich gehe nicht aus diesem Wald, ich kann nicht." – "Warum denn nicht?" – "Ich kann nicht vor die andern hinstehen."

Da tat er mir eigentlich leid. Er sagte, er könne nicht vor die andern hinstehen – ich konnte es auch nicht, und alle, denen ich begegnet war, konnten es auch nicht. Dann sagte ich ihm: "Tut es dir leid, dass du das gemacht hast?" – "Ach", sprach er, "ich möchte, ich hätte nie, nie in meinem Leben so ein Gewehr, eine Flinte, so was in den Händen gehabt. Natürlich möchte ich, es wäre nicht geschehen!"

Ja, dann hatte ich mich etwas länger mit ihm unterhalten. Er erkundigte sich, was ich getan hätte, und ich sagte es ihm: "Ich habe Geld unterschlagen. Ich hätte Geld für wohltätige Zwecke überweisen sollen und habe es als das meinige betrachtet." Er fand das weniger schlimm als das, was er getan. Doch ich sagte: "Ob du das oder ob ich das oder ob jener das gemacht – es ist alles schlimm."

Nun sagte ich: "Komm, wir könnten doch zu zweit wieder zurückgehen. Ich habe das Gefühl, dass man zu zweit vielleicht mehr Kraft hat, vor die andern hinzustehen; die Aufmerksamkeit lenkt sich dann nicht auf einen allein. Wir können doch miteinander gehen", schlug ich vor. Er hatte sich darauf noch etwas Zeit ausbedungen; er möchte es noch überlegen. Und ich versprach, dann wiederzukommen.

Ich ging dann noch einmal zurück in die Bank, aber ich fand, dass es nutzlos wäre, dort zu sein. Dann ging ich wieder zur Magd und fragte sie: "Willst du nicht mit mir hinübergehen? Siehe, ich habe auch etwas auf meinen Schultern." Sie sagte: "Niemals, ich kann nicht. Stell dir vor, ich bin eine Mörderin, wie werde ich empfangen? Stell dir vor, das kann ich nicht, dies bringe ich nicht über mich." Dann sagte ich zu ihr: "Ich glaube, es wird bestimmt so weit kommen, dass du zurückmusst." Doch sie wollte nicht.

Darauf ging ich zu dem, der am Bache war, und erkundigte mich bei ihm, ob er mit mir kommen wolle. Er erwiderte, er würde mit mir gemeinsam hinübertreten, aber mit grossen Ängsten – wenn ich mich getraue, würde er auch kommen. Dann ging ich noch zu jenem hin, der die Marksteine versetzen wollte, und fragte auch ihn: "Willst du es nicht lassen? Willst du nicht mit mir hinübergehen? Sieh, ich habe auch eine Last auf meinem Rücken." Dann sagte er: "Eigentlich wäre es wohl Zeit zu gehen. Wie lange ich hier bin und hier grüble und grabe, weiss ich nicht. Ich glaube, es wäre gut, ich würde mit dir kommen. Aber ich will es mir noch überlegen."

Dann ging ich wieder zu jenem im Wald und sagte ihm: "Glaubst du nicht, es wäre gut, wenn wir beide uns jetzt zusammentun und, ehe wir den Weg hinüber antreten, etwas beten würden. Hier an diesem Ort, wo du deine Schuld auf dich geladen, dein Vergehen begangen hast, wollen wir um Vergebung bitten, um Verzeihung." Ja, er war einverstanden. Beten konnte er nicht, aber er kniete ja schon. Und ich kniete zu ihm nieder.

Dann gingen wir gemeinsam zu dem, der den Markstein zurücksetzen wollte. Da hatte er nicht mehr mit den Händen die Erde weggeschafft oder versucht, sie wegzuschaffen, sondern er hat sie an seinen Leib gedrückt und nur den Kopf gesenkt. Ich habe bei ihm gebetet und habe ihn dann nach einer gewissen Zeit aufgefordert mitzubeten – wir möchten doch gemeinsam beten. Und dann hat er es getan.

Nun sagte ich: "Gut. Jetzt sind wir schon zu dritt uns einig, dass wir zurückkehren wollen. Wisst ihr, ich hole mir noch andere, die mir begegnet sind." Und ich bat sie: "Kommt gleich mit!" Dann führte ich sie – sie waren einverstanden – zu jenem hin, der am Bachrand war, der auch die Tat so gerne ungeschehen haben wollte. Wir gingen zu ihm hin und sagten: "So, sieh mal, wir sind schon zu dritt. Wenn du mitkommst, sind wir zu viert, und es ist doch besser, gemeinsam zu gehen als allein. Aber wir wollen auch hier, an dieser Stelle, miteinander beten, und wir wollen darum bitten, dass uns Gott die Schuld vergibt, die wir begangen." Er war einverstanden, er sah auch ein: "Ich kann doch nicht immer hier bleiben; eine Befreiung finde ich so nicht. Gut, ich werde mit euch beten." Und da haben wir zu viert gemeinsam gebetet.

Nun gingen wir gemeinsam zur Magd, um auch sie zu holen. Als wir zu ihr hinkamen, schaute sie uns Hilfe suchend an und sagte: "Was soll ich machen, was soll ich machen? Es gelingt mir nicht ..." – "Nein", sprach ich, "es wird dir nie gelingen. Aber eines kannst du: Komm mit uns!" – "Wohin, wohin?" – "Mit uns dahin zurück, wo wir unsere geistigen Augen geöffnet hatten. Dorthin wollen wir gemeinsam gehen." Ja, wir mussten sie überreden. Wir haben angefangen zu beten. Sie hat mitgebetet, sie hat gefleht, sie hat geschrien, sie hat geweint. Wir haben sie beruhigt, wir haben sie in die Mitte genommen und sind mit ihr davongegangen.

Wir haben alles Irdische hinter uns gelassen. Wir haben gesehen: Mit unseren Händen, mit unserem Denken können wir die Taten nicht mehr ungeschehen machen. Es gibt nur eines – wir stellen uns und sagen: "Hier sind wir, wir warten auf die Strafe." Ja, da wir ja gemeinsam waren, hatten wir das Gefühl, dass es uns leichter gemacht würde. Wir beteten auf dem Weg hinüber und hatten so das Gefühl, als würden wir getragen. Doch lag die Last auf uns, aber wir hatten dennoch die Überzeugung: "Es wird uns geholfen, und wir müssen uns zu dem, was wir getan haben, bekennen."

So sind wir angekommen, alle zusammen am selben Ort, da, wo ich meine Augen geöffnet hatte. Dann standen wir so Hilfe suchend da. Wir hatten das Gefühl, fremd zu sein. Wir wussten ja nicht, wohin, wer sich unser annimmt, ob wir vielleicht ausgestossen wären oder was mit uns geschehe. Und unsere Augen suchten eine Hilfe. Wir hatten untereinander vereinbart, dass jedes im Stillen betet und Gott um Vergebung bittet. So haben wir es getan. Und dann, dann kamen diese Engel Gottes auf uns zu. Sie haben nicht etwa gemeinsam zu uns gesprochen, sondern kurzerhand wurde jedes am Arm genommen und einen andern Weg geführt. So wurden wir voneinander getrennt.

Mir war es viel leichter zumute als zuvor, und so hoffte ich, dass es auch den andern so ergehen würde. Wie es ihnen ergangen ist, danach durfte ich mich später erkundigen. Doch zuerst stand nun mein Vergehen in Betracht. Und ich sagte: "Ich habe etwas Unrechtes getan." – "Ja", sagten sie, "wir wissen es, wir wissen es." Und als ich aufblickte, stand jene Frau vor mir. Vorwurfsvoll blickte sie mich an und sagte: "Gott ist nicht zufrieden mit dir und unser Erlöser auch nicht. Was du getan hast, kannst du in der irdischen Welt nicht mehr gutmachen. Gutmachen, zu einem gewissen Teil, kannst du es nur hier in dieser Welt." Ich hatte nicht das Gefühl, dass es dieser Frau so besonders gut erging, doch hatte ich den Eindruck, sie sei bessergestellt als ich.

Nun ging sie wieder, das heisst, sie wurde weggeführt. Ich wurde auch weggeführt. Zu meiner Rechten und zu meiner Linken war ein Engel Gottes. Sie sprachen kein Wort mit mir. Wohin der Weg ging, wusste ich auch nicht. Ich wusste nur eines: Ich muss ihnen gegenüberstehen. Und so führte nun der Weg – es war ein schmaler Pfad – aus dem Dorf hinaus, in das ich geführt worden war. Es wurde sehr einsam, und ich hatte den Eindruck, dass es immer dunkler wurde und das Grün, das ich eigentlich vorher gesehen hatte, immer mehr und mehr verschwand. Ja, und es wurde mir auch kalt. Die beiden Engel führten mich in die Verbannung und sagten: "Es ist gut, dass du einsichtig geworden bist, diese irdische Stätte zu verlassen. Und du hast gut getan, die andern aufzufordern hierherzukommen. Das wird dir gutgeschrieben. Aber jetzt bleibst du eine gewisse Zeit in dieser Einsamkeit, und es wird dir heiss und es wird dir kalt werden, und es wird Unruhe über dich kommen, und du wirst voller Ängste werden. Ja, hier musst du verweilen, und wenn wir dann das Gefühl haben, dass du von deiner Schuld etwas abgetragen hast und einsichtig genug geworden bist, werden wir dich wieder holen." Und ohne weitere Worte gingen sie weg.

Eigentlich hatte ich das Gefühl, nicht weit von diesem Dorfe entfernt zu sein. Anderseits schien es mir eine unendliche Weite bis zu dieser alten Stätte, wo ich meine Augen geöffnet hatte und die doch viel schöner gewesen ist. Nun, ja, es wurde mir kalt, es wurde mir heiss, ich hatte Angst. Aber ich fing an zu beten. Ich habe Gott um Hilfe angefleht, er möge mir helfen, und ich habe mich bereit erklärt, doch gutzumachen, irgendetwas auf mich zu nehmen und die Last abzutragen. Ich wollte es. So hatte ich ausgeharrt, und ich war nicht unglücklich darüber.

Da plötzlich bekam ich Besuch, aber es waren nicht diese beiden, die mich hierhergeführt hatten, sondern es war meine Mutter. Sie besuchte mich. Und sie tröstete mich. Sie machte mir gar keine Vorwürfe über das, was ich getan. Sie gab mir Trost und sagte: "Du musst die Zeit durchstehen, und dann wirst du gutmachen. Du musst dir den festen Vorsatz nehmen, so etwas nie, nie wieder zu tun, nie wieder in eine solche Versuchung zu kommen." Sie versprach, mich noch des Öftern zu besuchen, und sie verriet mir, dass ich gar nicht mehr so lange hier bleiben müsse. Ich war so froh, den Trost empfangen zu haben. Meine Mutter besuchte mich noch des Öftern, bis es dann so weit war und diese beiden Gestrengen zu mir kamen und mich holten.

Ich wurde denselben Weg wieder zurückgeführt, zu der Stätte, wo ich einst nach meiner Heimkehr meine Augen geöffnet hatte. Man nahm mich dann noch weiter ins Gebet, wie ihr sagt. Man erzählte mir Verschiedenes aus meinem Leben, worüber die göttliche Welt enttäuscht gewesen sei und wo ich doch Kraft genug gehabt hätte, es zu überwinden. Man sagte mir noch dergleichen mehr und erklärte mir, dass ich noch schwere Arbeit zu leisten hätte.

Dann führte man mich in eine Werkstätte. Hier musste ich arbeiten, ohne mich mit andern zu unterhalten. Die Arbeit dauerte nur gewisse Zeiten; wir wurden jeweils wieder weggeführt und durften in eine Schule gehen. Dort wurden wir belehrt über die Wahrheit des christlichen Glaubens, über die christlichen Gesetze, über Recht und Unrecht. So fing ich an, eifrig zu werden und Freude zu haben. Und während ich meine Arbeit verrichtete, dachte ich immer wieder über diese Dinge nach, über die wir belehrt worden waren. So war ich glücklich und froh, den Mut und die Kraft aufgebracht zu haben zurückzukehren. Es war in der ersten Zeit wohl etwas schlimm, aber man konnte es ausstehen.

Ich dachte auch an die andern, wie es wohl ihnen ergangen ist. Als es mir dann erlaubt wurde, mich zu unterhalten, suchte ich das Gespräch mit einem Engel und erkundigte mich bei ihm nach den andern. Er durfte mir sagen: "Auch sie wurden in die Bedrängnis geführt, aber auch sie haben die schwere Zeit hinter sich gebracht, und auch sie werden unterrichtet." Doch es sei noch nicht so weit, dass ich mit ihnen zusammenkommen könne. Da war ich nur froh, dass es auch ihnen besser ging.

So hatte ich mich eifrig betätigt; ich habe alles getan, was man mir empfohlen. Ich wollte nur eines: dem

Himmel zu Gefallen leben. So habe ich gebetet, und ich habe mir den Vorsatz genommen: “Sollte ich je wieder einmal das Erdenreich betreten müssen, so werde ich derlei Dinge, die ich getan, nie wieder tun.” Das schrieb ich tief in das Innerste meiner Seele, und ich erklärte mich bereit, alle Aufgaben zu erfüllen, auch wenn sie schwer sind – nur um meine Schuld abzutragen. Und so ist es mir geschehen.

Auf einmal ist ein Engel zu mir gekommen und hat zu mir gesprochen: “Schau her, nun wollen wir nicht mehr über die Schuld sprechen, die du auf dich geladen hast. Nun hast du ja gutgemacht, und wir wollen nur noch von der Zukunft reden. Du hast deine Schuld abgetragen und hast deine Reue gezeigt, so hat Gott dir vergeben. Und was er vergeben hat, das ist und bleibt vergessen. Nun werden wir nicht mehr darüber reden, und keiner wird mehr an dir sehen, was du getan hast. Du sollst dich jetzt mit grossem Eifer im Heils- und Ordnungsplan einsetzen und hier wirken, um so deinen weiteren Aufstieg vorzubereiten.”

Das habe ich getan, und ich bemühe mich heute noch um den Aufstieg. Ich tue alles, was mir die Engel Gottes auftragen. Ich will dem Himmel gefällig leben; denn ich bin mir bewusst, im Reiche Gottes zu sein, um mich hier als gehorsam zu erweisen.

So, liebe Freunde, habe ich euch etwas aus meinen eigenen Erlebnissen geschildert. Ich möchte mich jetzt zurückziehen. Möget ihr alle die Kraft aufbringen und von allen Versuchungen bewahrt bleiben, auf dass der Segen Gottes über euch sei, euch behüte und bestärke, damit auch ihr dereinst gute Werkzeuge in der jenseitigen Welt werdet. Gott zum Gruss.

Erlebnisbericht des aufsteigenden Geistwesens Julius vom 4. Juli 1962 durch Mittlerin Beatrice Brunner

Maximilian

Materialist voller Leidenschaften

Erlebnisbericht vom 7. Februar 1962

Gott zum Gruss. Ich habe den Auftrag, euch etwas von meinem Erlebten zu erzählen. Mein Name ist Maximilian. Gestorben vor ungefähr dreissig Jahren. Verheiratet, keine Kinder, Ehe nicht besonders harmonisch. Ich war Materialist. Leidenschaften: trinken, rauchen, gut essen. Glaube: Mein Glaube war nicht besonders tief; wohl glaubte ich an eine höhere Macht oder an einen Gott, der über alles waltet, aber fromm war ich nicht. Ich hatte – den Verhältnissen von dazumal entsprechend – ein ganz gutes Leben. Ich nahm es mit der Nächstenliebe jedoch nicht gewissenhaft, ich war ein Egoist.

Ich musste eigentlich nicht lange leiden; und als ich dann meine Augen in der andern Welt geöffnet hatte, war ich natürlich erstaunt, dass es mit dem Tode nicht aus war. Gleich kam die Mutter zu mir und sagte: "Maximilian, du wirst nun gerichtet, du bist im Reiche Gottes." Ich hatte dafür keine Worte, ich war etwas benommen. Ich schaute um mich und dachte: "Es hat so viel Ähnlichkeit mit der Welt, von der ich gerade komme. Und das Leben soll weitergehen? Sonderbar." Aber meine Mutter war doch gestorben – und jetzt war sie lebendigen Leibes vor meinen Augen, vor mir; und nicht nur sie, sondern viele Gestalten waren da.

Da kam auch eine Gruppe von – ich möchte wohl sagen – erhabenen Wesen auf mich zu, und es fing an mich zu frösteln. Hinter diesen angesehenen Wesen sah ich Bekannte, und ich wollte von ihren Gesichtern lesen, wie sie lebten oder wie es ihnen erging oder was sie mir eigentlich zu sagen hätten. Aber ausser den wenigen Worten meiner Mutter öffnete keiner den Mund. Versteinert standen sie da, und ich konnte nicht wissen, ob sie mir drohten, ob sie unzufrieden waren oder ob sie womöglich keine Miene verziehen durften. Ich wusste nicht, woran ich war. Und dann gingen alle meine Bekannten plötzlich wieder weg.

Ich schaute mir die Umgebung an: Ja, ich konnte zufrieden sein, und ich dachte mir: "Wenn es nicht schlimmer wird oder nicht schlimmer ist, dann werd ich mich auch nicht beklagen." Aber ich hatte nun plötzlich doch ein schlechtes Gewissen – ich dachte an die Kindheit zurück, an die vielen Ermahnungen der Mutter. Nun musste ich feststellen: "Jetzt stehst du unter der Herrschaft jener höheren Macht, an die du eigentlich geglaubt hast"; aber ich musste auch zugeben, dass ich sehr wenig für das andere Reich getan hatte, für das geistige Reich. Doch ich sprach mir selbst Mut zu.

So fragten sie mich: “Was kannst du nun vorweisen an guten Taten deines Lebens? Was glaubst du, was du in deinem Leben gewonnen hast?” Eifrig suchte ich nach den guten Taten, und freilich kam mir dieses oder jenes in den Sinn, aber es schien ihnen keinen Eindruck zu machen. “Und der Sinn des Lebens?” Ich wusste auch keine rechte Antwort zu geben – Kinder hatten wir ja keine, und meine Ehe war auch nicht besonders gut –, also schwieg ich.

Dann sagten sie zu mir: “Komm, begleite uns”, und sie führten mich von diesem Dorf oder von dieser kleinen Stadt weg, und es ging in die Nähe eines Waldes. Dort stand eine Hütte. Sie sprachen: “Das ist jetzt dein Haus, darin kannst du wohnen; aber du kannst auch machen, was du willst.” Da atmete ich auf: Es war ja nicht so schlimm. Und sie sagten: “Ja, das ist dein Haus, und du kannst vorerst machen, was dir beliebt.” – “Gut so”, dachte ich, und sie gingen und liessen mich allein zurück in dieser Hütte am Waldrand.

Nun dachte ich: “Es wird wohl auch Nacht werden, und dann kann ich mich ausruhen.” Ich hatte ein Gefühl von Müdigkeit, aber ich konnte keinen Schlaf finden. So glaubte ich, wenn es Nacht würde, könnte ich bestimmt schlafen. Es wurde aber nie Nacht, und so konnte ich den Schlaf nicht finden. Da dachte ich: “Vielleicht gibt es eine Möglichkeit, mich mit andern in Verbindung zu setzen.” Ich hatte den Wunsch, zur Erde zurückzukehren. Ich versuchte es. Doch ich kannte ja den Weg nicht, ich wusste ja nicht: Wie komme ich jetzt von dieser andern Welt, die doch entfernt ist, zu jener, wo ich gelebt habe? Wie kann ich eine Verbindung zu ihr finden?

Ich wanderte etwas umher, immer dem Walde entlang, und da kam plötzlich jemand auf mich zu. Also war ich nicht allein. Plötzlich sah ich weitere Hütten, die auch bewohnt waren. So kam ich ins Gespräch mit andern. Ich erkundigte mich bei ihnen: "Könnt ihr auch machen, was ihr wollt?" – "Ja", sagten sie, "wir machen auch, was wir wollen; aber wir trauen der Angelegenheit nicht. Wie lange unser Vergnügen geht, wissen wir nicht, aber wir kosten es noch aus." Dann sagten sie: "Diese Umgebung bietet einem ja nichts – man hat keine Zerstreuung, kein Vergnügen –, wir gehen einfach wieder dorthin zurück, wo wir gelebt haben." Da wollte ich den Weg wissen und fragte: "Wie geht denn das, dass man wieder zurückgehen kann?" Sie antworteten mir: "Komm nur mit uns. Du sollst den Wunsch, wohin du gehen willst, fest in dich aufnehmen. Du sollst dir genau den Ort vorstellen, wo du gewohnt hast, und den Wunsch, dorthin zu gehen, in dir festhalten." Ich sagte: "Ja, ich komm einfach mit euch." Aber sie erwiderten: "Nein, wir begleiten dich in die Stadt, in der du gewohnt hast."

So wanderten wir. Wir setzten unsere Füsse immer voran und gingen einfach; und es ging so schnell, so schnell – plötzlich standen wir in dieser Stadt. Ich bemerkte: “Es ist sonderbar. Als Mensch ist man nicht so schnell vorwärtsgekommen, jetzt geht es so rasch.” Und sie sagten, ja das sei ein Vorteil, man sei so schnell von einem Ort zum andern gegangen. Und sie hatten sich auch noch etwas in der Stadt aufgehalten. Dann sagten sie, ich würde den Weg zurück schon wieder finden; ich könne ja machen, wie es mir beliebe. Wenn ich zurückwolle, dann solle ich mir wieder die Hütte vorstellen und den Wald, und ich solle einfach vorwärtsgehen – mit dem Gedanken, die Hütte zu finden –, dann würde ich auch plötzlich wieder vor dieser Hütte stehen. So dachte ich mir: “Gut, ich bleibe lieber da auf Erden bei den Menschen, sie bieten mir mehr Abwechslung und Vergnügen.”

Eigentlichen Hunger spürte ich nicht. Ich fühlte mich leicht. Ich war wohlbeleibt gewesen, ehe ich den irdischen Leib ablegen konnte, nun fühlte ich mich schlank, das Atmen ging viel besser und das Laufen auch. Ich war viel beweglicher, das war mir angenehm.

Nun, ich hatte den Wein so gern, und ich rauchte so gern und so viel – plötzlich hatte ich nichts mehr davon. Geld gab es keines, kaufen konnte man nichts, Geschäfte tätigen konnte man nicht – das war mir gleich klar geworden. Als Fremdling stand man in einer fremden Welt; wie es weitergehen sollte, nahm mich sehr wunder. Und plötzlich hatte ich den Drang, zu rauchen und zu trinken – aber wie sollte ich das? Ich hatte ein grosses Verlangen danach. Ich musste ja nicht weit gehen: Es waren Leute auf der Strasse, ich ging hinter ihnen her und sog den Rauch, den Geruch ein, und mir war, als hätte ich selbst geraucht. Ich fand das so wundersam, doch hatte ich das Gefühl: “Es geht vieles verloren vom Geruch da auf der Strasse; ich möchte in einen geschlossenen Raum gehen, wo der Geruch zusammenbleibt, wo ich die Möglichkeit habe, mehr davon zu nehmen.” So suchte ich zuerst einmal das Haus meiner Frau auf; sie rauchte auch, doch ich hatte kein Gefallen an diesem Duft oder an diesem stinkigen Od, und zumal gefiel es mir nicht, bei ihr zu sein, denn ich hörte sie klagen. Sie klagte darüber, wovon sie nun leben sollte, dass es nicht reiche, wie das Leben schwer wäre und so fort – es war nur ein Gejammer. Da habe ich den Vorsatz gefasst: “Ich kehre nicht wieder zu ihr in das Haus zurück und kümmere mich auch nicht um sie.”

Dann suchte ich das Haus eines einstigen Freundes auf. Dort gab es Wein, dort gab es zu rauchen, man konnte trinken und essen; und ich wollte schauen, wie ich das ebenfalls tun konnte. Ich fand den Freund, er war allein im Wohnraum und rauchte gemütlich. Ich trat hinter ihn, und mit jedem Zug, den er tat, tat auch ich es ihm gleich. Ich konnte den Duft einatmen, ich hatte das Gefühl, als rauchte ich selbst mit, und es war für mich eine Wohltat. Auch stand ein Glas Wein bereit, von dem er dann und wann nippte. Ich versuchte es ihm gleichzutun: Ich ging ganz nah mit meinem

Mund ans Glas heran, und ich sog so den Duft auf – ich konnte nicht die Masse trinken, so wie es der Freund konnte, aber ich hatte den Geschmack, ich hatte das Gefühl, mitgetrunken zu haben. Ich sah von diesem Wein die Kraft aufsteigen, die odische Kraft – mit ihr konnte ich mich verbinden. Diese odische Kraft hatte es mir angetan und so auch die Kraft der Zigarre, der Zigaretten und dergleichen. So dachte ich: "Man hat es gut hier. Ich werde mich in diesem Hause niederlassen, denn ich bekomme das, was ich als Mensch auch gewollt und geliebt habe."

Aber ich täuschte mich. Als ich mir einen Platz ausgesucht hatte, um es mir bequem zu machen, da kamen andere meinesgleichen und machten mir den Platz streitig – ja sie jagten mich aus dem Haus hinaus, sie hätten dieses Haus schon längst besetzt, ich hätte darin nichts zu suchen. Und als ich ihnen sagte, dass er einst ein Freund von mir gewesen sei und ich doch bestimmt das Recht hätte, neben ihm zu sein, erwiderten sie, ich hätte hier nichts zu suchen, ich könne eine andere Unterkunft aufsuchen und es mir dort bequem machen. Es war eine ganze Schar: Sie gingen auf mich los und jagten mich förmlich aus dem Haus hinaus. Ich dachte: "Ich werde die Gelegenheit wieder wahrnehmen, ich werde den Freund wieder finden, wenn die andern nicht da sind." Ich hatte nämlich festgestellt, dass sie nicht die ganze Zeit hindurch das Haus oder den Raum besetzt hatten; zwischendurch mussten sie sich mit etwas anderem beschäftigt haben oder waren irgendwo in der Stadt gewesen.

Nun gut, ich suchte mir ein anderes Haus. Ich blieb einfach dort, wo ich mitrauchen und mittrinken konnte und wo niemand war, der mich hinausjagte oder davonschickte. Gleich stellte ich auch fest, dass ich nicht alleine war; da waren welche, die mich begrüsst hatten, und sie waren nicht so energisch und so neidisch wie die andern; sie sagten mir: "Machs dir bequem – wenn du was findest, das dir gefällt, nutze es." Und so habe ich mich dann für eine gewisse Zeit dort niedergelassen.

Aber bald wurde es mir zu langweilig, und ich ging wieder hinaus. Ich ging den Leuten auf der Strasse nach, ich ging mit ihnen in den Gasthof hinein und konnte dort geniessen, ich konnte rauchen, und ich fühlte mich wieder wie ein Mensch. So tat ich, ich weiss nicht, wie lange. Aber bald hatte ich eigentlich genug davon. Ich dachte mir: "Das Leben kann bestimmt nicht so weitergehen; denn alle, die ich da sehe, die dasselbe tun wie ich, kommen mir wie Lumpen vor – und ich möchte kein Lump sein." So dachte ich: "Meine Mutter sagte mir doch: 'Es wird über dich gerichtet' – was will ich mich denn noch weiter belasten? Ich muss versuchen zu überwinden; ich will nicht mehr rauchen, ich will nicht mehr trinken, ich will nicht mehr essen – ich brauche es ja gar nicht –, ich will diese Begierden loswerden." Aber es war leichter gesagt oder gedacht als getan. Ich dachte mir: "Ich mache es so: Ich gehe nur einmal am Tag zu einem Menschen hin, der raucht, dann nur noch alle zwei Tage; und so will ich es mir abgewöhnen." Ja, aber ich konnte es nicht. Ich brachte es nicht über mich, diese Leidenschaft loszuwerden.

Nun, eines Morgens – hier erlebte ich ja Tag und Nacht wie die Menschen –, es muss ein Festtag gewesen sein, strömten die Leute in die Kirchen, und da dachte ich mir: "Ich gehe auch." Und ich musste die Feststellung machen, dass ich nicht der Einzige war, der hinter einem Menschen nachging, sondern sozusagen jeder Mensch hatte solche Trabanten um sich, und so ging man mit ihnen in die Kirche. Die einen Geister waren sehr andächtig, und – ich hatte es genau beobachtet – sie suchten sich die Menschen aus, die andächtig waren, traten neben sie hin und versuchten, mit ihnen zu beten. Andere aber suchten sich Menschen aus, die gleichgültig waren, die über ihre Geschäfte nachdachten, die gar nicht an Gott dachten, kein Gebet sprachen, über die Vergnügen nachdachten, über den morgigen Tag und so fort. Ich beobachtete, was diese Geister taten. Sie redeten auf solche Menschen ein. Sie gaukelten ihnen sozusagen Pläne vor, was sie tun sollten und wie sie gelingen würden und so fort. Ja, ich erkannte dann später, dass jene diese Menschen von frommen Gedanken ablenkten; sie wollten nicht, dass diese beteten und einen guten Gedanken führten.

Da habe auch ich mir überlegt und gesagt: "Ja, hier in einer Kirche, wo man glauben sollte, die Menschen würden gesammelt hineintreten und sie hätten doch nur das Verlangen, mit Gott in näheren Kontakt zu kommen, da sind ja so viele, die gehen nur, um gesehen zu werden oder einfach um gegangen zu sein.” Ich überlegte: “Warum kann dann nicht ein mächtiger Geist all jene abhalten, die den Menschen zum Hindernis sind?”

Ich blieb, solange die Leute in der Kirche verweilten. Dann ging ich auch wieder hinaus, wusste aber nicht wohin. Zurück in meine armselige Hütte wollte ich nicht, und ich hatte den Vorsatz gefasst, doch nicht wieder anzufangen mitzurauchen und mitzutrinken, ich wollte diese Leidenschaft ablegen. So ging ich einfach wieder in eine andere Kirche. Dort sah ich vereinzelt Menschen dasitzen, dastehen; die einen knieten und haben wirklich gebetet. Ich versuchte es dann auch und ging vom einen zum andern, und was für mich besonders interessant war: Man konnte gleich mitdenken mit dem Menschen. Man sah, was er dachte, und konnte also ohne Weiteres auch mitbeten. Man sah, für was er betete, welche Bitten und welche Nöte er hatte.

Es machte mir Eindruck, dass gewisse Menschen einen so tiefen Glauben haben konnten und so beteten und Gott dankten für alles, was er gegeben hat. Ich musste mir dann immer wieder meine eigenen Gedanken darüber machen und mir sagen: “Du guter Mensch, wirst du wohl auch einmal eine Hütte haben am Waldrand? Wird man dir auch sagen, du kannst machen, was du willst? Oder nimmt man dich gleich in die Scharen der Engel auf?"

Ja, das konnte ich noch nicht wissen. Aber einiges konnte man sehen: Die Gedanken, die sie gerade hatten, konnte man beobachten; alles, was sie dachten, ob es sich um den Tag handelte, in dem sie gerade lebten, oder ob es sich um gestern oder vorgestern oder um die Zukunft handelte. Und man konnte im Weiteren sehen, was sie tun wollten, was sie in der Zukunft tun wollten. Man konnte einfach mit ihnen denken, es war alles offen. Ich hatte meine Freude daran. Ich ging vom einen zum andern und konnte so die Nöte und die Schicksale der Menschen sehen.

Bei einem musste ich auch hören, wie er betete, dass er zu Hause mehr Frieden haben möchte. Dieser Mensch ist im Ungewissen, er weiss nicht, ob er den Frieden in sein Haus bekommt. Und man steht daneben und ist selbst auch im Ungewissen und weiss nicht: "Bekomm ich auch einmal den Frieden, und was wartet meiner?" Man weiss nichts, und niemand ist da, der einen betreut, aufrichtig betreut. Wohl hat es immer gutmeinende Wesen da, aber man traut ihnen nicht so recht, man ist unsicher, man vertraut lieber auf sich selbst.

Nun, ich besuchte dann, da es ein Festtag war, etwas später noch eine andere Kirche, und da war ein wunderbares Konzert. Ich ging zu diesen musizierenden Leuten hin und lebte mit. Ich sah ihren grossen Eifer und ihre Freude, und ich musste erkennen, dass ja diese Menschen nicht zur Ehre und zur Freude des Menschen spielten, sondern sie spielten zur Ehre Gottes. Wenn man in die Kirche geht, geht man doch wegen Gott in die Kirche. Man möchte sich ihm dankbar zeigen, man möchte ihm sagen: "Sieh einmal, ich bin auch mit Dir im Bunde, ich gehöre auch zu Dir. Halte mich fest, und wende Dich nicht von mir ab, denn ich bin auch Dein Kind." Wenn man richtig überlegt, ist das der Sinn, wenn man in die Kirche geht. Und da mir die Musik gefiel, dachte ich: "Freilich, auch von mir aus soll diese Musik zur Ehre Gottes erklingen", denn ich wusste: "Ich stehe nun unter seiner Herrschaft."

In dem Moment, als ich dieses dachte, da sah ich nicht mehr nur diese gewöhnlichen Begleiter, die mit mir gekommen waren, sondern ich sah unter den Menschen wunderschöne Gestalten. Sie waren genauso schön wie jene, die, wie es hiess, über mich richten würden. Also dachte ich: "Das sind Engel Gottes." Aber ich hatte eine gewisse Scheu vor ihnen oder, besser gesagt, ein schlechtes Gewissen; ich dachte: "Wenn irgendwie möglich ich dieses Richten über mich noch hinausziehen kann, werd ich es tun; wenn irgendwie möglich werd ich noch hierbleiben; ich möchte nicht, dass jetzt schon über mich gerichtet wird – vielleicht kann ich in der Zwischenzeit noch etwas bessermachen, vielleicht komme ich vor dem Gericht dann besser weg."

Als ich diese Wesen anschaute, diese schönen Gestalten, da wusste ich: Das sind jetzt die Schutzgeister, oder es sind hergeeilte Hilfsgeister, die da einen Menschen trösten. Und ich sah auch welche, die hatten etwas in den Händen – ich konnte nicht feststellen was –, und das, was sie in den Händen hatten, versuchten sie einem Menschen zu übertragen, ihm zu geben. Also war mir klar: "Diese schönen Gestalten haben nicht alle ein und dieselbe Aufgabe." Ich sah ihnen gut ins Angesicht: Welche sahen sehr lieblich aus, sehr gütig, während andere ein strenges Antlitz hatten. Zu denen ging ich nicht, ich hätte mich nicht getraut, sie anzusprechen; jene Strenge fürchtete ich. Ich überlegte: "Nach einer gewissen Zeit werde ich versuchen, mich einem gütigen Wesen zu nähern und es einmal etwas Oberflächliches zu fragen; ich werde versuchen, in Kontakt zu kommen mit einem solchen – einem Wesen, das ein liebevolles Aussehen hat, vor dem man nicht Angst zu haben braucht."

Nun, ich dachte: "Ich will auch versuchen zu beten." Und so ging ich an einen solchen betenden Menschen heran, gerade da, wo so ein liebliches Wesen stand. Ich ging ganz nah an das Wesen heran – ja ich wollte es berühren, es sollte auf mich aufmerksam werden, wie ich nun willens war, fromm zu sein und zu beten. So stand ich dicht neben einem solchen Wesen. Ich hatte aber noch nicht den Mut, es anzusprechen. Noch hatte ich nicht das Gefühl, dass ich seine

Aufmerksamkeit auf mich gelenkt hätte. Und so bedauerte ich, feststellen zu müssen, dass auch ein solch liebevolles Wesen von mir keine Notiz nahm.

Aber ich blieb – ich blieb, bis dieser Mensch aufstand und gehen wollte. Dann fasste ich Mut und fragte dieses Wesen: “Könntest du mir vielleicht sagen, in welcher Kirche man wiederum eine solch herrliche Musik hören könnte? Ich liebe diese Musik.” Dieses Wesen schaute mich liebevoll, aber durchdringend an. “Bruder”, sagte es, “auch ich müsste mich erkundigen. Ich kann dir nicht sofort Bescheid geben. Aber wenn du gewillt bist, hier zu warten, werde ich dir gleich jemand senden, der dir Bescheid bringt.”

Aber ich wollte ja mit diesem Wesen Kontakt haben und nicht mit jemand anderem, denn ich hatte Angst, es könnte jemand kommen, der gestreng wäre und der mich zurückschicken würde. Und so sagte ich: “Ach nein, wenn du es mir nicht sagen kannst, dann werde ich einfach ein anderes Mal wieder hierherkommen; ich werde es selbst auskundschaften.” – “Nein”, sagte dann dieses liebevolle Wesen, “bleib nur hier, gleich werde ich dir jemand senden.” Gut. Ich wartete.

Dieses Wesen ging mit dieser Frau, die gebetet hatte, hinaus, und ich blieb an Ort und Stelle stehen und versuchte zu beten, so gut ich nur konnte – aber war doch immer abgelenkt: “Was geschieht mit mir, wer kommt zu mir, werd ich fortgeführt? Oder darf ich hier bleiben, nimmt sich jemand meiner an?” Ich getraute mich nicht umherzublicken; ich war voller Ängste und bedrückt vom schlechten Gewissen.

Dann aber – es dauerte nicht allzu lange – legte jemand die Hand auf meine Schultern, und als ich mich drehte und dem Wesen ins Antlitz blickte, war es ein ebenso liebevolles Wesen. Es sagte mir: “Bruder, wenn es dir beliebt, werde ich dich gleich begleiten.” – “Oh ja”, sprach ich, “gerne.” Und dieses liebevolle Wesen legte gleich seine Hand auf meinen Arm und ging mit mir fort. Ich wusste ja nicht wohin, aber ich war so froh und dachte: “Es ist mir alles gleich, aber ich brauch doch jetzt nicht Angst zu haben.”

Nun fing ich an zu reden und zu fragen: “Ja kannst du mir sagen, woher du kommst? Ich bin jetzt eine Weile hier gewesen, und ich habe eigentlich kein Zuhause; ich weiss gar nicht, wo ich mich niederlassen soll.” Dieses Wesen erwiderte: “Du armer Bruder, hast du wirklich das Verlangen nach einem schönen Zuhause?” – “Ja”, sagte ich, “ich habe das Verlangen. Aber wenn ich ehrlich sein will, habe ich schon ein Zuhause. Nicht hier auf Erden – es ist nur eine ganz primitive Hütte am Rande eines Waldes, und es gefällt mir dort nicht.” Da meinte dieses Wesen: “Aber wenn dir dieses als dein Haus zugedacht ist, dann musst du auch in diesem Hause wohnen. Ich will dir verraten: Du wirst nicht auf alle Zeiten in jenem Haus oder in jener Hütte zu leben haben; aber es wird wohl das Beste sein, wenn du zurückkehrst; und du sollst versuchen, dort in jener Hütte zu beten, so wie du es hier tust." Ja, ich hatte nicht den Mut, und ich konnte nicht zum Voraus sagen, ob ich das wirklich aushalten würde, so ganz allein in dieser Hütte zu bleiben, wo es immer Tag war und keine Nacht gab, wo man keine Abwechslung, keine Zerstreuung, nichts hatte. Dann fing dieses schöne Wesen an mich zu trösten und sagte: "Das ist nur vorübergehend. Du aber hast ja jetzt das Bedürfnis, noch in eine andere Kirche zu gehen." So gingen wir – es ging alles so leichten Schrittes –, und dann waren wir auch dieser Stadt entschwunden.

Wir hatten diese Stadt verlassen und waren in einer anderen Stadt angelangt, in einer schönen Kirche. Dort waren wunderbare Musik und betende Menschen. Aber ich machte dieselbe Feststellung: So verschiedene Gestalten waren bei den Menschen. Und es waren gestrenge und es waren liebliche Wesen, Engel Gottes neben den Menschen. Und dann fragte ich: "Kannst du mir sagen, warum beim einen so ein liebevoller Engel steht und beim andern so ein gestrenger?"

Das Wesen klärte mich auf: "Es kommt ganz auf die Gesinnung des Menschen an, ganz auf seine geistige Entwicklung. Mancher Mensch braucht eine sehr energische geistige Führung – nur dadurch, dass ein ganz kräftiger, energischer Geist Gottes versucht, den Einfluss auf ihn auszuüben, kann man an ihm etwas gewinnen." Er machte mich auf etwas aufmerksam: "Sieh mal diese vielen Versucher, die in der Kirche sind. Schau mal, wie sie die Menschen in ihrem weltlichen Denken unterstützen, wie sie die Menschen vom Beten ablenken wollen, was für Gedanken sie ihnen in den Kopf legen. Und dort, wo jene gestrengen Engel stehen, siehst du keinen von diesen Verführergeistern, denn keiner würde es wagen, an einen solchen heranzukommen. Es ist für alle diese Menschen eine Gnade, und man gibt ihnen eine Chance, dass sie eben ihre Gedanken richtig lenken, dass sie wirklich beten können. Sie wollen beten, und da sie guten Willens sind, haben sie von der geistigen Welt ihre Unterstützung. Und jene andern, bei denen so liebevolle Engel sind, die sind im Geiste selbst so erstarkt, dass jene Verführer ihnen nichts antun können. Diese liebevollen Engel haben ihrerseits viel Kraft bei sich; sie bringen Freude für den Menschen und von ihrer Welt Liebes und Schönes, denn sie strahlen das, was man ihnen ansieht, aus sich aus."

Ich musste sagen, ja, ich fühlte mich auch plötzlich so beglückt neben diesem liebevollen Wesen. Es war so schön, neben ihm zu stehen. Bald aber sagte es: "Weisst du, lieber Bruder, ich habe diese Aufgabe an dir gerne erfüllt. Ich habe dir gerne den Weg gezeigt, da es dein Wunsch war, aber ich kann nicht bei dir bleiben, ich muss dich wieder verlassen, und du musst den Weg nun selbst finden." Dann sagte ich: "Doch, bitte, nur eines noch: Begleite mich zur Hütte zurück; ich könnte sie nicht wieder finden, und ich weiss, du wirst sie ganz bestimmt finden." – "Oh", sprach das Wesen, “die Hütte findest du auch ohne mich, denn der Weg liegt ja offen vor dir. Aber ich will dir den Gefallen tun, wenn du so bittest, dass ich dich begleiten soll – ich werde dich in die Hütte führen. Aber du musst mir das Versprechen geben, keine Begierden mehr zu haben nach diesen irdischen Gelüsten, sondern du sollst dich jetzt vielmehr den geistigen Aufgaben hingeben; denn es ist ja so vieles, das gutzumachen ist – weisst du, dein Leben war nicht so geordnet, und du musst vieles guttun.”

“Ja”, sagte ich und fragte: “Muss man Angst haben, wenn sie dastehen und über einen richten, wie meine Mutter gesagt hat?” – “Oh, das kann ich dir nicht sagen, wie es um dich bestellt ist”, antwortete das Wesen und schaute mich lächelnd an. Aber ich wusste genau, es wollte nicht mit der Sprache herausrücken, es wollte mir nicht Angst machen. Nun sagte ich: “Gut, begleite mich doch wenigstens zur Hütte.”

So tat es dieses Wesen, es begleitete mich in die Hütte. Sie gefiel mir nicht, diese Einsamkeit, obwohl ich da und dort dieselbe Hütte sah, obwohl man sich in Verbindung setzen konnte – es gefiel mir nicht. Schon wieder hatte ich das Verlangen: “Nein, dann lieber zurück, zurück in die alte Welt; und dort, dort will ich versuchen, gutzutun, was möglich ist – aber in dieser Einsamkeit halte ich es nicht aus.” Meine Gedanken wurden gesehen und gehört. Und dieses Wesen sagte: “Das darfst du nicht denken. Ich verspreche, nach dir Ausschau zu halten. Ich will zu dir kommen, und ich will dir sagen, in welchen Kirchen was gesungen wurde, wie sie gespielt haben, wie viele Menschen in der Kirche waren und wie viele fromme Menschen – ich werde dir von ihnen erzählen. Willst du das?" – "Oh ja", sprach ich, "dann komm wenigstens du"; und dann dachte ich mir: "Die andern sollen sehen, welchen Besuch ich doch jeweils empfangen darf."

Dann verabschiedete sich dieses Wesen von mir, und ich blieb zurück in dieser Hütte. Ich versuchte zu beten, aber das Beten fiel mir schwer. Es fehlte mir die Musik, es fehlten mir die frommen Menschen, die Antrieb gaben mitzubeten – ich musste alleine beten. Ich hatte das Gefühl, es würde doch nicht gehört und nicht gesehen. Und doch harrte ich aus. Ich versuchte so gut wie möglich zu beten.

Und dann kam dieses schöne Wesen wieder, hielt sich aber nur kurze Zeit bei mir auf. Es tröstete mich und sagte: "Du darfst nicht mehr zurück zu den Menschen, das ist nicht mehr deine Welt. Du hast sie doch verlassen müssen, du sollst nicht wieder zurückkehren, sondern deine Aufgaben sind jetzt hier." Gut, ich versprach es; und das Wesen versprach, immer wieder nach mir Ausschau zu halten, und brachte mir auch Neuigkeiten von der Musik. Denn als Mensch hatte ich die Musik ja auch geliebt, ich hörte so gerne Musik; und nun erzählte mir dieses Wesen auch von einer andern Musik, die viel schöner sei, die in den höheren

Welten gespielt werde zur Ehre Gottes. Und so wurden wir mit der Zeit gute Freunde. Immer öfter kam es zu mir und brachte mir Trost, bis zu jenem Zeitpunkt, wo es mir eröffnete: "Nun darf ich nicht wieder kommen. Jetzt habe ich dir lange genug Beistand gegeben, jetzt werden meine anderen Brüder zu dir kommen. Ich habe dir Trost gegeben, und ich habe dir den Weg gezeigt." Das Wesen versprach aber, sich später wieder nach mir zu erkundigen. So wollte ich tapfer sein und wollte über das Leben nachdenken. Meine Begierden glaubte ich etwas abgelegt zu haben – glaubte ich.

Auf einmal kamen sie, die Gleichen, die ich im ersten Moment gesehen habe, als ich die Augen im Jenseits geöffnet hatte. Sie kamen und sagten: "Bruder, wir sind da, um über dich zu richten." Sie hatten mir Zeit gelassen. Ich hatte Angst – sie wollten über mich richten. Ich konnte kaum aufrecht stehen, ich hielt mich an jener Bank, die der einzige Gegenstand in dieser Hütte war, auf den ich mich stützen konnte. Sie richteten mich aber auf und sagten: "Steh auf, Bruder, und schaue uns ins Antlitz."

Ja, und dann haben sie meine Fehler aufgezählt. Aber gar nichts blieb vergessen, gar nichts; nun musste ich doch sehen, welch elender Mensch ich gewesen war. Alle Fehler wurden aufgezählt. Nach den guten Taten, nach der Liebe hatten sie gefragt, nach den Überwindungen, nach den christlichen Grundsätzen und so fort – und ich konnte keine Antwort geben.

“Es ist nicht besonders gut um dich bestellt”, sagten sie, “und doch, wie du gesehen hast, gaben wir dir freie Zeit, wir gaben dir Freiheit. Du hast diese Freiheit ausgekostet. Du hast aber eingesehen, dass man sich Gott zuwenden muss. Du hast versucht, deine Begierden wegzulegen, wolltest nicht mehr den Leidenschaften frönen, die dir in deinem Leben von grosser Bedeutung waren. Aber in dir sind noch weitere Leidenschaften, an die du nicht gedacht hast. Von deinen anderen niederen Trieben und Gefühlen hast du noch nichts abgelegt.” Ja, ich wusste es nun.

“Nun”, sagten sie, “wir geben dir Gelegenheit gutzumachen, du hast die Möglichkeit abzutragen; nicht nur diese Leidenschaften müssen weggelegt werden, alles andere auch. Du musst gut werden, du musst lieben lernen und Verständnis haben für deine Mitwesen.” Ja, ich wollte alles tun, ich war bereit, alles aufzunehmen, und antwortete: “Lehrt mich nur, ich werde es tun.” Sie erwiderten: “Gut, aber bestraft wirst du für alles, was du falsch getan hast.” Und ich glaubte, dass diese Hütte doch Strafe genug für mich wäre. “Nein”, sagten sie – sie sahen mein Denken –, “diese Hütte war dein Zuhause; du hättest dich in der geistigen Welt nach Besserem umsehen können, du hättest nicht unbedingt wieder zurück in deine alte Welt gehen müssen. Es gibt in dieser Welt, in die du eingekehrt bist, Gelegenheit gutzumachen. Komm mit uns, wir verlassen diese Stätte.”

Ich ging, ohne ein Wort zu sagen, mit ihnen mit. Ich sah ihre strengen Gesichter – ja ich glaubte, sie alle seien noch viel ernster als jene, die hinter den Menschen in den Kirchen standen. Aber ich liess alles an mir geschehen und dachte: "Es wird vorübergehen", und ich hoffte, jener gütige Engel würde mir Beistand leisten. Dann ging der Weg durch den Wald, und es wurde nicht heller, es wurde immer dunkler. Eine andere Hütte war da am Wege. Man öffnete mir die Tür und sagte: "Hier hast du Gelegenheit, über alles, alles nachzudenken, was wir dir gesagt haben. Und damit du es nicht vergisst, kannst du es gleich schriftlich von uns haben." Sie gaben mir einen Bogen, auf dem in derselben Sprache, die ich als Mensch gesprochen hatte, alles stand, was sie zu mir gesagt hatten; denn ich hätte es bestimmt vergessen. Über alles, was ich falsch getan hatte, sollte ich nachdenken; über jede Beleidigung, jeden Schmerz, den ich dem andern zugefügt hatte, über jeden Leichtsinn – über alles, alles sollte ich nachdenken.

Wie lange sollte das dauern? Sie machten nicht mehr viele Worte und sagten nur: "Wenn du in dich eingekehrt bist und eingesehen hast, was du falsch gemacht, und du aus dir selbst den Weg findest zur Wiedergutmachung – wenn dann diese Zeit nahe gekommen ist, besuchen wir dich wieder." Jetzt gingen sie, und es war dunkel um mich. Aber ich konnte trotzdem die Schrift lesen; die Buchstaben leuchteten, ich sah Satz für Satz.

Ich versuchte mich zurück in das Leben zu versetzen, und jedes Mal bat ich darum: “Lieber Gott, vergib mir, denn ich war ein schwacher Mensch, und ich werde es sicher nicht wieder tun; gib mir Gelegenheit, es gutzumachen.”

Ja, ich wurde einsichtig. Und dann dachte ich mir: “Es gibt keinen anderen Weg, als irgendetwas auf sich zu nehmen, etwas Schweres zu tragen, um zu beweisen, dass man willens ist, ein Leid auf sich zu nehmen, um gutzumachen.” Aber auch das Leid, das man auf sich nehmen will, soll nicht sinnlos sein, sondern soll der eigenen geistigen Reife dienen.

Was konnte ich tun? Ich wusste es nicht; ich kannte die geistigen Gesetze doch zu wenig. Ich wusste nur etwas von dem, was bei den Menschen geschah – was ich als Geist gesehen hatte. Dann dachte ich mir: “Bestimmt kommt man mir zu Hilfe. Ich will das dann alles in jene Hände legen; ich will ihnen sagen: ‘Ich überlasse es euch; urteilt über mich, wie ihr es für gerecht findet. Ich nehme alles auf mich. Die Strafe, die ihr mir gegeben habt, ist gerecht, ich werde alles tun.’” Das war mein Vorsatz. Wie lange ich da blieb, wusste ich nicht genau – es gab ja keine Zeit.

Als ich mir nun diese Gedanken wieder eingeprägt hatte, da pochte es plötzlich an meiner Tür, und dieses schöne Wesen trat ein, das mir einst den Weg gezeigt, das mich in jene Hütte zurückgeführt hatte. Es kam zu mir und erkundigte sich nach mir. Ich klagte mein Leid und sagte: “Wie lange muss ich hierbleiben?”, und: “Sieh mal das Geschriebene an.” Da nahm das Wesen dieses Blatt, faltete es zusammen, legte es zur Seite und sagte: “Sprechen wir jetzt nicht mehr darüber. Ich weiss, sie sind auf dem Wege zu dir, um dich zu befreien. Es geht nicht mehr lange. Nur diese Botschaft wollte ich dir bringen. Du sollst nicht mehr Angst haben, es geht nicht mehr lange.” Und das Wesen musste mich bereits wieder verlassen.

So war ich voller Spannung. Und tatsächlich: Es ging nicht mehr lange; aber sie pochten nicht an die Tür, als sie kamen, sondern sie traten ein. Plötzlich konnte ich erkennen: Die Gesichter waren nicht mehr so streng wie damals. Sie kamen auf mich zu, nahmen mich bei den Händen und sagten: “Nun, du hast deine Vorsätze gefasst. Jetzt kommt es darauf an, ob du das, was du dir vorgenommen hast, fähig bist durchzuführen.”

Wir gingen wieder denselben Weg durch den dunklen Wald, wir kamen wieder bei jener Hütte vorbei, und sie öffneten die Tür und sagten: “Schau hinein.” Ich sah, dass ein anderer drin war. “Schon besetzt”, sprachen sie, “du brauchst dich nicht zu ängstigen.” Dann lenkten sie die Schritte von jener Hütte weg, und es ging wie einen Berg hinauf – leicht ging es, mir war es, als würden wir fliegen. Dann kamen wir in ein Dorf, und die Häuser schienen mir so schön. Und alle, die uns begegneten, waren so fröhlich und so emsig.

Sie lächelten uns zu, als wären wir längst Bekannte. Es waren aber keine Bekannten; ich sah keine, die ich kannte. Aber als ich diesen Gedanken fasste, kam meine Mutter auf mich zu. Und nun kamen wirklich einige Bekannte zu mir und sagten: "Ah, jetzt ist's vorüber! Sind wir froh – wir haben für dich gebetet." Ich atmete auf. Die erhabenen Wesen sagten mir: "In diesem Dorf hat's Schulen, und diese Schulen musst du besuchen. Hier lernst du den Willen Gottes kennen, du lernst die Gesetze Gottes, du wirst etwas von der Schöpfung Gottes erfahren. Hier fangen wir an, dich zu unterrichten – das nebenbei –, und zwischendurch musst du eine Aufgabe erfüllen."

Sie sagten mir: "Siehe, du hast Trost bekommen von einem Engel. Du könntest auch neben dem Unterricht, den du nun zu besuchen hast, einem Unseligen, der im Reiche der Finsternis oder in der Verbannung lebt, etwas Trost bringen. Willst du das?" – "Ja", sprach ich. Ich wollte es tun, denn ich schätzte jenen Trost, ich schätzte jenen Beistand, den ich empfangen durfte. Ich sollte ja auch darüber aufgeklärt werden, warum andere nicht denselben Weg gingen wie ich, warum sie verbannt waren oder warum nun ausgerechnet sie im Reich der Dunkelheit waren – darüber wurde ich belehrt. Und ich sollte also zu ihnen gehen und ihnen denselben Trost bringen, den ich empfangen hatte. Ich wollte es tun und habe es getan, und mein Weg führt heute noch dorthin.

So bin ich heute noch eifriger Schüler, besuche immer noch die Schulen und bin froh, dass ich überwunden habe, Mut und Freude an allen Aufgaben gefunden habe. Ich bin froh, meine Augen und meine Hände nach oben zu richten, um Gott zu loben und zu preisen. Auch wenn ich noch so weit von Gott entfernt bin, will ich mich darüber freuen, dass mir dieser Weg gezeigt wurde. Denn ich konnte mich davon überzeugen, dass es Geschwister gibt, die einen viel härteren Weg durchschreiten mussten als ich.

So, liebe Geschwister, habe ich euch etwas von meinem Erleben erzählt. Gar mancher steht im Leben so weit weg von Gott und glaubt, keine Rechenschaft ablegen zu müssen. Ich glaubte auch nicht daran, bis es dann so weit war. Nun kehre ich wieder zu solchen Ärmsten zurück und bringe ihnen Trost. Zwischendurch aber besuche ich eifrig die verschiedenen Schulen in meiner Welt.

Gott möge euch Kraft geben, dass ihr eure Gedanken immer richtig lenkt, dass ihr immer richtig handelt und keinen Begierden dieser Welt erliegt. Denn in der jenseitigen Welt fällt es schwer, sie abzulegen; sie hindern den Aufstieg. So kehret zurück an euren Platz mit Gottes Kraft und Segen. Gott zum Gruss.

Erlebnisbericht des aufsteigenden Geistwesens Maximilian vom 7. Februar 1962 durch Mittlerin Beatrice Brunner

David

Ein himmlischer Baumeister

Erlebnisbericht vom 1. Juli 1959

Gott zum Gruss. Gestattet mir, dass ich mich vorstelle: Mein Name ist David. Ich möchte euch von meinen Eindrücken im Geisterreich erzählen. Natürlich war ich sehr erstaunt, als ich in dieser andern Welt erwachte, denn ich war als Mensch der Auffassung, dass man am Jüngsten Tag auferstehen würde und man so lange irgendwo ruhen müsste – im Grabe oder sonst wo. Ich machte mir keine besondere Vorstellung von diesem Jüngsten Tag. Ich nahm es einfach an; es leuchtete mir am besten ein, dass es so sein könnte. Ich habe mich bemüht, im Leben gerecht zu sein. Mein Herz war gut, mein Gemüt ebenfalls.

So freute ich mich über diese Schönheiten, denen ich begegnete. Meine Mutter kam mir gleich entgegen, und sie sprach ihre Freude darüber aus, dass ich nun auch in dieser andern Welt angekommen sei. Es sei so schön hier, und ich sollte nun an den Freuden mit ihr teilhaben. "Ja", sagte ich, "ich bin eigentlich erstaunt, hier so viel Ähnliches zu sehen wie zu Hause." Ich war auch erstaunt, sofort, eben in diesem Zustande, dies alles erfassen zu können, so klar zu denken – dass es eben nicht so ist, wie ich glaubte, dass man da im Grabe oder sonst irgendwo zu ruhen hätte bis zum Jüngsten Tag. Ja, es war schön hier, meine Umgebung gefiel mir gut, und es erinnerte mich so sehr an mein irdisches Zuhause.

Da ich mich schon als Mensch mit dem Bauen von Häusern beschäftigt hatte, fing ich an, mich für die Gebäude, für diese Stätte zu interessieren, denn diese Stadt, in der ich angekommen war, bestand aus verschiedenen Siedlungen. Meine Mutter und mein Vater führten mich in dieser Stadt umher und erklärten mir die verschiedenen Siedlungen. Ich musste feststellen, dass diese sich in ihrem Äusseren so sehr unterschieden. Sie haben jeweils einen ganz anderen Stil. Dies alles interessierte mich sehr, denn ich hatte gleich das Gefühl, dass die Bauten in dieser anderen Welt mit grösserer Aufmerksamkeit, mit mehr Geduld und vielleicht auch noch mit mehr Liebe erbaut worden sind als vergleichbare Bauten auf Erden. Ich interessierte mich hauptsächlich für das Material und wollte wissen, in welcher Art, in welcher Form es besteht.

Da kam meine Mutter zu mir und sagte: "David, du denkst noch etwas zu irdisch. Du musst nun dein Denken wandeln und versuchen, himmlisch zu denken. Du kannst die Dinge, die du hier erblickst, nicht mit irdischen vergleichen, denn hier ist alles himmlisch. Du musst versuchen, deine Gedanken himmlisch zu gestalten." Ich erwiderte ihr: "Mutter, du hast gut reden.

Wenn man vom Erdenreich in diese andere Welt kommt, ist man nicht sofort imstande, himmlisch zu denken, sondern man fühlt, denkt und handelt eben irdisch, so wie man es von zu Hause gewohnt war."

Ich lenkte meine Aufmerksamkeit auf die verschiedenen Siedlungen und musste feststellen, dass es mir nicht möglich war, die Art des Materials, aus dem die Häuser und alles andere gebaut worden waren, zu erfassen oder zu zerlegen. Ich bejahte es, da es eben himmlisches Material ist, konnte es aber noch nicht so ganz verstehen. Man gab mir auch zu bedenken, dass ich ja noch gar nicht in der Lage sei, dies zu erfassen; es sei jetzt eben himmlisches Schaffen. Ich könne dieses Material nicht untersuchen und daher nicht feststellen, welcher Art es sei. Dazu müsste ich noch länger im Himmelreich sein, um dann verstehen zu können, wie und aus welchen Stoffen all diese Gebäude hergestellt worden seien.

Nun gut, ich gab mich damit zufrieden. Ich war ja vor Tatsachen gestellt – die Gebäude waren da. Aber diese Verschiedenheiten interessierten mich: Ganze Siedlungen glichen dem Stil des byzantinischen Zeitalters. Andere fielen nach eurer Berechnung in das karolingische Zeitalter, weitere zählten zur Renaissance. Ich sah Siedlungen, sie waren aus dem Zeitalter der Gotik, des Barock, ja auch des Romanischen. Diese Siedlungen unterschieden sich voneinander durch ihren jeweils besonderen Stil. Sozusagen alles konnte ich beim Durchwandern der Siedlungen sehen. Da wollte ich wissen: "Ja wie ist denn das möglich? Das scheint ja alles so irdisch! Entweder haben diese Seelen von der Erde ihre Inspirationen ins Himmelreich genommen und die Städte dort gemäss jener Zeit nachgebaut – oder ist es so, dass die Seelen nach ihrer Entwicklung, ihrer Stufe aus den himmlischen Bereichen inspiriert wurden, um auf der Erde ihre Häuser entsprechend zu bauen?"

Ja, ich hatte Fragen über Fragen, und meine Mutter wusste mir nicht so richtig Antwort zu geben. Sie sagte nur immer: "David, du denkst viel zu irdisch. Du musst dich nun dem höheren Denken zuwenden." Ja, ich versprach, das wohl zu tun. Aber jetzt interessierte mich: "Warum ist diese Siedlung hier im Baustil gleich wie jene von dazumal im Erdenreich? Alles ist ja auch hier vorhanden." Mir gefielen hauptsächlich die Siedlungen, welche das Äussere vom byzantinischen Zeitalter hatten – diese vielen Türme gefielen mir. Es ist so schmuckvoll, so schön. Auch die Siedlungen aus dem romanischen Zeitalter mögen das Ihre an sich haben. Ich möchte sogar sagen: Es verhält sich bei jeder Entwicklung so.

Und ich kam bei einer Siedlung aus der Zeit der Völkerwanderung vorbei. Dementsprechend waren die Gemeinschaftshäuser aufgebaut. Und in jeder solchen Siedlung war ein Tempel vorhanden, der wiederum sehr an all das erinnerte, was einstmals Menschenhände im Erdenreich erbaut hatten. Ich hatte aber das

Gefühl, dass es hier im Himmelreich kostbarer und schöner gestaltet ist; dass im Erdenreich diese Schönheit bestimmt nicht zu finden ist, obwohl dort noch viel Schönes aus alten Zeiten vorhanden ist.

In der Hauptsache sind es ja die Kirchen, wo diese Kunst zum Ausdruck kommen durfte. Solche Kirchen wie im Erdenreich findet man jedoch in der anderen Welt nicht. Man hat hier grosse Tempel und Gebetshallen – fast unendlich viele. Aber sie passen sich genau an die Gebäude an, in deren Umgebung, in deren nächster Nähe sie stehen. Sie bilden also etwas Geschlossenes, etwas Gemeinsames. Und weite Wege liegen wieder frei bis zu einer andern Siedlung, und doch bildet das Ganze zusammen eine Stadt.

Nun, ich wollte weiter wissen: "Die Erde hatte ja auch ihre grossen Künstler gehabt. Wenn es nun so ist, dass man sozusagen dasselbe im Himmelreich findet, was Menschenhände im Erdenreich bauen und gebaut haben – wie steht es denn um die grossen Musiker? Wo ist Beethoven, wo ist Bach, wo ist Mozart, wo sind die weiteren Komponisten?" Meine Mutter musste mir darauf Antwort geben, und sie konnte mir nur sagen: "Jeder lebt mit seinesgleichen in seiner Welt, in seiner Siedlung, und jeder übt sich weiter in seiner Kunst." Ich wollte weiter wissen: "Was ist denn jetzt ihre ganz genaue Beschäftigung? Komponieren sie, spielen sie, singen sie, oder was tun sie?" Ja darüber konnte mir meine Mutter nicht genau Antwort geben, aber sie sagte mir, ich würde schon noch Gelegenheit finden, meine Neugierde zu stillen. Ich sagte meiner Mutter deutlich, dass mich das sehr interessieren würde. Ich wollte zudem auch noch wissen, warum und woher sie gekommen, wohin sie gelangt sind, welche Tätigkeit sie ausüben und was sie noch für Möglichkeiten hätten, auf die Menschen einzuwirken. Meine Mutter antwortete mir, es würde mir schon Gelegenheit gegeben, mich darüber unterrichten zu lassen.

Ich habe mich besonders an diesen vielen schönen Gebäuden erfreut und mir darüber auch meine Gedanken gemacht. So habe ich die Möglichkeit, mich in dieser grossen Stadt frei zu bewegen, und ich bin mit meinem Leben zufrieden – auch mit den Freundschaften, die ich geschlossen habe, und überhaupt mit allen diesen Bekannten, mit denen ich zusammenlebe. Ich kann es auch nicht lassen, mich dann und wann ins Erdenreich zu begeben. Ich belästige allerdings keine Menschen. Ich interessiere mich vielmehr für ihre Kunst und für ihr Schaffen. Dann ziehe ich Vergleiche zwischen diesen Bauten: den Häusern von heute im Menschenreich und den Gebäuden in dieser anderen Welt. Ich habe natürlich sofort die Feststellung gemacht: Im Himmelreich spielt Zeit keine Rolle. Aber im Menschenreich bedeutet Zeit Gold, richtet sich alles nach der Zeit. Wenn sie heute für ein Haus den ersten Spatenstich machen, muss sozusagen die nächste Woche das Haus fertig sein, denn Zeit ist für sie Geld.

Und wenn wir heute diese Häuser betrachten – ach, die Menschen, sie versuchen sie einigermassen an die Umgebung anzupassen. Vielleicht richten sie sie auf die Landschaft aus und so weiter; aber das ist sozusagen gerade alles. Sie sind auf Bequemlichkeiten eingestellt und überhaupt auf alles, was schnell geht. Und wenn man im Himmelreich nur schon das Äussere eines Hauses betrachtet, muss man feststellen, mit welcher Sorgfalt all dies gemacht wurde – wie wunderbar, wie exakt. Und dass im Himmelreich doch die Kunst noch etwas gilt, während man im Erdenreich, wenn man Zeit hat, sich nur wenig der Kunst widmet, denn zuerst kommt das andere.

Meine Mutter, die mich immer begleitete, erklärte mir wieder: “Du sollst nicht über solches nachdenken. Du hast dich jetzt mit himmlischen Dingen zu befassen. Denke nicht immer über diese irdischen Sachen nach.” Und ich erwiderte ihr: “Ich kann nicht, denn es muss dir verständlich sein, Mutter: Wenn man noch nicht so lange vom Erdenreich Abschied genommen hat, ist man einfach nicht fähig, himmlisch zu handeln und zu denken, sondern man denkt und handelt eben irdisch und beschäftigt sich damit. Und jetzt geht mein Denken eben dahin. Ich möchte nicht im Besonderen neugierig sein, doch es soll zu meiner Bereicherung dienen. Ich möchte wissen, warum denn hier alles zu finden ist, was ich im Erdenreich auch erlebt und gesehen und womit ich mich beschäftigt habe.”

Nun gut, ich durfte mich also diesen Gedanken hingeben und fand da und dort Aufklärung. So betrachte ich eben diese grossen Häuser der Menschen und suche das Ebenbild nun in meiner Stadt, denn in anderer Form ist es auch da vorhanden. Ich habe Ähnliches gesehen – ich möchte betonen: Ähnliches, denn es ist viel gewaltiger, viel mächtiger; jedoch ist alles viel sorgfältiger erbaut worden als im Menschenreich.

Meine Mutter hatte ein besonderes Anliegen, dass ich, wenn ich nicht fähig sei, anders zu denken, mich doch mit dieser himmlischen Baukunst beschäftigen möchte. Sie erklärte mir: "Wer gewisse Fähigkeiten hat und in der Lage ist, ein Haus zu erstellen, kann es genau wie im Erdenreich tun. Man muss jedoch zuerst die Bewilligung einholen und die Pläne der Engelswelt zur Einsicht vorlegen – ihr den Wunsch unterbreiten, dass man ein solches Haus oder eine ganze Siedlung bauen möchte." Ich dachte mir: "Ja, warum nicht?", und stellte mir vor: "Für alle Ewigkeit bleibe ich nun in dieser Stadt. Warum kann ich denn nicht eine ganze Siedlung bauen?" Das wäre für mich wunderbar, denn ich hätte so viele Inspirationen und könnte so das eine mit dem andern verbinden. Ich dachte daran, einen neuen Stil zu schaffen. "Gut", sagte meine Mutter, "fange an, einen Plan zu zeichnen. Aber bevor du gleich an eine ganze Siedlung denkst, beginne einmal damit, nur ein Haus zu zeichnen."

Ich tat es so, denn man hatte mir ja keine andere Beschäftigung aufgetragen. Ich durfte mich also in dieser grossen Stadt frei bewegen, und ich sah viel Wunderbares. Ich merkte mir das. Ich zeichnete ein Haus und legte dafür aus den verschiedenen Zeitepochen jeweils etwas zusammen, was – wenigstens für meine Augen – ein harmonisches Bild ergab. Man hatte mir aber gleich gesagt: "Du kannst nicht einfach da, wo du willst, ein Haus erstellen. Dafür brauchst du die Bewilligung der höheren Engelswelt. Denn da könnte ja jeder kommen und sagen: 'Ich will ein Haus bauen, wie ich es denke und wie es mir genehm ist.' Das würde doch ein unendliches Durcheinander geben."

An die genaue Ordnung musste ich mich erst gewöhnen, und ich machte mich bereit, den Plan vorzulegen. Die höheren Engel kamen zu mir, und sie hatten Interesse und freuten sich, dass ich mich mit solchen Dingen gleich von Anfang an beschäftigte. Sie hatten allerdings an meinem Plan, den ich gezeichnet hatte, ziemlich viel auszusetzen. Der eine erklärte mir, dass diese Form nicht gut aussehe, dass dies unharmonisch sei, es so nicht möglich wäre und so weiter. Ich fing nun langsam an, zu verstehen und zu begreifen, und hatte dann auch schnell wieder andere Inspirationen. Die Engel zeichneten mir in grosser Geschwindigkeit ein Haus und erklärten mir, wie es ungefähr sein müsse. Ich dürfe nun meine Phantasie walten lassen, es ausschmücken, aber es müsse ungefähr in dieser Form bleiben.

Gut, so machte ich mich eben wieder aufs Neue daran, und dieses Mal besuchte ich die andern in den Siedlungen, denn es war ja überall ein reger Betrieb. Ich erkundigte mich nach solchen, die in dieser Beziehung Fähigkeiten und Verständnis hätten, und das gelang mir. Ich hatte dann eine schöne Gruppe Gleichgesinnter zusammen, und wir hatten uns gemeinsam an eine solche Arbeit gemacht. Wir hatten die Grundrisse und die Bedingungen, die man an mich gestellt, festgehalten und auf dem weitergebaut, unsere Zeichnungen gemacht und sie wiederum vorgelegt.

Man war sehr zufrieden damit und sagte, dass es nicht zu verwerfen wäre, es sei sehr gut. Man bat darum, dass ich dieses gezeichnete Haus, beziehungsweise wir hatten mehrere gezeichnet, der Engelswelt übergebe. Da war ich etwas enttäuscht, denn man gab mir die Pläne nicht zurück und erklärte, dass ich mich nun wieder aufs Neue an die Arbeit zu machen hätte, wieder Neues schaffen solle, dass man aber an den Plänen für spätere Zeiten festhalten möchte. Ich solle nun versuchen, etwas anderes zu zeichnen, wieder aufs Neue beginnen, es aber allein tun. Ich hätte mithilfe der andern Brüder doch gewisse Inspirationen bekommen und könne nun selbst ein eigenes Werk zur Ausführung bringen. Eigentlich war ich stolz darauf, dass man mir dies zutraute, dass ich doch das selbst fertigbringen könne.

Ich ging aufs Neue an die Arbeit, und ich rief auch die Mutter wieder zu Hilfe und sagte ihr: “Es ist hier wirklich nicht so einfach." Da erklärte mir die Mutter: "Weisst du, hier wird die Kunst gepflegt. Du musst das Äusserste, was in dir liegt, hergeben und grosse Anstrengungen unternehmen. So wirst du ganz bestimmt etwas schaffen können. Auch wenn das andere zur Seite gelegt wurde, wird es sicherlich irgendwo seine Verwendung finden." Die Mutter glaubte zu wissen, dass das von uns Gezeichnete nicht in diese Stadt passen würde, dass es aber ganz bestimmt in irgendeiner anderen Stadt gebaut würde. Ich wusste nicht recht, ob sie mich damit nur aufmuntern wollte. Also habe ich mich wieder darangemacht, Neues und noch Besseres hervorzubringen. Da sagte sie mir: "Siehst du, die Kunst, sie kennt keine Zeit. Die Kunst ist Liebe. Ob sie im Jenseits oder im Diesseits gepflegt wird, die Bedingungen sind dieselben. Das kunstvoll Geschaffene ist unvergänglich. Es ist ein Hauch von Unvergänglichkeit in der Schöpfung Gottes."

Nun wusste ich, dass ich mein Äusserstes dazu beizutragen hätte, und so ging ich daran. Ich zeichnete ein Haus und mehrere dazu – ich hatte eine ganze Siedlung zusammen und mit dazu eine wundervolle Gebetshalle. Ich stand ja in Kontakt mit meinen Geschwistern, und wir begaben uns jeweils gemeinsam in diese Hallen. Dort beteten wir, wir sangen, wir lobten und priesen Gott. Dort fand auch die gemeinsame Unterrichtung statt; die höheren Wesen des Himmels gaben uns Anweisungen. Sie gaben Erklärungen vom

Geschehen im Erdenreich wie auch vom Geschehen im Jenseits, von den unteren Stufen bis zu dieser Stadt, wo ich wohnte; von ihrer Tätigkeit selbst und von ihren Bemühungen und Anstrengungen und wie sie die Einzelnen anspornen.

Also hatte ich, in dem Sinne eben, eine ganz schöne und wunderbare Siedlung mit einer Gebets- oder Andachtshalle zu schaffen. Wie lange ich daran arbeitete – für mich gab es keine Zeit mehr. Ich habe aufgehört, irdisch zu denken, und mich dann wirklich ganz diesem schöpferischen Schaffen hingegeben. Ich habe die Weiten der Städte besucht, die einzelnen Bauten aufs Genaueste betrachtet. Ich hatte das, was mir besonders gefiel, miteinander verbunden, zu einem Ganzen zusammengetragen und den Plan dafür aufgestellt.

Es hat lange gedauert. Wie lange, kann ich nicht sagen. Ich habe dann auf Anweisung meiner Mutter die Pläne meinen höheren Geschwistern unterbreitet. Sie haben sie entgegengenommen und mir erklärt, dass sie mir Bescheid darüber bringen würden, und man liess mich warten. Sie sind mit meinen Plänen einfach weggegangen, und ich habe mich dann da und dort zu diesen Siedlungen begeben und angefangen, mich für das Schaffen von dort zu interessieren. Ich dachte mir: "Man kommt wohl wieder zurück und wird mir erklären, ob meine Arbeit gut ist." Wenn nicht, dann würde ich wieder von Neuem beginnen. Hatte ich doch nun eine Ahnung, was man von der Kunst im Himmelreich verlangt. Wie lange es dauerte, bis man mich rief, wusste ich auch nicht; ich kannte keine Zeit mehr. Aber ich erlebte es.

Wir begaben uns gemeinsam in jene Tempelhalle, die zur Siedlung gehört, in der ich wohne. Es wird einem angedeutet, dass man sich zur Lobpreisung zur Hauptsache in die Halle seiner Siedlung zu begeben hat. Und es wird einem auch angekündigt, wenn man frei ist, in Hallen anderer Siedlungen zu gehen. Denn jede Halle, jede Siedlung ist ganz anders und für sich bewunderungswürdig.

Also war ich dann mit meiner Mutter ahnungslos in unsere Halle gegangen, und hier sind sie alle wie gewohnt da gewesen, die uns gemeinsam in der Lobpreisung unterstützten, mit uns sangen und jubelten, uns Erklärungen gaben und erzählten. Dann, als dies alles vorüber war, kamen, ich möchte fast sagen, persönliche Belange des Bruders, der Schwester, die Besonderes geleistet haben, zur Sprache, und entsprechende Erklärungen wurden gegeben. Hier wird über diese Leistungen gesprochen. Andere werden aufgefordert, in der Gemeinschaft diesen Bruder, diese Schwester in ihrer Leistung zu unterstützen oder an ihrem neuen Schaffen mitzuwirken. So war ich erstaunt, als man mich herbeirief und mir die Pläne aushändigte und erklärte, dass die neue Siedlung genehmigt worden sei und dass sie in einer bestimmten Entfernung von dieser Stadt entstehen dürfe. Ich war darüber hocherfreut.

Nun ja, ich habe mein Denken schon etwas umgestellt. Ich war ja sehr interessiert und hatte auch einiges dazugelernt, beispielsweise wie es möglich ist, ein Haus zu bauen. Da hat man mir dann entsprechende Geschwister zur Verfügung gestellt und erklärt: "Siehst du, jeder, der dir zur Seite steht, ist in seiner Art ein Künstler. Sie werden dir bei dieser neuen Siedlung helfen." Ich war erfreut und mit mir meine Geschwister, dass wir an der Erweiterung und Verschönerung dieser Stadt mitwirken durften, dass wir eine neue Siedlung erstellen konnten und sozusagen nur wenige Abänderungen nötig waren, die mir meine höheren Geschwister gemacht hatten.

Ich habe mich voll und ganz damit einverstanden erklärt und sogar gebeten, wenn man mir von höherer Seite weitere Inspirationen geben dürfe, wäre ich dafür dankbar. Aber man liess mich schalten und walten, und so durfte ich mich mit meinen Geschwistern an den Bau dieser neuen Siedlung machen. Man erklärte mir auch, dass so viele schon bereit seien und dafür bestimmt, in diese Häuser einzuziehen.

So bin ich mit meinen geistigen Brüdern und Schwestern an der Arbeit an dieser neuen Siedlung und bekomme immer wieder von höheren Baumeistern Besuche, die da und dort etwas zur Verbesserung beitragen. Ich freue mich, diese Arbeit leisten zu können, und meine Mutter freut sich noch mehr. Sie sagt: "Siehst du, David, so hast du durch deinen Willen und durch dein eifriges Schaffen die Möglichkeit erhalten, vielen, vielen Wesenheiten ein schönes Haus zu geben. Sie werden hier eintreffen und mit dir in Verbindung treten. Du wirst ihnen als der Erbauer dieser Siedlung vorgestellt."

Ja, und noch bin ich an dieser Arbeit. Wie lange es noch geht, bis diese Siedlung fertig ist, kann ich nicht sagen, denn für mich gibt es keine Zeit wie bei euch Menschen. Ich habe Mitleid mit ihnen, denn es eilt ihnen so. Sie gehen am Schönsten vorüber und haben keine Liebe, keine Zeit. Es ist schade darum. Aber es muss wohl so sein, denn das ist eben irdisch, irdisches Handeln, Schalten und Walten nach den irdischen Gesetzen. Ich wünsche mir, dass die Menschen nicht vergessen, was nach dem Sterben ist, und dass sie im irdischen Reich versuchen, sich schon etwas in ihren Gedanken aufs Himmlische umzustellen, damit es ihnen nicht so schwerfällt, wie es anfangs auch mir ergangen ist. Es war für mich nicht leicht, von meinem irdischen Denken ins himmlische Denken hineinzukommen. Aber ich hatte ein Ziel, das ich erreichen wollte, und das durfte ich tun. Wenn es mir gestattet ist, meinen Freunden dies zu sagen, dann möchte ich es klarlegen: Denkt an das Unvergängliche, was die Menschheit hat an Kunstvollem, an Werten, von dem meine Mutter gesagt hat: "Dies ist ein Hauch von Unvergänglichkeit in der Schöpfung Gottes."

So habe ich meinerseits versucht, euch etwas davon zu erzählen. Es sind bestimmt viele Fragen in euch aufgetaucht. Aber dafür bin ich nicht zuständig, sie zu beantworten. Ich möchte euch nur eines sagen: Zurück ins Erdenreich – nein, das möchte ich nicht. Da bleiben, im Himmelreich, und Baumeister sein ist viel schöner. Wir haben keine Plage um das Geld und das Brot. Man muss jedoch auch suchen; das Material etwa, das man zum Bauen braucht, ist nicht immer sogleich vorhanden. Aber es ist nicht mit einem Leben im Schweisse des Angesichts verbunden wie beim Menschen. Das Bauen im Himmelreich ist eine Leichtigkeit. Es ist etwas Wunderschönes, denn man tut es ja nicht nur für sich selbst. Man weiss, dass man auch seinen Anteil in diesem Himmelreich hat, und ist interessiert an der ganzen Schönheit. Und darum geht es. Ich möchte im Himmelreich nur Schönes schaffen, um meine Geschwister, die zu mir kommen, zu erfreuen. Es ist meine Aufgabe, mit meinem Schaffen andern Freude zu bereiten. Und Menschen können es in ihrem Reiche ja ähnlich tun. Wenn sie auch in ihrem täglichen Schaffen nicht überall imstande sind, dem andern eine Freude zu bereiten, so haben sie nebenbei noch genug Zeit, neben ihren Pflichten, dies zu tun – sei es mit Worten, die sie sprechen, oder mit ihren Gefühlen. Liebe pflegen ist eine Kunst; auch sie ist ein Hauch von Unvergänglichkeit in der Schöpfung Gottes – pflegt sie.

Nun, ich kehre wieder zu meinen Geschwistern zurück und wende mich meiner Arbeit zu. Wer weiss, vielleicht ist es mir wieder einmal gestattet, etwas zu erzählen, wie weit ich bin. Vielleicht erhalte ich die Nachricht, dass ein Bruder oder eine Schwester von euch in meiner Siedlung angemeldet ist. Das würde mich freuen. Wer weiss, hoffen wir. Gott segne euch. Gott zum Gruss.

Erlebnisbericht des aufsteigenden Geistwesens David vom 1. Juli 1959 durch Mittlerin Beatrice Brunner

Karin

Herrliche Wohnstätte dank verdienstvollem Leben

Erlebnisbericht vom 3. Mai 1967

Gott zum Gruss. Liebe Geschwister, ich heisse Karin. In meinem menschlichen Leben hatte ich Kranke gepflegt. Ich möchte aber jetzt nicht über das Leben auf Erden sprechen, sondern vielmehr von der neuen Welt, die ich nach meinem irdischen Tode bewohne. Ich versuche, euch diese Welt zu schildern, so gut es mir gelingt. Ich möchte jedoch beifügen, dass ich in meinem Erdenleben Kranke gepflegt hatte und ledigen Standes blieb.

Als ich meine geistigen Augen in dieser andern Welt auftun durfte, war ich über ihren Anblick sehr erstaunt. Als Mensch glaubte ich zwar an ein Fortleben nach dem Tode und hatte mir den Himmel nach menschlicher Phantasie vorgestellt. Aber so, wie ich ihn erlebte, hatte ich ihn mir nicht vorgestellt. Ich staunte nur – besonders auch darüber, dass man mich so liebenswürdig empfing und ich an einem solch schönen Ort in einem gewaltig grossen, prachtvollen Hause wohnen durfte. Das Ganze hatte mir einen grossen Eindruck gemacht. So versuche ich, euch jetzt zu schildern, wie ich diese Welt erlebte.

Zuerst wurde ich von meinen früher heimgegangenen Angehörigen begrüsst. Danach hatte ich sie für lange Zeit nicht mehr gesehen. Ich hatte mich auch nicht nach ihnen gesehnt oder nach ihnen gefragt, denn all das Neue, das mir hier begegnete, beeindruckte mich so sehr, dass ich sie völlig vergass.

Als ich an diesen schönen Ort geführt worden war, erblickte ich zuerst dieses gewaltige, schöne Gebäude. Man sagte mir, dass ich darin wohnen würde und darin meine Aufgaben hätte. Nun möchte ich euch dieses schöne Bauwerk und seine allernächste Nähe beschreiben, denn so etwas gab es nicht in meinem Erdenleben. Dieses mächtige Gebäude ist höher als das höchste Gebäude eurer Stadt, und ausserdem ist es sehr breit. Seine Breite ist nach euren Begriffen wie von einem Strassenzug bis zum andern. Es ist nicht gradlinig aufgebaut wie eure Häuser und auch nicht so ebenmässig. Es hat von aussen her den Anschein eines mächtigen Felsens, der viele Wohnungen in sich birgt. Ich kann euch die Stockwerke nicht nach ihrer Zahl angeben. Die obersten sind etwas vorstehend, wie eine Terrasse – das Ganze sieht so gewaltig aus. Das Gebäude ist von aussen gesehen nicht etwa Stein auf Stein gebaut, sondern es ist ein Fels, nur mit dem Unterschied, dass er grosse Fenster aufweist. Von oben hat man einen Ausblick auf die Strasse wie auch auf den grossen, freien Platz vor diesem Hause, und man wundert sich, was sich da alles tut.

Liebe Geschwister, ich glaube kaum, dass ihr euch im Geiste die herrliche Lage meines Wohnsitzes vorstellen könnt. Ich kann euch das alles in eurer Sprache kaum beschreiben. Von meiner Wohnung aus sehe ich auf eine lange, steil vom Vorplatz abfallende Strasse, die zu beiden Seiten von einer Reihe von Häusern eingesäumt ist, die ziemlich erhöht über der Strasse stehen. Die Strasse selbst hat beidseitig eine drei bis fünf Meter hohe Stützmauer, zwischen der und den Häusern sich liebliche Gärtchen hinziehen, die aber von der Strasse aus nicht gesehen werden. Die kleinen Häuser, welche beidseitig der Strasse stehen, befinden sich auf einer langgezogenen Erhöhung. Sie sind von einheitlichem Aussehen, eines ist wie das andere. Das Ende der beiden Reihen schliesst an diesem gewaltig grossen Felsgebäude ab. Überhaupt bildet dieses Gebäude den Abschluss dieser geistigen Ebene. Wohl sieht man auf der anderen Seite auch Örtlichkeiten, welche die hohen Engel betreten können. Aber für uns, die wir das grosse Haus bewohnen dürfen, und für alle Bewohner dieser Häuser rechts und links gibt es keinen Zutritt in jene andere Ebene. Wir haben absolut keine Möglichkeit, unser Interesse zu stillen für das, was hinter unserem Felsenhaus geschieht. Man erklärte uns aber, dass dahinter, das heisst auf der Rückseite dieses gewaltigen Felsens, anderes Leben sei und andere Geistgeschwister wohnen würden.

Die Strasse auf unserer Seite, die zuerst steil hinabführt, zieht sich weit hin in herrlich leuchtende Fernen, wo wiederum andere Geistgeschwister wohnen. Unser gewaltiges Gebäude ist teilweise von verstorbenen Menschen bewohnt, die sich im Leben um den Himmel verdient gemacht haben. Es gehen aber auch Engelwesen darin ein und aus. Diese haben viel zu tun – sie sind immer beschäftigt. Teils sieht man, wie sie auf der Strasse gehen und dann plötzlich verschwinden, wenn sie in eine andere Ebene schreiten. Auf dem grossen Platze halten dann und wann auch herrliche Pferde mit schönen Wagen. Sie nehmen die erhabensten Bewohner auf und entschwinden wieder mit ihnen wie im Fluge. Es ist unbeschreiblich, was es da alles an Herrlichkeiten zu sehen gibt.

Die Gärten sind voller Blumen, grosse und kleine. Was aber der ganzen Umgebung zugleich etwas Gewaltiges verleiht, sind riesige Bäume, deren Stamm allein so hoch ist wie im Vergleich die höchste Pappel, die ihr je gesehen habt. Wie bei Palmen gehen die Blätter alle vom Stamme aus; sie bilden eine riesige Krone, in welcher das Ende des Stammes verschwindet. Die Blätter richten sich alle nach oben. Sie bilden die Form eines riesigen Bechers. Es weht jedoch immer eine sanfte Brise, und die Blätter wiegen sich leise. Das Ausmass, diese Grösse, ist kaum zu erklären, dass ihr es verstehen könnt.

Bei euch Menschen finde ich dagegen alles sehr klein; eure Bäume und Blumen sind so winzig. Wir haben all das Schöne gross und mächtig. Es gibt bei uns auch blühende Bäume, deren Dolde eine einzige riesige Blüte ist, die sich in der sanften Brise wie ein Fächer bewegt. Alles ist nach oben gerichtet, und ein wunderbares Licht strahlt auf all das hernieder und erleuchtet Häuser und Gärten, deren Blumenpracht dadurch noch farbenfroher wirkt. Es ist eine wunderbare Atmosphäre, ein herrlicher Ort. Und es sind alles Geistgeschwister hier, die sich im Leben solche geistigen Verdienste erworben haben, dass sie in dieser schönen Welt leben dürfen.

Ich sagte euch, dass in diesem mächtigen Felsgebäude viele Wohnungen eingebaut sind. Aber zu ebener Erde ist bis auf die Rückseite alles offen – jeder kann hindurchschreiten. Es gibt keine Verkleidungen und Fenster, wie ihr sie habt. Es ist eine sehr grosse Halle, und ringsum sind Säulen, zwischen denen man hindurchgehen kann. In dieser Halle ist allerlei Interessantes zur Schau gestellt, das von den Geistgeschwistern erworben werden kann. So wie ich darüber unterrichtet wurde, will ich versuchen, es auch euch zu erzählen und zu erklären.

Jene Häuser, welche beidseitig erhöht über der Strasse erbaut wurden, sind ebenfalls alle bewohnt. Diese Geistgeschwister gehen alle ihren Beschäftigungen nach, und zwar ausserhalb ihrer Wohnungen. Es sind verstorbene Menschen, die bereits durch ihre Läuterung geschritten und dann hierhergeführt worden sind. Es sind alles solche, die vor noch nicht langer Zeit von der Erde Abschied genommen haben und nur eine kurze Zeit der Läuterung durchzustehen hatten. Es sind solche, die auch bereits schon Besuche bei verwandten und bekannten Geistgeschwistern abgestattet haben. Jetzt sind sie vorübergehend in diesen Häusern untergebracht und haben von hier aus eine Tätigkeit aufgenommen, die in ihrem geistigen Leben von Nutzen ist.

Nachdem die Geistgeschwister all diese schönen Häuser bezogen hatten, gingen Geister Gottes dieser Strasse entlang und luden die Neuangekommenen mit lauter Stimme ein, in das grosse Haus zu kommen, um sich dort nach ihrer Belohnung umzusehen. Viele schienen noch schüchtern zu sein oder waren fast ängstlich vor den vornehmen Engelgestalten inmitten dieser für sie ungewohnten Pracht. So mussten die Engelwesen wiederholt die Strasse auf und ab gehen und die Neuangekommenen ermuntern: “Kommt doch, und erkundigt euch nach eurem Lohn, der auf euch wartet!”

Der Ruf wurde wohl gehört, und diese Wesen gingen schüchtern an die Fenster und schauten über die grosse Mauer hinweg hinunter auf die Strasse. Dann machten einige Mutige den Anfang. Sie gingen auf die Strasse und dadurch liessen sich auch andere nach und nach ermutigen, jedoch blieben immer wieder welche zurück. Man musste ihnen gut zureden, den Weg in das grosse Haus anzutreten, um sich nach ihrem Lohn zu erkundigen. Gemeint war der Lohn des Himmels für ihr verdienstvolles Leben – eine Extrabelohnung also. Als sie die Ersten mit Geschenken zurückkehren sahen, wurden die Zurückgebliebenen zum Gehen ermuntert. Sie wurden jetzt teils neugierig und wollten wissen, welcher Lohn ihrer wartete.

Meine Aufgabe war folgende: Ich wurde angewiesen, mich am Eingang der Halle zu postieren. Jeder Eintretende musste an mir vorübergehen und mir seine Hände zur Begrüssung reichen. Indem ich ihn begrüsste, sah ich, wie viele Verdienste er hatte. Ehe ich mit dieser Aufgabe betraut worden war, wurde ich hierüber in allen Einzelheiten belehrt. Anfänglich stand mir auch ein Geist Gottes zur Seite, als ich noch nicht fähig war, fehlerlos und gerecht zu urteilen. Aber ich lernte es mit der Zeit, und ich führe diese Aufgabe seit Langem aus. Sie bereitet mir auch ganz besondere Freude.

Wenn ich die Neuankommenden begrüsste, sah ich in ihrem Seelenbild verschiedene Farben. Ihre Verdienste waren in Farben und Zahlen festgehalten, und nach diesen Farben und Zahlen musste ich ihnen eine kleine entsprechende Tafel geben, die dieselben Farben und Zahlen enthielt, die sie in ihrer Seele trugen. Mit dieser Tafel konnten sie dann die Halle betreten.

Ich möchte noch erwähnen, wie diese Farb- und Zahlentafeln aussahen. Es gab darunter welche mit sehr einfachen, bescheidenen Farben, die nicht besonders leuchteten. Die Farben waren aber in Formen gekleidet; es waren Diagonalen, Streifen, Karos, Kreise und allerlei andere Formen. Als ich die Lehrzeit des Erkennens bestanden hatte und die Erkenntnis besass, zu erfassen, welche Tafel ich den einzelnen Wesen zu geben hatte, hatte ich es nicht mehr schwer. Ich musste ihnen einfach dieselben Zahlen und Farben aushändigen. Bei mir bekamen sie also den Schein, mit welchem sie ihren Lohn einziehen konnten. In der geistigen Welt kommt man ohne Geld aus. Es gibt kein Geld, wie es die Menschen haben.

Wie es nun zu solchen Zeichen kommt, darüber ist Folgendes zu sagen: Jedes Wesen hat seine besonderen Schwingungen, und sie erzeugen Farben. Diese Farben sind je nachdem hell, besonders farbenreich oder bescheiden. Im geistigen Reiche werden jene Schwingungen in Zahlen umgerechnet. Und es war so, dass alle Bewohner dieser geistigen Ebene zusammengehörten, aber nicht alle hatten etwa die gleiche Entwicklungsstufe erreicht, die gleichen Farben. Sie unterschieden sich vom einen zum andern.

So konnte ich jedem die ihm entsprechende Farbtafel in die Hände geben. Die Wesen selbst konnten an sich diese Feststellung nicht machen. Neugierig betrachteten sie jeweils die Farbtafeln, die ich ihnen überreichte. Dann wurden sie von einem andern aufsteigenden Geistwesen empfangen, das die Tafeln betrachtete und sie dementsprechend in der Halle, die ja sehr gross ist, an einen Ort hinführte. Da lagen nun vielerlei Dinge, angefangen bei ganz einfachen Kleidungsstücken, etwa einem Schal, bis hin zu ganz kostbaren geistigen Gewändern. Es gab bunte Gürtel, Armreife und vieles mehr. So konnte man den bereitstehenden Geistgeschwistern die Farbtafeln vorweisen, und dann wurde der Eingetretene an jenen Platz hingeführt, wo die Dinge lagen, auf die er ein Anrecht hatte.

Sie alle waren ja vor nicht allzu langer Zeit von der irdischen Welt gekommen und trugen meistens noch ihre bescheidenen Gewänder, mit welchen sie bekleidet wurden, als sie ihr geistiges Auge geöffnet hatten. Sie hatten sozusagen Übergangskleider empfangen und sollten jetzt – nach ihren Verdiensten im Leben – schönere Kleider auswählen dürfen. Sie wurden schon so weit belehrt, dass das Äussere eines Geistwesens auch eine Rolle spielt, denn die Gehobenheit eines Geistes stellt man an seiner Erscheinung fest. Der Gehobene, geistig Fortgeschrittene hat nicht nur ein harmonisches Aussehen, sondern er ist auch seiner Kleidung nach gepflegt. Die andern tragen noch das geistig Entsprechende ihrer irdischen Kleider an sich. Solche müssen dann feststellen, dass man, wenn man eine gehobene Stufe in der geistigen Welt einnimmt, ganz andere Gewänder trägt als die heutigen Menschen auf Erden. So sind beispielsweise die männlichen Wesen auch sehr auf ein vornehmes Äusseres bedacht, wie es einst vergleichsweise die vornehmen Griechen und Römer waren. Sie möchten auch solche Gewänder tragen, denn die Art Kleider, welche sie im Erdenleben trugen, sagt ihnen jetzt nicht mehr zu, für solche Kleider hätten sie sich nicht angestrengt. Aber die Art jener vornehmen Gewänder mit dem ganzen Kleiderzubehör hatte selbst die Männer angesprochen. So waren auch sie sehr neugierig, zu erfahren, was sie erwerben können.

Dazu muss ich noch sagen: Ehe sie ihre Wahl trafen, hatten sie Gelegenheit, sich in der grossen Halle umzusehen, um all diese Kostbarkeiten zu betrachten, die man erwerben konnte. Keiner wusste mit Sicherheit, was ihm zugesprochen würde – jeder dachte wieder über sein Leben nach. Jene von bescheidener Wesensart erwarteten gar nicht, dass ihnen eine Kostbarkeit zufallen könnte. Andere aber glaubten, ihre Verdienste würden ihnen so hoch angerechnet, dass sie bestimmt eines der vornehmsten Gewänder erwarten dürften. So gab es eben Überraschungen wie auch Enttäuschungen.

Aber für diesen Handel – wenn man dies so sagen kann – liess man sich Zeit. Man hatte seine Zahlen- und Farbkarte erhalten und wusste nun, was man auswählen durfte. Welche waren auch sehr wählerisch und hatten sich nicht gleich zu etwas entschlossen. Enttäuscht waren jene, die glaubten, jetzt zu einem solch kostbaren geistigen Gewand zu kommen, doch stattdessen führte man sie an einen Tisch, an eine Auslage, wo nur Bescheidenes zu sehen war, und sagte ihnen: "Diesen Gegenstand kannst du vorerst haben – du kannst mit diesem Reif für dein Haupt dein Aussehen ganz ordentlich heben." Und so war die Enttäuschung gross, weil man nicht zu all dem kam, was man auch an andern sah. Dann aber wurde einem geraten: "Du brauchst den Reif jetzt nicht zu nehmen, denn du kannst in der geistigen Welt noch weitere Verdienste erwerben und dafür vielleicht etwas Kostbareres bekommen."

So liess man sich belehren und kehrte wieder die lange Strasse entlang in sein Haus zurück und besprach sich lange mit den übrigen Hausbewohnern, ob es wohl ratsam wäre, den Reif zu wählen oder den Gürtel oder den Schal, da dies doch einem ein besseres Aussehen verleihen würde – oder ob man sich lieber mit grossem Eifer an eine Tätigkeit machen soll, um sich weitere Verdienste zu erwerben, wofür dann etwas Wertvolleres zu bekommen wäre als nur ein Reif, Gürtel oder Schal. Der Entschluss sollte jedem Einzelnen selbst überlassen sein.

Mancher hatte einen Geist Gottes zu Rate gezogen: "Was soll ich machen? Soll ich nehmen, was mir zusteht, oder soll ich zuerst noch etwas dazuverdienen?" Die Geister Gottes haben manchem einen guten Rat gegeben. Sie sind ja gern dazu bereit, diese Heimgekehrten dahin zu führen, wo sie grössere Verdienste erwerben können. So entschliessen sich die einen, zuerst noch mehr zu leisten. Sie ziehen im Geiste das Gewand an, das sie haben möchten, und erkundigen sich, was alles zu tun ist, um zu diesem Kostbareren zu kommen. So gehen die einen mutig in diese geistige Arbeit hinein. Man sagt ihnen aber, wenn es sich um eine grosse Kostbarkeit handelt, dass es lange dauern würde, dieses Ziel zu erreichen – dass sie dafür dieses Haus verlassen und umziehen müssten in eine andere Ebene, um von dort aus jener Arbeit nachzugehen.

So liegt also der Entscheid bei den Bewohnern selbst. Die einen wählen sich etwas Schönes aus und glauben, dass sie dadurch ihr Ansehen heben, andere warten noch zu; sie wollen zuerst noch mehr Verdienste erwerben.

Ich möchte doch noch sagen, dass ich die Freude hatte, auch solche Geistgeschwister in kostbare Gewänder eingekleidet zu sehen, wie sie in der Geisteswelt getragen werden – vergleichbar solchen, wie sie früher von den vornehmen Griechen und Römern getragen wurden. Und mit freudigem Stolz haben die Geschwister dann dieses gewaltige Gebäude verlassen und sind in ihre Wohnungen zurückgekehrt. Andere wiederum kehrten bescheidener beschenkt zurück: nur mit einem besseren Gürtel, mit einem Schal, mit einem Reif oder dergleichen angetan. Wiederum andere auch mit einem farbigen Band, das sie um die Arme oder die Beine geschlungen hatten, um den Engeln ähnlich zu werden, doch dass es zum Engelgleichwerden noch viel bedurfte, ahnten sie wohl. Aber sie verspürten dadurch die Zugehörigkeit zu den Engeln, zur hohen geistigen Welt.

Ich erlebte das alles – wie diese Geistgeschwister bei mir ein und aus gingen, wie sie die Strasse herauf- und wieder hinunterzogen. Und als die so schön Gekleideten wieder ihr Haus betraten, wurden sie von den Mitbewohnern mit Jubel und Freude empfangen. Wer da wohnen konnte, hatte den Neid längst überwunden; solches kannte man hier nicht mehr. Man half sich gegenseitig, um schneller zu einem solchen Besitz zu kommen – dass der Wunsch rascher erfüllt werden konnte. Man hatte sich jeweils lange miteinander beraten, was zu wählen und zu tun war. So herrschte überall, von Haus zu Haus, ein glückliches und harmonisches Leben. Und trotzdem waren sie in ihrer Entwicklung ganz unterschiedlich. Auf jeden Fall aber war es so, dass alle Bewohner dieser Häuser die Möglichkeit hatten, in verhältnismässig kurzer Zeit zu hohen Verdiensten zu gelangen. Dafür wurden sie auch gegenseitig angespornt, grosse Leistungen zu vollbringen, um in diesen Besitz zu kommen.

Von Zeit zu Zeit hatte man sich auch auf dem grossen Platz vor dem gewaltigen Haus versammelt. Himmlische Wesen aus höheren Ebenen brachten jeweils Gewänder und Schmuckgegenstände mit, und voller Freude breiteten sie diese vor den hier wohnenden

Geistgeschwistern aus. Und die Engel Gottes erklärten dazu oft, in welchen Ebenen diese Herrlichkeiten hergestellt wurden. Denn all das musste auch gefertigt werden. Es ist nicht etwa so, wie Menschen glauben, im Geistigen könnte man nur wünschen oder man brauchte nur ein Wort zu sprechen und das Gewünschte wäre gleich da. Diese kostbaren Gewänder mussten hergestellt werden – ja, die geistigen Stoffe mussten gewoben werden. Es ist also ganz und gar geistiges Material.

Dazu möchte ich euch eine Belehrung geben, denn für euch Menschen ist es schwer, solches zu glauben. Ihr könnt es einfach nicht fassen und euch nicht vorstellen, dass es so etwas gibt. Dazu kann man nur sagen: Alles, was ihr verarbeitet und herstellt, muss auch in der geistigen Welt verarbeitet und hergestellt werden, soweit man diese Dinge braucht und wünscht. Alles Material, was es auch sein mag, das euch zur Verfügung steht, hat seinen geistigen Ursprung, denn alles ist nur geistig verdichtete Materie. Somit ist diese Substanz auch im Reingeistigen vorhanden, und dieses Reingeistige wird eben auch in der Geisteswelt verarbeitet. Auch dort ist es nötig, dass man es besitzt. Man braucht es für das geistige Leben ebenso, wie man es einverleibt als Mensch in der verdichteten Materie braucht. So wie der Mensch die grobstoffliche, verdichtete Form benötigt, sind im geistigen Reich diese Dinge aus feinstofflicher Materie notwendig. Was ihr besitzt, ist also auch im Geistigen vorhanden, seien es Gewänder, Schuhe und die vielen andern Dinge, die ihr zur Verschönerung eures Aussehens habt. Aber bei uns kann man all diese schönen Dinge nicht mit Geld oder durch Tausch erwerben. In der geistigen Welt ist der Preis dafür die Liebe, die Dienstbarkeiten, die man zu erweisen hat; es sind all die Tugenden, mit denen man beim Nächsten eine Leistung vollbringt. So trägt man etwas zum höheren Leben bei, und die Belohnung wird jedem zuteil durch sein gehobenes Denken, durch seine Hingabe an das Göttliche und dessen Bejahung. Es wird in ihm eine Schwingung erzeugt, die ihrerseits Farben hervorbringt und diese Zahlen formt. Dadurch werden die Geistgeschwister gezeichnet, und man erkennt daran, was ihnen zu geben ist. So trägt jeder ganz offensichtlich seine geistige Entwicklung zur Schau.

Niedere Geistwesen, die hierüber nicht belehrt wurden, können das nicht sehen, weil sie schwingungsmässig nicht so beschaffen sind, um solches beobachten zu können. Es muss ein Geistwesen, das eine Tätigkeit wie die meine ausübt, darüber in allen Einzelheiten belehrt werden, was diese Form, jene Zahl oder Farbe zu bedeuten hat. Darüber muss man auch geschult werden. Jedes Geistwesen trägt den Spiegel seiner selbst mit sich herum, und das ist wohl das Wunderbare, denn durch die Hingabe, die geistige Bejahung oder Verneinung zeichnet jedes sein eigenes

Spiegelbild. Dies nur zur allgemeinen Belehrung, weil es euch oft schwerfällt, diese Tatsachen zu glauben.

So hatten die Engel Gottes, die auf dem grossen, freien Platz all die Herrlichkeiten zeigten, zugleich erklärt, wo das alles entstanden ist: wer alles an den reich geschmückten Gewändern gearbeitet, wer die Reife und Armbänder geschmiedet, wer die kostbaren Steine geschliffen, wer sie eingesetzt hatte, und noch vielerlei Dinge mehr wurden erklärt. Es ist für die hier wohnenden Geistgeschwister jeweils eine grosse Freude, über all das unterrichtet zu werden. Sie gehen dann in die von ihnen erreichbaren Ebenen hin zu jenen Geistgeschwistern und machen ihnen Komplimente für ihre vollbrachten Leistungen. So bereiten sie dadurch auch diesen kunstschaffenden Geistgeschwistern Freude.

Auf dieser langen Strasse ist zeitweise auch wieder reges Leben, besonders dann, wenn viele dieser kostbaren Dinge hergebracht werden. Und gelegentlich nehmen verdienstvolle Heimgekehrte all diese schönen Sachen wieder weg, sodass sie erneuert werden müssen. Auch ziehen Geistgeschwister wieder fort, und es ist ja so, dass dann wieder neue Geistgeschwister kommen und durch ihre Verdienste Anspruch auf schöne Dinge haben. So müssen all diese Dinge in diesem grossen Hause immer vorhanden sein, sodass man ihnen davon – auf ihren Wunsch – übergeben kann.

Nun, liebe Geschwister, ich glaube kaum, dass ihr – auch wenn ihr versucht im Geiste von eurer irdischen

Ebene zu entschwinden – euch eine wahre Vorstellung machen könnt von diesem schönen Orte, von all dem Gewaltigen, das hier zu sehen ist. Denn ich habe euch erzählt, wie grossmächtig diese immer blühenden Bäume sind, die es hier gibt, wie herrlich die Gärten, die Aussicht in diese Weiten und wie wunderbar die Atmosphäre und das Licht bei uns ist. Das alles ist euch kaum zu beschreiben, auch nicht das Ausmass davon und die Grösse. Es sind alles Geistgeschwister, die durch ihr Leben solche Verdienste erworben haben, sodass sie in dieser schönen Welt leben dürfen. Und wenn sie anfangs auch noch unschlüssig sind und sich nicht zurechtfinden, werden sie doch recht bald dazu kommen, dass ihr Wunsch erfüllt wird und sie diese kostbaren Gewänder erwerben können – dass sie den Engeln gleich werden, die so fein gekleidet sind. In diesen duftigen Gewändern machen sie auf alle Geistwesen einen solch harmonischen und liebevollen Eindruck. Und wer möchte nicht auch engelsgleich werden – nicht allein nur dem Wesen nach, sondern in der ganzen Gestalt, im vornehmen Schreiten, in diesen harmonischen Bewegungen, in diesen vornehmen Gewändern.

So haben alle, die an diesem herrlichen Orte leben, nur einen Wunsch: so gekleidet zu werden, wie es die Engel sind, die einen an der Hand nehmen, wenn man in die geistige Welt kommt und das geistige Auge sich aufgetan hat, wo man sie bewundern kann und sagen muss: “So schön bist du, aus einer solch schönen Welt kommst du. Wie gross muss dort das Glück und die Harmonie sein – wo du lebst, kann nur Friede sein!”

Und so, wie all diese Geschwister ihre schönen Gewänder und Gegenstände erwerben mussten, musste auch ich mich darum bemühen. Ich musste mich zuerst bemühen und befleissen, sodass ich dann diese schöne Tätigkeit übernehmen durfte. Und so vieles wurde mir gutgeschrieben beziehungsweise ist mir gutgeschrieben worden.

So war auch ich einst zum Eingang zu dieser Halle hingetreten, habe schüchtern jenem empfangenden Geiste die Hände gereicht und ihn gebeten, er möge mir den Schein geben, der es mir ermögliche, den Lohn einzuziehen. Und auch ich wurde gut beraten, noch etwas Zusätzliches zu leisten, um dann das schönste Gewand erwerben zu können. Nun ist es zu meiner Aufgabe geworden, die ich dort ausübe, dass ich jene Geistgeschwister in Empfang nehme, sie begrüsse und ihnen die Farbtafel gebe, sodass sie ihren Lohn betrachten oder ihn schon einziehen können.

Selbstverständlich muss ich nicht ununterbrochen diese Tätigkeit ausüben. Ich habe auch die Möglichkeit, dieser langen Strasse entlangzugehen, und zwar in entgegengesetzter Richtung zum grossmächtigen Haus. Denn durch dieses Haus führt kein Durchgang auf die andere Seite. Ich sagte schon, dass die Strasse steil aufwärtsführt zu diesem mächtigen Felsen, in den dieses Haus eingebaut ist. Man muss von dort zuerst hinuntersteigen und dann der ebenen Strasse entlanggehen. Dann kommt man durch viele Täler, Orte und Dörfer hindurch, an vielen Häusern vorbei und findet überall Aufgaben, die man erfüllen kann, um seinen eigenen Lohn zu mehren.

So lebe ich glücklich und wünsche euch, liebe Geschwister, dass auch ihr an diesen Ort hinkommen könnt, wofür ihr nur Worte der Bewunderung finden werdet, für all das Herrliche und Gewaltige, das vor euch stehen wird.

Nun, liebe Geschwister, kehre ich in meine schöne Welt zurück. Gottes Segen möge euch begleiten. Möget ihr stark bleiben, und wer es noch nicht ist, möge es werden im Glauben an die geistige Welt. Denkt daran, dass alles, was ihr mit Händen fassen könnt, nur von verdichteter Art ist, was wir in unserer Welt feinstofflich haben. Jene Welt soll euch einst beglücken. Das wünsche ich euch im Namen Jesu Christi. Gott zum Gruss.

Erlebnisbericht des aufsteigenden Geistwesens Karin vom 3. Mai 1967 durch Mittlerin Beatrice Brunner

Agnes

Verwalterin geistiger Bezirke

Erlebnisbericht vom 4. November 1959

Gott zum Gruss. Liebe Geschwister, ich werde versuchen, von mir etwas zu erzählen, aus meinem Leben, das ich gelebt hatte auf Erden, und was mich dann erwartete infolge meines so schweren Lebens.

Ja, ich hatte es nicht leicht, ich hatte es sehr schwer. Ich hatte fünfzehn Kinder, und mein Mann trank und war sehr rau, gewalttätig; ich hatte ein furchtbares Leben. Ich hatte aber ausgehalten; ich hatte zu Gott gebetet, dass er mir die Kraft gebe, den Kindern zuliebe auszuharren. Das Brot war sehr spärlich, und ich hatte mir manchen Geldschein durch zusätzliche Arbeit, so gut es noch ging, erworben. Von einem schönen Haushalt, wie ihr es heute gewohnt seid, war schon gar keine Rede; man hatte nur gerade die Gegenstände, die man brauchte. Man legte zwei, drei Kinder in ein Bett, und zwar waren es nur Laubsäcke, worauf man schlief. Zwischendurch konnte ich durch Nachtwachehalten bei Kranken, auch durch sonstige Krankenpflege tagsüber oder durch Reinigungsarbeiten, wie es gerade ging, noch etwas weniges – ich musste ja – dazuverdienen. Aber auch damit reichte es mir nicht immer, und ich ging jeweils zum Pfarrer und klagte ihm mein Leid. Er kannte mich, und ich musste es ihm eigentlich nicht mehr klagen, er wusste schon darum. Wenn ich jeweils zur Beichte ging und ihm wiederum vom schweren Leben erzählte, dass ich neben den vielen Kindern noch zusätzlich zu arbeiten hätte, weil mir das Brot nicht reiche, schob er mir fast jedes Mal einen Geldschein durch das Gitter. Ich nahm es an, ich musste ja. Er war so gut zu mir und erklärte, dass ich es ihm immer sagen dürfe, und er würde mir jeweils nach seinen besten Kräften beistehen. Mein Mann durfte davon nichts wissen, denn er wollte vom Pfarrer nichts wissen – nichts von Religion, nichts. Aber er erkundigte sich auch nicht, woher denn die Kinder das Essen hätten; das war ihm gleichgültig. So lebte ich das schwere Leben, und ich habe ausgehalten. Die letzten Jahre meines Lebens wurden mir nicht etwa erleichtert, denn die Kinder hatten für sich selbst zu schauen. Ich suchte mich so durchzuschlagen, so gut wie nur möglich. Man kannte Wohlstand nicht, überall war Armut verbreitet. Aber ich hatte einen festen Glauben an Gott, und ich war fromm. Ich wusste, dass Gott mir beistehen würde und dass mein Ausharren bestimmt auf irgendeine Art und Weise seine Belohnung finden würde; aber ich hatte nicht damit gerechnet.

So durfte ich dann von diesem irdischen Tale abtreten, und ich wurde in Empfang genommen von wunderschönen Engeln. Ich konnte es fast nicht für wahr halten. Ich muss dazu noch bemerken, dass ich es ja im Leben nicht leicht hatte gegenüber den Mitmenschen. Ich wurde sehr oft ausgelacht; man spottete über mich und die ganze Familie wegen der Rauheiten, wegen der Trunkenheit des Mannes und wegen dem, was er alles zu unserem Unglück und zu unserer Schande anstellte. So war auch auf der Familie kein Glanz. Man hatte sich jeweils eher von uns abgewandt – ausgenommen diejenigen Menschen, die uns oder wenigstens mich irgendwie brauchen konnten; und dies waren ja auch nur die Armen, bei denen man eine Nachtwache halten oder die man sonst pflegen konnte; da gab es auch nicht viel zu verdienen.

Als ich nun im Jenseits meine Augen geöffnet hatte und so umherblickte, war ich erstaunt über die Schönheit, die mich von allen Seiten anstrahlte, über die Aufmerksamkeit, die man mir schenkte. So etwas habe ich im menschlichen Leben nicht gekannt. Dort hatte man sich von mir abgekehrt, und hier schienen sie alle in Scharen auf mich zuzukommen, mir zuzurufen und zu lachen und zu singen. Sie nahmen mich an den Händen und fingen gleich an, einen Reigen mit mir zu tanzen. Es war mir gar nicht klar, was hier geschah. Aber zu meiner Seite stand mein Schutzengel; so sagte er, er hätte mich mein ganzes Leben hindurch begleitet, und er zog mich eigentlich mit. Ich fühlte mich ja so schwach und kraftlos, und ich wusste gar nicht, was geschah – man zog mich einfach mit. So konnte ich ja nur staunen.

Nun kam aber doch eine grosse Müdigkeit über mich, und ich hatte nur den einen Wunsch, etwas auszuruhen. Dieses gönnte man mir auch; man liess mich dann eine Zeit allein, und ich durfte ruhen. Allein der Schutzgeist blieb bei mir, und er erzählte mir sonderliche Dinge über das Leben, das jetzt beginnen werde. Meine Gedanken zogen natürlich wieder zurück ins Erdenreich zu meinen Kindern. Sie selbst hatten ja wieder ihre Kinder, so war ich auch besorgt um sie. Dann aber wurde ich aufgeklärt, dass auch sie im Erdenreich ihren Weg finden sollten und dass mir jetzt besondere Aufgaben und Ehrungen zuteilwürden.

Als ich mich dann erholt hatte, da kamen diese Engel wieder auf mich zu und baten mich, mit ihnen zu kommen. Sie hätten mir nun Verschiedenes mitzuteilen und mir eigentlich einen Einblick in die Himmel zu geben. Da war auch ein Geist – also nicht mein Schutzengel –, der, wie mir schien, eine bedeutende Rolle spielte. Er befahl die andern bei ihrem Namen zu sich heran, gab Anweisungen, und sie gehorchten ihm aufs Rascheste. Dann führte man mich in ein schönes Haus hinein und sagte mir, dass dieses nun vorerst mein Zuhause wäre. Ich war etwa nicht allein, sondern es waren viele da; ich sollte also in Gemeinschaft mit ihnen zusammenleben. Das machte mir keine Sorgen; ich wollte ja gerne mit den andern zusammen sein. Dann aber erzählten sie, dass ich jetzt eine besondere Stellung einnehmen sollte und dass man mir gleich die Verwaltung von verschiedenen geistigen Sphären oder Bezirken übergeben werde. Da hatte ich doch ein Gefühl der Unsicherheit und erklärte: "Ja, ich kann das nicht, ich glaube kaum, dass ich fähig bin, etwas so Besonderes auf mich zu nehmen und zu leisten." Man erklärte mir, dass ich meine Berater haben würde; sie würden mir beistehen und gleich jeweils die Bedingungen erklären, die ich wissen müsste, und überhaupt: Sie würden mich in allem unterrichten, das würde sich von selbst ergeben; ich hätte mich also gar nicht zu ängstigen, sondern solle vielmehr mit Freuden annehmen, was man mir anbiete. Ich hatte aber einfach ein unsicheres Gefühl. Erst noch war ich ein Niemand gewesen im menschlichen Leben auf Erden; ja, man hatte sich von mir abgekehrt und nicht gerade schön über unsere Familie und mich geredet, und nun sollte mir plötzlich so viel Ehre zuteilwerden. Das konnte ich einfach noch nicht fassen. Man sagte mir: "Du hast dich auf Gott verlassen. Du standest in einem engen Verhältnis zu Christus, du hattest dir vor dein Auge immer das Kreuz gehalten und seine Leidenszeit. Du hast dich sozusagen nur gehalten an diesem Kreuz und an dem Schweren, das der Erlöser erleben musste. Und nun wirst du für dein Ausharren deine Belohnung finden."

Als wir da so umherwanderten durch diese schönen Wälder, durch diese prachtvollen Gärten, durch diese

Alleen, da begegnete ich manchem, den ich ja noch aus dem Leben kannte. Sie kamen auf mich zu, und sie freuten sich, mich zu sehen – anscheinend wie wenn sie es für selbstverständlich halten würden, dass mir solches zuteilwürde. Ja, ich zeigte auch meine Freude und war angenehm überrascht, sie auch hier zu sehen. Es schien mir, wie wenn alle diese Seelen mir direkt in den Weg geführt worden wären, dass sie also an mir vorbeikommen mussten, um mir im gewissen Sinne die Reverenz zu geben oder mich zu begrüssen – denn es war auffallend. Ich überlegte mir: "Der Himmel ist doch so unendlich gross; ist es denn möglich, dass ich nun plötzlich allen aus meinem Dorfe, von wo ich herkomme, begegne?" Also dachte ich mir schon, dass dahinter etwas mehr ist, dass man mir diese Seelen eben in den Weg geführt hatte. Man bestätigte auch meine Ansicht.

Dann sagte man mir: "Diese Wälder, durch die wir nun schreiten, stehen jetzt unter deiner Obhut; du wirst ihre Verwalterin sein. Und dort, diese grossen und riesigen Felder, Blumengärten und alles, was du sehen kannst, ist auch unter deiner Obhut. Du sollst ihre Verwalterin sein." Ich fragte dann wiederum, denn ich wusste ja nichts von diesen Gebräuchen der jenseitigen Welt: "Ich glaube doch, dass der liebe Gott selbst der Verwalter ist. Wieso soll ich denn hier Verwalterin sein?" – "Ja", sprach man, "du sollst nicht etwa annehmen, das wäre dein Eigentum; alles ist Eigentum des lieben Gottes, aber es wird verwaltet, und es wird alles in Ordnung gehalten, und für diese Ordnung hast du zu sorgen. Wir werden dir nun alle bekannt machen, die mit dir zu tun haben oder die in Beziehung kommen mit diesen Sphären, und wir werden ihnen kundtun, dass bei irgendwelchen Ansprüchen zuerst du gefragt werden musst." Dann sagte ich: "Ach, ich kann doch nicht wissen, was richtig ist, was man tun und was man lassen muss." Da sagte man mir wieder: "Wir haben dir ja gesagt, du wirst deine Berater haben." Da kam es mir auch gleich in den Sinn, dass es wohl eher eine Ehrung sei, die man mir zuteilwerden liess; ich sollte also in gewissem Sinne geehrt werden. "So ist es", dachte ich, "denn es ist ja weder mein Eigentum, noch habe ich Kenntnis von all diesen Dingen, wie es zugehen muss." Ja, ich habe es schon so ungefähr richtig geahnt.

Dann standen sie auch neben mir, diese Berater, und wir schritten voller Stolz durch diese prachtvollen Wälder. Etwas möchte ich doch für euch erklären, denn ihr stellt euch nun vor, ein Wald im Geisterreiche sei genau so wie ein Wald bei euch auf Erden. Natürlich findet ihr alle Sorten von Bäumen in diesen geistigen Wäldern – und, ich möchte sagen, nicht nur die Bäume, die ihr habt, sondern wir haben auch Bäume aus den südlichen Ländern oder aus dem Dschungel; alles ist zu haben. Es ist nicht etwa ein Durcheinander in einem solchen Wald, sondern es ist etwas sehr Schönes. Wundersam gepflegte Wege gibt es, und man schreitet dahin wie auf einem grünen, weichen Teppich. An den Bäumen findet man die prachtvollsten Pilze, riesige Pilze, und zwar sind sie in allen Farben zu sehen. Dann hat es auch Steine, die ebenfalls in ihrer unendlichen Farbenpracht sind, von den kleinsten bis zu den grössten Steinen, ja – ich möchte sagen – fast so gross wie ein Mensch. So lagen da diese Steine umher, und es war ein Funkeln und ein Glitzern. Ich erkundigte mich: "Was sind denn das für Steine?" Und man antwortete mir: "Ja, dieses ist das kostbare Gut, das man dir anempfiehlt, auf das du deine Aufmerksamkeit lenken sollst."

Dann sagte man mir: "Siehst du, du wanderst jetzt mit uns durch diesen Wald, und wenn du umherschaust, siehst du auch noch andere Wesen, die durch diesen Wald schreiten und ihn bewundern. Es sind Seelen darunter, die auch noch nicht allzu lange im Geisterreiche sind, die man zu ihrer Erholung durch diesen Wald führt, zu ihrer Beruhigung. Dann aber sind es sogenannte freie Geister, die wohl in die Ordnung des Herrn einberufen sind, die aber eine grosse Freiheit haben und sich in ihrem Schaffen auf das Verschiedenste betätigen können. Sie haben also die Möglichkeit, Stücke von diesen Steinen wegzutragen; sie können auch Pilze wegnehmen, sie können Bäume wegnehmen und sie anderswohin verpflanzen. Wer das tun will, muss vorher genauestens die Bewilligung dafür einholen. Würde nun ein jeder Geist nach seinem Belieben schalten und walten, würde es ein Durcheinander geben. Im geistigen Reiche muss man auch in den höheren Sphären, wo ein gewisser Reichtum zur Verfügung steht, über den man verfügen darf, die Bewilligung dafür haben, wenn man etwas wegnehmen, verpflanzen will." Und diese Bewilligung sollte bei mir eingeholt werden. Doch noch konnte ich ja nicht wissen, wem ich eine Erlaubnis erteilen konnte und wem nicht, was man nehmen durfte und was nicht. Aber meine Berater waren zahlreich bei mir, und sie kannten jene, die jeweils in diesen Wäldern ihre Entfaltung ausüben wollten, und wussten auch Bescheid, ob sie es ihnen erlauben durften oder nicht oder ob die Erlaubnis nur im begrenzten Sinne gegeben werden konnte.

Es ist nicht etwa so, dass man es den einen verweigert hätte, einfach weil sie es nicht verdient hätten, in jener Welt zu leben, sondern sie mussten sich genauestens an die Ordnung gewöhnen – so erklärte man mir. Auch unter diesen Seelen, auch wenn sie als gute, liebe Menschen gelebt und sich den schönen Himmel verdient hätten, seien solche, die eben doch noch nicht genau Bescheid wüssten, was gestattet sei, wie viel man von diesem Reichtum verpflanzen und wegnehmen dürfe und so weiter. Denn es ist genau wie bei den Menschen: Die einen sind sehr sparsam, die andern womöglich geizig, andere sehr grosszügig – dieses alles liegt noch in ihrer Seele. So möchte dann eben der

Grosszügige in Haufen wegtragen, und er findet es ganz selbstverständlich, dass man davon nimmt, während der andere sehr sparsam ist oder sich sonst irgendwelche Gedanken macht und ins Gespräch mit den andern Seelen kommt. So könnte es zu Unfrieden kommen. Denn dieses ist ja etwas, was die grösste Gefahr bedeutet für jene Seelen, die noch nicht die höchste Stufe der Reinheit und der Läuterung erreicht haben. Sie könnten eben durch dieses Besitznehmen schon bald in einen gewissen Drang und in ein grosses Verlangen kommen, solche Dinge zu haben und in ihr Haus zu tragen, um es zu verschönern – und eigentlich nur für sich selbst. Also, dieses soll euch nur als Randbemerkung gesagt sein, damit ihr Kenntnis davon habt, wie gestreng eigentlich diese Ordnung in den göttlichen Welten ist, auch da, wo ein Wesen eine grosse Freiheit besitzt. Ihr habt bestimmt schon davon gehört, dass man sich künstlerisch betätigen kann und dass man sich die Gegenstände dafür selbst herbeischaffen oder durch andere herbeischaffen lassen kann; es gibt also verschiedene Möglichkeiten.

Über diesen Wald und diese Felder und Gärten, die mir zugestanden wurden, musste ich also mein wachsames Auge halten, damit alles in Ordnung vor sich ging, damit diese Wesenheiten sich an eine Ordnung gewöhnten. Meine Berater hatten mir ja jeweils gesagt, was zu tun sei. Ich selbst freute mich an diesem herrlichen Walde mit seiner Farbenpracht. Es gibt hier ja nicht nur so ein sanftes oder dumpfes Grün, wie es im Menschenreiche ist, sondern es ist alles so prachtvoll in seinen Farben, wunderbar – eben das, was ich erwähnt habe: diese Zugaben an Pilzen, an besonderen Steinen und besonderen Gegenständen, die in diesem Walde eigentlich wachsen; ich kann dies nicht genau erklären nach euren Begriffen.

Nun, ich möchte aber auch etwas vom Garten sprechen oder von diesen vielen Gärten. Sie waren alle zusammen schon angelegt mit den wunderbarsten Blumen. Auch hier sah ich vereinzelt Seelen; sie beschäftigten sich mit den Blumen. Man gab mir auch gleich die Erklärung, dass sie von diesen Blumen wegnehmen und sie anderswohin verpflanzen würden, dass sie die Blumen wiederum für andere zu sammeln hätten. Im geistigen Reich habe man viele Verwendungen für diese Blumen, und immer wieder würden die Seelen zu der Arbeit hinzugezogen. Es würden für die höheren Sphären, für die Feste Teppiche gewoben, die aus lauter Blumen bestehen, von den kleinsten Blümchen bis zu den grossen Blumen und den wunderbarsten farbigen Blättern. Aber dies alles sollte sorgsam ausgesucht, zusammengelegt werden. Man glaubt wohl, nach menschlichem Begriffe, im Himmelreiche wäre es so: Man könne denken, und alles sei fertig. Wenn ihr nur einmal darüber nachdenkt, müsst ihr selbst zur Erkenntnis kommen, dass bald Unfriede wäre im Himmelreich, wenn man nur etwas sagen oder denken könnte, und es wäre fix und fertig vor einem da. So ist es nicht, sondern alles muss erarbeitet werden, sozusagen im gleichen Sinne wie beim Menschen.

Nur arbeiten wir im Geisterreiche nicht im Schweisse des Angesichtes und um das Brot zu haben und zu leben, sondern unsere Arbeit ist etwas Befreiendes, etwas Erlösendes, etwas Herrliches. Wir sind uns bewusst, dass wir das, was wir tun, nicht für uns tun müssen, sondern wirklich für den Himmel, wirklich für Gott. Und bei diesem Arbeiten – sei es nun dieser oder jener Art, sei es nun, dass einer immer genau dieselben Blättchen sucht, die bestimmt auch wieder einer besonderen Aufgabe zugeführt werden – muss der betreffende Geist einmal Gehorsam aufbringen und Arbeitseifer. Wenn er dieses getan hat, wird er gleich wieder herausgezogen und höhergeführt. Mancher muss eine solche Arbeit tun, die ihm nicht gefällt; er glaubt, dass er wohl intelligenter wäre und viel wichtigere Arbeiten erfüllen könnte; aber auch hier muss er eben manchmal erniedrigt werden. Er muss eine solche Arbeit tun, vielleicht nur für kurze Zeit zu seiner Läuterung, dann darf er wieder einer besseren Arbeit nachgehen.

Nun waren da auch Felder, und auf ihnen wurde auch gesammelt. Sonderbare Dinge kamen aus der geistigen Erde dieser Felder; alles Mögliche wurde hier gesammelt und fortgetragen, aber alles sollte kontrolliert werden. Die Wesenheiten, die in diese Gärten, in diese bestimmten Felder oder in die Wälder hineinkamen, waren genau gezählt. Es ging alles nach einer gestrengen Ordnung.

Dann wurde mir auch noch ein Fluss zur Verwaltung gegeben. Ein Fluss – auch das konnte ich nicht verstehen: "Was soll ich denn bei diesem Fluss verwalten?" Ich konnte es nicht begreifen. Und doch sagte man mir: "Siehst du, wenn du jetzt deine Augen gut aufmachst, dann musst du diese Brücken sehen, die jeweils über diese Flüsse führen. Du sollst sehen, wie kunstvoll und herrlich sie gebaut, aus welchem Holz sie erstellt worden sind und wie seltsam sie aussehen." Dem hatte ich gar nicht meine Aufmerksamkeit geschenkt, denn es lag mir ja noch gar nicht vom Menschenreiche her; ich hatte nicht den Sinn dafür, um etwas schätzen zu können oder um den Wert zu erkennen, ob etwas kostbar ist oder nicht, welches Holz es ist und so weiter. Das alles musste man mir zuerst erklären; ich musste lernen, zu erkennen, was kunstvoll ist, was von geübten und künstlerischen Händen verarbeitet wurde und was von Anfängern ist.

So zeigte man mir diese Brücken und erklärte: "Es werden noch andere kommen, die auch ihre Brücken bauen wollen über den Fluss. Sie wollen Brücken bauen, und sie wollen auf die andere Seite des Flusses gehen. Dies dürfen sie nicht ohne das Einverständnis von dir." Was heisst: von mir? Ich hatte ja meine Betreuer und Berater; sie gaben das Einverständnis dazu.

Aber ich sah es, wie diese Seelen kamen, ich erlebte es; sie kamen zu mir und erkundigten sich, wo sie diese Brücke über den Fluss bauen dürften. Sie sollten sich üben in dieser Tätigkeit. Andere wollten den Weg bahnen für andere Seelen, damit diese hinübertreten konnten. Ja, auch das alles wurde aufs Genaueste beobachtet und kontrolliert. Meine Berater wandten sich diesen Bittenden zu und erklärten ihnen, auf welche Art und Weise es ungefähr geschehen müsse und von welcher Art der Bau sein sollte.

Dann kamen diese Seelen, machten sich an die Arbeit und hatten so ihre Tätigkeit, dass es zum einen eine Freude war für sie, dieses auszuführen, und zweitens hatte all dieses Arbeiten – von der geistigen Welt aus gesehen – seinen besonderen Sinn. Man muss also nicht annehmen, dass man im Geisterreiche nun die Hände falten dürfe; nein, man muss arbeiten. Wenn nun diese Brücken von Verschiedenen gebaut werden, so haben andere, die auf der anderen Seite des Flusses sind, die Möglichkeit, zu uns hinüberzutreten und unsere schöne Welt zu bewundern; denn sie, die vielleicht gebannt waren auf der anderen Seite des Flusses, dürfen nur zu uns hinüber, wenn man ihnen Gelegenheit gibt und ihnen eine Brücke baut.

So hat alles seinen Sinn. Man muss arbeiten und zuerst eine solche Arbeit ausführen. Danach wird man ja genau auf seine Fähigkeit geprüft, wo man in Zukunft seine Aufgabe erfüllen könnte, um dem Heilsplan eine schnellere Erfüllung zu geben. Ihr könnt damit also auch sehen, wie die höhere Geisteswelt sehr bemüht ist und sich anstrengt, diesen Wesenheiten im Jenseits ihre Arbeit zu geben; denn nur durch diese Arbeit finden sie sich besser zurecht, finden sie besser ihren Weg aufwärts. Sie müssen einmal für die Arbeit gefügig gemacht werden. Es ist ja nicht so, dass man in diesen Ebenen zwangsmässig arbeiten muss wie der Mensch, dem vorgeschrieben wird: "Heute hast du das unbedingt zu erreichen, sonst wirst du deiner Stelle verlustig." Nein, die Zeit spielt nicht so eine Rolle. Man baut etwas, man bricht es wieder ab, und man kommt mit neuen Ideen und baut wieder weiter. Eine Zeit, wie die Menschen sie haben, kennen wir nicht. Vielmehr wird Wert gelegt auf das Schöne, Kunstvolle, und so finden dann diese Wesenheiten ihre Beschäftigungen. Je nach ihren Veranlagungen, nach ihren Talenten werden sie zu einer Arbeit herangezogen, der eine zu einer schwereren, der andere zu einer leichteren. Ja, so sah ich, wie in der geistigen Welt gearbeitet wurde.

Dann fragte ich diese Berater, die zu meiner Seite sind: "Ja, wie habe ich denn das eigentlich verdient? Gehöre ich denn nicht auch zu jenen Scharen, die zu arbeiten haben? Warum soll ich diese Verwaltung auf mich nehmen, wo ich doch davon nichts verstehe?" Und sie sprachen: "Es muss dir die Ehre gegeben werden. Sie müssen zu dir kommen, sie müssen dich kennenlernen, und sie werden alle ehrfurchtsvoll von dir sprechen. Es wird ihnen auch erklärt, wie schwer du durchs Leben musstest und dass du diese hohe Stellung nun im Jenseits nur durch dein schweres Leben errungen hast."

Da begegnete ich wieder einmal einer Seele, die mich kannte. Sie freute sich über mich, und sie sah, welche Aufmerksamkeit man mir schenkte. Sie kam zu mir hin, nahm meine beiden Hände, küsste sie und sprach: "Ja, du hast nicht nur ein Kreuz im Leben getragen, sondern du hast sieben Kreuze auf einmal getragen. Das ist doch dein Verdienst, darum bist du zu dieser angesehenen Stellung gekommen." Ich hörte nicht gerne solche Komplimente. Ja, ich hatte ein schweres Leben gehabt, und es tat mir wohl, nun so frei zu sein, keine Angst vor Hunger haben zu müssen und nicht mehr darüber nachzusinnen, ob genügend Brot oder Suppe für den andern Tag vorhanden wäre, und auch nicht mehr die Schläge auszuhalten, die ich bekam, und die Schimpfworte und so fort. Nun war ich frei.

Was ich ja noch tun musste: Ich bat und betete für meinen Mann. Ich war vor ihm ins Geisterreich gekommen, er war noch zurückgeblieben. Aber es ging nicht lange Zeit, da holte man auch ihn, und man rief mich, ihn zu holen und zu begleiten. Es war eine jämmerliche Gestalt, die ich im Geiste vor mir sah; ja, er war genau das, was er als Mensch gewesen war. Ich musste mit diesen andern Engelwesen ihn begleiten in jene Finsternis hinein. Er wurde für lange Zeit gebannt – verbannt und gebannt an einen ganz bestimmten Ort. In dieser Dunkelheit sollte er sein, um zuerst einmal zur Einsicht zu kommen, was für ein furchtbares Leben er gelebt und wie viel Schmerz er den andern zugefügt hatte. Ja, ich hätte es ihm ja so gerne gegönnt, dass er die himmlische Welt so erleben dürfte wie ich. Da habe ich oftmals im Stillen gebetet zu Gott: "Erbarme dich doch seiner." Und jedes Mal, wenn ich das Gebet ausgesprochen hatte, hat einer meiner Begleiter, der mich jeweils gesehen, mir nur stumm zugenickt, etwas gelächelt, wie wenn er sagen wollte: "Ich weiss es schon, du gute Seele; es hilft ihm aber nichts, vorerst hat er dort zu verweilen." Aber ich tat es trotzdem immer wieder, und später empfand ich von den Engelwesen eher ein mitleidvolles Lächeln. Ich wollte ihn ja nicht vergessen, ich wollte ja für ihn bitten. Doch ich musste auch darüber aufgeklärt werden, dass trotz meinem Bitten sein Weg nicht früher frei werde, ehe seine Seele nun wirklich geläutert und er selbst einsichtig geworden sei; ich könne später zu ihm hingehen und Trost bringen – später sollte es geschehen.

Nun, ich freute mich ja an meinen Aufgaben, und da ging es auch nicht allzu lange, und man machte mich auf das Sterben eines meiner Kinder aufmerksam. Ich ging wiederum mit den Engelwesen und holte es. Es kam zuerst ein erstes Kind, dann ein zweites, dann ein drittes – und die Freude war natürlich gross. Sie bewunderten mich, denn sie fanden, ich wäre so sonderlich gekleidet und hätte ein ganz besonderes Aussehen. Ja, ich war wirklich sonderlich gekleidet; die Engel hatten mir sonderliche Kleider gegeben, dass es gleich alle, die in derselben Sphäre wohnten wie ich, sahen, dass ich eine besondere Stellung hatte. Dies brauchte ich niemandem zu sagen, sondern mein Aussehen bezeugte es ihnen.

Nun, meine Kinder wollten ja auch zu diesen Höhen kommen, und die Engel mussten ihnen sagen: "Eure Mutter hat so viel geduldet und so viel getragen; ihr könnt noch nicht in diese Heimat kommen, noch bleibt sie für euch geschlossen. Wenn ihr aber eure Aufgaben erfüllt, steht auch euch der Weg offen. Aber vorerst wird eure Mutter euch besuchen." Und ich durfte meine Kinder dann und wann besuchen. Dies war für mich eine grosse Freude, denn ich konnte ihnen richtigen Trost bringen und ihnen den Weg zeigen, den sie beschreiten mussten. Das heisst, ich unterrichtete sie, was zu tun sei, ich machte sie aufmerksam auf den Eifer, den sie haben müssten, und auf den guten Willen, alles zu tun, was man von ihnen verlange, dass sie sich wirklich Gott hingeben, zu Gott beten, ihn bitten, ihn loben und preisen müssten und dass so dann der Weg beleuchtet würde zu den höheren Welten.

So bin ich in meiner Stellung, und ich habe mich nun, ich kann fast sagen, etwas an sie gewöhnt. Auch habe ich mit der Zeit selbst Erkenntnis bekommen, und meine Berater haben dann sozusagen ihre Verantwortung langsam abgetreten, das heisst mir übergeben. Aber noch bin ich nicht ohne Berater, doch sind sie nicht mehr so zahlreich wie am Anfang; denn ich kann nun auch wirklich selbst entscheiden, was hier gemacht werden darf, was man wegtragen darf und was nicht. Dazu möchte ich noch sagen: Wenn man etwas wegträgt in der geistigen Welt, sei es einen solchen grossen, wunderbaren Stein, so ist es sonderbar: Es gibt wieder ein neues Wachsen, und nach einer gewissen Zeit steht wiederum ein Stein da, nicht mehr der gleiche in derselben Form und Farbe, es ist wieder ein ganz anderer Stein. Die Stelle bleibt nicht frei; in dieser geistigen Erde ist die Wurzel, die gelegt wurde, und es gibt einfach wieder ein neues Wachsen und ein neues Entfalten. So kann man unter keinen Umständen die himmlischen Welten etwa plündern und das Schöne wegtragen oder es irgendwie vernichten. Nein. Die Geister, denen es erlaubt ist, dort hinzugehen und von diesen Dingen zu holen, sie verarbeiten das in irgendeiner Art und Weise. Sie können ein Haus bauen, sie bilden Statuen, sie bilden Brücken, sie bauen Tempel – ach so vieles! Ihr sollt nun nicht meinen: “Ja, wo hat denn all dieses Platz?” Ach, liebe Geschwister, ihr könnt euch keine Vorstellung machen von den Weiten des Himmelreichs. Ich muss eigentlich sagen, es kann noch unendlich vieles wachsen, es hat ja noch so viel Platz! Ich glaube kaum, dass man je von einer Überhäufung oder Überfüllung sprechen könnte.

Nur noch nebenbei, worüber ich auch aufgeklärt wurde: Das Schaffen in diesen Sphären ist etwas Erbauendes. Die Wesenheiten, die sich dazu bereitfinden, Neues zu erstellen, tun dies, damit der Himmel seine Vielfalt findet, damit nicht immer alles in der gleichen Art und Weise bleibt. Zudem ist es auch so, dass dadurch verschiedene Lücken ausgefüllt werden können. Man kann also nicht von einem Arbeiten reden, das etwa sinnlos wäre oder das die Sphären verunstalten würde. Dies alles liegt ja unter gestrenger Beobachtung. Aber was ich damit eigentlich sagen möchte: In den Sphären, die weiter unten sind, wo ähnlich – ich sage: ähnlich – gearbeitet wird, da geschieht es, dass ganze Sphären verändert werden können. Dies wird aber nur getan, wenn die höheren Engel des Himmels kommen und die Umwandlung dieser Sphären vornehmen, indem sie – sagen wir – alles Gebilde und Gewachsene einer Sphäre auflösen und es eben machen, sodass dann von Neuem diese Sphäre geformt und schöner gestaltet werden kann. Dies kann aber nicht etwa ein Geist von sich aus selbst machen, denn bedenkt auch hier: Da würde mancher seinen Flecken, auf dem er lebt, vernichten oder so gestalten, wie es ihm passen würde, und man könnte wohl wirklich nicht mehr von einem harmonischen Himmel reden; denn es braucht viel, bis man in allen Dingen die Vollkommenheit erreicht und auch im Geschmack einig geworden ist, sodass der Himmel seine Schönheit und seine Harmonie bewahrt.

Damit sollt ihr wiederum sehen, wie notwendig die Ordnung ist und wie alles überwacht werden muss. Vielleicht habt ihr schon davon gehört, dass gewisse Sphären ihre Auflösung finden und dafür andere geschaffen werden. Gewöhnlich ist es so, dass das Niedere aufgelöst wird, das Unschöne findet seine Auflösung, und Besseres wird dann geschaffen. Da kommen aber unendlich viele Engelwesen und bearbeiten diese Sphäre, lösen auf und geben dann andern wieder Gelegenheit, die Sphäre zu bebauen. Darum gibt es immer genügend Arbeit im Geisterreiche, denn die Entwicklung geht in allen Dingen aufwärts. Das, was nicht mehr bevölkert ist, wird eben anders gestaltet und dem Höheren zu Diensten gestellt, und so sind die Möglichkeiten zum Schaffen gegeben. Es ist ja so, wie die Engelswelt mir mitteilt, dass, wenn dann die Einigung aller Wesen erreicht ist, der ganze Himmel in einer Einheit und in einer Pracht sein soll, dass man da nicht mehr diese Unterschiede von Stufe zu Stufe – oder von Sphäre zu Sphäre, wie ihr es nennt – sieht, sondern dass alles ebenbürtig ist, alles in einer Einheit. Und um diese Einheit zu erstreben, braucht es die tatkräftige Mitarbeit eines jeden Menschen und eines jeden Geistes. Jeder muss das Äusserste tun, um diesen Himmel in diese Einheit zu bringen. Das erklärt man uns. Aber wir sehen auch, wie unendlich lange es dauert, bis diese Einheit von himmlischer Pracht vorhanden ist; denn noch sind es ja erst wenige Stufen, die aufgelöst und zu höheren Stufen umgewandelt wurden. Nun müssen jene Stufen, von denen wir sagen, sie seien noch nicht schön, in selber Pracht und in selbem Glanze erstehen wie die höchsten Stufen, wo Gott wohnt. Alles muss so zu einer Einheit und zu einer Pracht kommen.

Habt ihr eine Ahnung, wie viel da gearbeitet, wie vieles geändert und umgestaltet werden muss? Es ist für uns Geister schwer, das dem Menschen nahezubringen, weil er einfach nicht begreifen will, dass man in dieser andern Welt arbeitet. Aber wenn ihr glaubt, dass in dieser andern Welt Friede sein muss, dann ist es notwendig, dass alles, alles arbeitet. Denn ihr seid doch darüber unterrichtet, dass es in der Zeit vor dem Engelsturz ein wunderbares Zusammenleben der Geister gab: Sie mussten nicht in solcher Weise arbeiten, sie hatten es schön, schön – und dieses ist vielen zum Verhängnis geworden. Wenn ihr etwas darüber nachdenkt, dann könnt ihr das, was ich euch jetzt erklärt habe, besser verstehen. Ich bin im Jenseits so glücklich, so unendlich glücklich. Und wenn ich mir mein gelebtes Leben vorstelle, wie schwer es war, so erkenne ich doch, es war so kurz, so kurz! Das Leben in der jenseitigen Welt heisst Ewigkeit.

Nun, man sagt, dass ich euch genug erzählt habe. Damit ihr Bescheid wisst über meinen Namen: Mein Name ist Agnes. So ziehe ich mich wieder zurück, und ich will gerne annehmen, euch auch in dieser himmlischen Welt begrüssen zu dürfen. Ich möchte mich freuen, euch zu sehen, wenn ihr über die Brücke schreitet oder wenn ihr selbst eine Brücke baut über den Fluss. Oder es würde mich freuen, wenn das eine oder andere von euch zu mir kommt und sagt: “Ich hörte einst deine Erzählung; nun darf ich auch in deinem Garten tätig sein. Oder hast du mir etwas anzubieten?” Ja, ich hätte euch vieles anzubieten aus dem Himmel, wo ich wohne; ich könnte euch vieles übertragen.

So gehe ich wieder zu meiner Arbeit hin. Möge Gottes Segen euch behüten, möge er immer bei euch weilen. Gott zum Gruss.

Erlebnisbericht des aufsteigenden Geistwesens Agnes vom 4. November 1959 durch Mittlerin Beatrice Brunner

Nachwort

Die durch das Tieftrancemedium Beatrice Brunner (1910–1983) vermittelten Durchgaben werden seit 1948 in der Zeitschrift "Geistige Welt" veröffentlicht, der ältesten Zeitschrift für christliche Geisteslehre und Jenseitswissen im deutschsprachigen Raum. Von den 2400 Vorträgen sind 1400 auf Video- oder Tonband erhalten. Diese Aufnahmen werden heute in einem eigens hierfür erstellten Zentrum in Zürich wiedergegeben.

Die Durchführung dieser Tonband- und Videoveranstaltungen sowie die Publikation der Vorträge in der Zeitschrift "Geistige Welt" und in verschiedenen Buchreihen geschieht durch die 1948 gegründete geistchristliche Gemeinschaft GL Zürich (www.glzh.ch). Die GL Zürich ist ein politisch und konfessionell unabhängiger Verein auf gemeinnütziger Grundlage.

Der Verlag